役員のための
法律知識〔第3版〕

弁護士
中村直人 著
Naoto Nakamura

商事法務

　本書第２版はわずか２年前の 2019 年６月に刊行しているのであるが、その後、令和元年改正会社法施行のほか、令和３年コーポレートガバナンス・コードの改訂があり、企業を取り巻く環境は大きく変わってきた。同コードでは、ESG の観点が大きく採り上げられている。

　また菅義偉総理大臣も 2050 年カーボン・ニュートラルを宣言するなど、世の中では ESG が大きな流れとなってきた。企業も、長期的な持続可能性を目指す以上、これらの流れを無視することはできない。この環境問題は、100 年は続くだろう。

　企業のガバナンスも、昔ながらの株主主権主義であるとか、日本型経営なるものは既に過去のものになっている。今や ESG モデルの時代である。ESG や SDGs という世界共通の価値観のために、企業も統治されていかなければならない。

　そのような激変の時代となってきたので、今回、本書を改訂して第３版とすることとした。

　この ESG モデルについては、新しい第１章で詳しく説明している。

　日本企業は、ESG の E については、きっとなんとか対応していくであろうと思う。脱炭素も、日本企業の技術力を最大限に発揮して解決が可能ではないか。しかし日本企業にとって重要なのは、ESG の S ではないかと思う。令和３年改訂版 CG コードでは、中核人材の多様性が求められている。日本企業では女性や外国人などの中核人材が乏しく、諸外国からは、差別に見られかねない。公正性とか、人権とか、包摂性とか、実はこれまで看過されてきた問題が、今後大きくクローズアップされるだろう。

　またコロナ禍において、一気に DX（デジタルトランスフォーメーション）が進行し、世代交代も進み始めている。Z 世代は何を考え、どういう方向に行くのだろう。株主総会もバーチャル化し始めている。

　世界では、格差の問題が大きく採り上げられているが、格差を生む原因は、今は王族・貴族や大資本家ではない。創業者利益か高額役員報酬である。日本企業も役員報酬は高額化を続けている。いずれこれが世界的な課題とされることは明らかである。

　企業と社会の関係、日本の企業のあり方など、根底から変革を迫られている。

　そのような中で、本書は、企業の役員となる方のために、様々な項目について、最新の解説を試みた。本書は改訂の度に新しい章立てをするなどして積み重ねてきたので、年輪のような構造になっているところがある。そのため新旧相並ぶようなところもある。それぞれの時期の履歴を残したい意味もあり、どうかご海容頂きたい。

　本書の刊行にあたっては、株式会社商事法務の木村太紀氏と玉澤芳樹氏に大変ご尽力頂いた。ここに謝して記しておきたい。

　2021年9月

弁護士　中村　直人

●第2版はしがき●

本書は、前著を全面的に改訂した。

コーポレートガバナンス・コードの施行以来、会社のガバナンスの体制は大きく変化した。今や社外取締役が多数存在するのは当たり前で、しかも彼等は真面目に取締役の職務にあたり始めている。今の時代に必要なのは、「取締役がすべき仕事は何か」という指針である。社外取締役は霧の中、手探りで、モニタリングとは何か、指名委員会の仕事の手順はどうあるべきか、内部統制はどう監視すればよいか、といった作業に取りかかっている。喫緊の課題で言えば、むしろ問題は社内取締役である。彼等はこのままでは「何もしない取締役」として善管注意義務違反を問われかねない状況になりつつある。もしかしたらそれにすら気が付いていないかも知れない。彼等にこそ指針が必要だ。

前著では、主に社内取締役を対象に、新規に取締役に就任した場合を想定して、取締役とはどういうものか、役員の責任とはどういうものか、株主総会ではどう振る舞えばよいか、といったことを解説した。しかしすでにそういう時代ではなくなった。

そこで本書では、社内取締役・社外取締役にかかわらず、取締役がすべき職務の内容を基本的な考え方に遡って解説した。

それは①経営の基本方針等の策定、②経営者に対する監督、③内部統制の統括、そして④重要な業務執行の決定である。それぞれの内容を解説した。そしてそれらが必要になる論理的な体系も示した。ガバナンスは、経営理念から始まる一貫した経営思想の体系である。経営理念から経営方針が定められ、それを遂行するに適した経営者が選任され、その経営方針に従ってリスクを評価して内部統制が構築される。会社のガバナンス体系や取締役会の構成もそれらから導かれる。

またそれだけでは実務に役立たないので、取締役会という会議の進め方についても解説した。多くの意見が出るようになった取締役会では、情報を求める意見が出たり、修正の意見が出たり、継続審議の意見が出たりしている。しかしまだ取締役会での会議の進め方に関する解説書はない。議長の議事整理の仕方についての解説書もない（株主総会の議長とは全然違うのだ）。これ

では議長も事務方も右往左往である。そこでこれらの議事進行上の手順についても解説した。

また議案書の作成の仕方も解説した。従来、経営判断の原則の要件を意識した議案書の作成方法については解説があったが、今は役員の善管注意義務は、業務の執行に係る経営判断の原則のジャンルだけでなく、内部統制・監視義務のジャンル、さらにはガバナンスに係るジャンルまで、一気に拡大している。これら新しいジャンルではいかなる要件で善管注意義務違反が問われ得るのか。そういうことも注意しないといけなくなった。

また会議体としての取締役会の特性も考慮し、社外取締役の心理状態や、陥りやすい会議進行上の問題なども解説した。

取締役会のあり方以外にも、役員の責任の世界では大きな進展が起きている。日本システム技術事件最判をきっかけに、内部統制に関する善管注意義務違反の判断基準が明確になり、経営判断と内部統制の構築・運用は、実は連続した問題であることも明確になってきた。現在の経営判断は、1回判断して終わりという時代ではなく、継続的な事業の推進に係るリスク管理体制の構築と一体化しているのである。動的なリスク管理体制の構築の問題なのである。

また内部統制について言えば、従来、内部統制決議が注目されていたが、最も肝要なのは、「情報の収集体制」であることが明確になってきた。新しいリスクの探知のシステム、正確な情報の探知のシステムなどを取締役会自ら構築し、継続的に情報を入手していくことが重要である。

また役員の報酬の決め方が株主代表訴訟の対象になったり、特定の議題を取締役会に提案をしないことが義務違反だとして提訴されるというような事案が発生している。監査役が経営者の解任を提案しないことが義務違反であるという判決まで出てきた。代表訴訟は、投資の失敗や不祥事の責任ばかり問われる時代は終わった。ガバナンスに係る取締役会の行動の是非が法廷で争われる時代になったのである。これは投資等の判断ではないから、「経営判断の原則」とも異なる場面である。

株主総会のあり方も大きく変わった。今や多様性の時代であり、各社が、株主が必要とする情報を自ら考えて提供していく時代となった。株主満足度向上が目的となっている。

情報開示についても、従来の会社法開示（受託者責任）と金商法開示（株

式価値算定）という視点ではなく、非財務情報の開示や持続可能性の時代に
なり、また「対話」の時代となった。対話をするということは、論理的な経
営をするということである。論理的でなければ対話にならないからである。
そのためには透明性と客観性が必要になる。すでに株主主権説の時代ではな
いし、日本型経営システムの時代でもない。

　以上のように、取締役会に関するガバナンスだけでなく、役員の責任、内
部統制システム、株主総会、情報開示体系等のすべてにおいて、新しい潮流
が生まれている。そこで本書では、それらの最先端の情報も盛り込むことと
した。

　これらは取締役や監査役等になられた役員の方には是非知っておいて頂き
たいことである。それだけでなく、法律やガバナンスに関わる実務家の方に
もご理解頂きたいところである。

　本書がそのような方々の参考になれば、幸甚である。

　本書の刊行にあたっては、株式会社商事法務の岩佐智樹氏および木村太紀
氏に大変お世話になった。ここに心より感謝を申し上げる。

　2019 年 4 月

弁護士　中村　直人

●はしがき●

　本書は、役員のための法律知識を解説したものである。

　初めて役員になる方、社外役員に招聘された方、ずっと役員であるが役員とは何なのか知りたい方、等々のために執筆した。

　多くの方に関心の高い、役員の責任や株主総会での対応なども述べているが、コーポレート・ガバナンスやコンプライアンス、内部統制などといった最近話題のテーマについても解説している。必ずしも法律の問題ではないが、役員の方に知っておいてもらいたいテーマは書いている。

　本書は、法律の専門家でない方に、その趣旨を理解して頂くことを願っている。そのため、法律の解釈論だとか、条文がどうしたなどという話はほとんど書いていない。

　また用語も、法律用語を厳密には使用していない箇所がある。法律や判例を引用するときも、その趣旨を丸めて引用している。その意味で法律の論文ではない。

　話の流れが枝分かれしないように、基本的には、注をあまり入れないこととし、また「前述の」とか「後述の」などといって話が飛ばないように、同じことを繰り返して述べた部分もある。より詳細な法的根拠とか、判例などが知りたい場合は、さらに詳細な書籍を参照して頂ければと思う（宣伝になって誠に恐縮なのであるが『役員のための株主総会運営法〔改訂版補訂版〕』(2013年)、『取締役の責任――代表訴訟時代のリスク管理』(1999年)、『判例に見る会社法の内部統制の水準』(2011年)、『M&A取引等のための金融商品取引法』(2008年)、『取締役ハンドブック〔新訂第3版〕』(2000年)、『監査役ハンドブック〔第2版〕』(2009年)、『新会社法〔第2版〕――新しい会社法は何を考えているのか』(2006年)などは本書の各章をさらに詳しく述べている)。

　また本書は、基本的には、上場会社を念頭に置いている。非上場会社や、取締役会非設置会社等は念頭に置いていない。特に断りなく、そのような前提で執筆しているので、くれぐれもご留意頂きたい。

　内容的には、「取締役とは何か？」から始まり、「役員の責任」や「株主総会」、「ガバナンス」、「コンプライアンス」、「インサイダー取引規制」、「役員報酬の考え方」、「役員として注意すべき事項」等の他、「社外役員に招聘さ

れた場合のチェック・ポイント」や、「執行役員」、「監査役」の意味などについても述べている。

　多くの企業では、役員向けの法律講座を開催している。筆者もときどき講師として招かれることがある。そのとき、法律論より、実務的に必要な知識や知恵、勘所をお伝えしたいと思っている。本書は、そのような講演会の延長で、書籍となったものである。皆様のなにがしかの参考になれば幸甚である。

　本書の刊行にあたっては、株式会社商事法務の岩佐智樹氏、澁谷禎之氏および木村太紀氏に大変お世話になった。ここに感謝申し上げる次第である。

2013 年 8 月

弁護士　中村　直人

第 1 章

新しいガバナンスの時代

Ⅰ　新しいガバナンスの時代

　令和3年のコーポレートガバナンス・コード（以下、「CGコード」）の改訂等、今、世界的に新しい企業統治の時代が到来している。すでに日本型経営は過去のものとなり、リーマン・ショックを契機にアメリカ型の株主主権モデルも後退した。今、ESGの時代となって、市民社会全体が企業の経営のあり方に影響力を及ぼす時代となった。

　そのような大きな時代の流れを知っておくことは、企業の経営者や社外役員等にとって、とても重要である。そこで本章では、ガバナンスのあり方について、その経緯やポイントなどを解説することとする。

Ⅱ　コーポレート・ガバナンスと言われる場面は3つある

　コーポレート・ガバナンスというのは、会社の統治のあり方の問題である。どこにも定義はないので、論者によって様々に使われている。

　例えば企業で不祥事が発生したとき、世間からは「ガバナンスができていない」といった批判を受ける。アメリカの株価は順調に上昇しているのに日本の株価は後れを取っていると、「日本企業のガバナンスには問題がある」と言われる。社外取締役を選任するとき、各社は皆「ガバナンス向上のため」と選任理由を言う。CGコードは、会社のあり方についてあれこれ指標を示しているが、それはまさに「コーポレートガバナンス」のコードだと称している。

　ガバナンスという概念は、3つの場面に整理できる。一番ミクロ的には、

経営者に対する監督の仕組みのことである。2つ目は、会社と株主の関係である。3つ目は、最もマクロ的に、社会と企業の関係である。少し整理をしてみよう。

1　経営者に対するコントロールの場面

　ガバナンスと聞いて最初に思い付くワードは「社外取締役」かも知れない。「指名委員会等設置会社」とか、「指名報酬委員会」とか、「業績連動報酬」などという言葉を思い出す人もいるだろう。

　これらは何かというと、一言で言えば、経営者に対する監督の仕組みである。

　コーポレート・ガバナンスというのは、一番ミクロ的な意味では、そのような経営者に対する監督の仕組みを指している。社外取締役や社外監査役、指名委員会等設置会社などの機関設計、株式報酬や業績連動報酬などのインセンティブ報酬、責任限定制度などの役員の責任制度、取締役会の実効性評価や情報開示制度などである。

　これらは、大まかにいうと、会社内部の制度設計の問題である。会社法や金商法などの法律や金融商品取引所のルールのもと、会社の定款や株主総会・取締役会等の自主的な意思決定で設計される。例えば、任意に指名報酬委員会などを設置している会社も多い。

　この特徴は、会社自らがそれをするかどうかの意思決定をする点にある。経営者を含め、会社自身がそれについて考え、意思決定をし、実施していく、そういう場面である。

2　株主による会社のコントロールの視点

　次に、例えばアクティビストと呼ばれる投資家から企業が「もっと配当せよ」などと迫られることがある。企業に余剰資金がたくさん積み上がっていると、それを配当した方が投資家にとってはプラスになる。しかし会社としては、余分な資金を持っていた方が財務的にも安心だし、何かのときに使えるかも知れないと思う。コロナ禍でそう感じた企業もあるだろう。こういう対立もガバナンスの問題である。

　取締役の選任を巡って経営者側と投資家側が対立する事例はしばしばある。最近では、株式の分散化が進んで、投資家達の賛同を得られれば、大きな力

になることもある。エクソン・モービルでは、ごく少数しか株式を持たない投資家の提案が大きな賛同を集め、社外取締役が選任されている。日本では東芝で、株主総会決議で調査者が選任され、経営者達の行動が調査され報告書が公表されている。

　これは、「会社」と「株主」の関係性の場面である。

　この特徴は、会社法によって結論が出る、という点である。取締役選任議案で対立が生じれば、株主総会の多数決で勝敗の決着がつく。議決権の多数を取った者が勝ちだ。株主総会決議の取消訴訟や各種株主権の行使なども裁判所で是非が判断される。法的に対立に決着がつく。

　ここでは「会社」の行動をどうコントロールするか、ということが問題となっている。そしてその対立者は、株主であって、企業価値が帰属する者である。例えば株主は、資本コストを意識して経営すべきだという。資本コストを上回る利益を上げられない事業は売却すべきだという。他方、会社は雇用の継続や事業撤退による多くのステークホルダーへの影響も考慮しないわけにはいかない。ここでは「会社」と「株主」の利害調整の問題がガバナンスと表現されている。

　株主は、議決権その他の株主権を有する者であるから、会社の経営に法的に影響力を及ぼすことができる。最後は、取締役を交代させる権限を持つ。株主と会社の関係は、そのように一定の法律的な権限ないし支配関係が存在している関係性である。

3　社会と会社の関係

　3つ目の場面は、社会と企業の関係である。

　例えば石炭火力発電所を設置しようとすると、環境保護団体等から反対運動がなされる。発展途上国から農産物を調達すると児童労働によるものだという指摘がなされることもある。最近ではウイグル産の綿の使用が人権上問題だとされたりする。こういう環境問題であるとか、社会的な問題であるとか、いろいろな問題で企業の行動に影響を与えることが多くなっている。

　こういう問題は、以前は企業の社会的責任と言われていた。「社会的責任」という言い方は、裏返せば法的な責任ではないという意味であり、したがってそれは会社の行動を制約するものではないと考えられてきた。人によって価値観は多様だから、未だ「そうすべきだ」という価値観が公的にオーソラ

イズされていない以上、一定の価値観を会社に強制できないし、逆に経営者の言い訳（株主価値最大化をしない言い訳）にもできないというのだ。そこでこういう問題に従来の法律関係者は、背を向けてきた。取締役の善管注意義務の要素に持ち込まなかったし、かつて昭和の時代に法制度化も見送られた。従来は、ガバナンスの問題ではないし、たんなる外部性の一要素に過ぎなかった。

　しかし今はサステナビリティの問題として、世界的に共有される価値観になった。企業も、持続可能性のないビジネスモデルは採用しがたいし、それに投資や融資を付けることも非難の対象になる。今やESGやSDGsに賛同しない企業は、社会から批判を受け、投資家にも見捨てられる。

　つまり、企業の行動に大きな影響を与えているのは、こうした市民社会の共通の価値観なのである。これが企業の行動をコントロールしているので、一番マクロ的な意味で、ガバナンスの場面となっているのである。

　この特徴は、いくつかある。まず影響を与えている主体は、特に株主とは限らないので、議決権の多数決や法的な手続で決着がつくというわけではない。会社に対して法的な権限や支配権は持っていない。また価値観の形成過程が独特である。前項で述べた株主権等ならば、会社法などの法律でルールが作られる。しかしESGやSDGsは、例えばCO_2の問題ならば、最初に市民団体が声を上げ、学者などが議論を展開し、優勢になってくると、国連やOECDその他の国際機関が賛同する意思表明をし、日本ならば内閣が日本再興戦略などで取り入れ、経団連等の経済団体がそれを支持する意思表明をし、個々の企業もそれに追随する、といった過程を経る。このように動的な流れの中で、だんだんとコンセンサスが形成されていく。最後は、ガソリン車の禁止など、法的な規制に逢着する。法的な規制に至る以前の段階では、任意の価値観（規制）である。それに従うインセンティブの要因は、企業にとってはレピュテーションだけかも知れない。逆にいうと、世の中の支持や信頼が基盤になっている企業、すなわちエクセレント・カンパニーは、法的規制になっていないからといって、そのような世界共通の価値観を否定することは到底できない。エクセレント・カンパニーは、早い段階でその価値観に従うほかない。そして自らが従うならば、公平な競争のため、すべての事業者に一律に規制をかけてもらわないと、困る。だからエクセレント・カンパニーは、いずれ法的規制を要望する側になる。それを見越すならば、当初

から規制反対などと言わない方が一貫している。ルール形成が動的な過程だとすると、対応は難しいのである。

　また社会によるガバナンスは、法的な権限を裏付けにしていないので、その影響力を行使する手法は、「対話」になる。対話によって、合意を形成することを目指す。最近の法改正の方向性を見ても、実は、対話に大きく舵を切っていることが分かる。有価証券報告書でも、MD&A（Management Discussion & Analysis）など対話のための情報開示が拡大し、CGコードでも投資家との対話を求めている。対話を求められる以上、合理的な説明ができないといけない。そのためには合理的な経営をしなければいけない。不合理な経営をしていると説明に窮する。それがプレッシャーとなって、合理的な経営に動き始める。

　社会によるガバナンスというのは、一方的に誰かが誰かを監督するあるいはコントロールするという支配の関係というよりは、広く会社のあり方について、関係者間で協議をし、合意を形成したり、意思決定したりするための関係性、である。

　以上のように見てくると、①自ら会社の仕組みを設計して経営者に対する監督のシステムを構築する場面、②株主と会社の利害調整で法的ルールで決着がつく場面、③社会との対話によって会社の経営方針を定めていく場面、という3つの場面で企業や経営者はコントロール（統治）されているということができる。それぞれで、ルールの形成方法や結論の出し方が異なっているので、企業・経営者の対応方法も異なってくる。それを理解しておく必要がある。

Ⅲ　ガバナンスを議論する目的

　なぜ人々は、ガバナンスの議論をするのだろうか。世の中にはガバナンスに関するたくさんの書籍や論文があるが、その内容はあまりに広漠としており、何がポイントなのかよく分からない。その中で、何を目的に議論しているかということで整理すると、分かりやすくなる。

　ガバナンスを議論する目的は、大きく分けて3つある。

　1つはコンプライアンスである。どうすれば企業に悪いことをさせないよ

うにできるか、という議論である。この議論からは、役員の責任を厳しくして不祥事を起こしたら責任を取らせることが必要だといった株主代表訴訟の議論、内部統制システムの構築を経営者の義務にしようという議論、内部通報制度や第三者委員会の仕組みの導入などの議論が登場してきた。

　2つ目は、経営の効率性である。どうすれば、企業を世界的な競争力のある企業にすることができるかという議論である。

　歴史的には、どこの国でもガバナンス論はコンプライアンスから始まる。日本でもそうである。平成2年以降、バブルが崩壊して、金融不祥事、証券不祥事等多くの社会問題が発生した。最近も、品質偽装事件など多数の不祥事が発覚している。こういう不祥事が企業に発生すると、「どうしてこんなことになるのか」、「どうすればこういうことがなくなるのか」、ということが社会の関心事になる。そこでガバナンス論が始まる。

　しかし冷戦が終結した後、ボーダーレス化社会の中で、いわゆるメガ・コンペティションと呼ばれる大競争が始まると、どこの国も自国の企業に競争に勝ってもらわないと困る、ということになる。なんといっても、経済の発展が国民の幸せの重要な要素だ。そこでどういう法制度、機関設計で作られた企業が最も競争力があるのか、という方が喫緊の課題になった。そこで次第に経営の効率性を高めるためのガバナンス論が主流になった。これは日本でも、平成5年以来、毎年のように商法改正を続け、平成18年の会社法の施行で、一旦辿り着くところまで辿り着いた。これ以上、改善のための施策が思い付かない状況である。現在でも、低成長・人口減少時代においてどうすれば経済成長ができるかということは喫緊の課題である。特に日本は巨額の公的債務があるし、経済発展を持続させないわけにはいかない（万一日本経済が縮小を始めたら、公的債務はどうなるか目を覆いたくなる）。

　効率性追求の時代は、1980年代以来のアメリカ型株主主権説的な考え方が強く、できるだけ任意法規化・自由化して市場原理に任せれば、より効率的な企業、経済になると考えられていた。新古典派シカゴ学派の経済学であり、ミルトン・フリードマン等、新自由主義と言われた。規制緩和の時代である。この時代には、「会社」などという存在は、契約の結節点に過ぎないと言われた。会社は労働者との雇用契約、金融機関との融資契約、仕入れ先との仕入契約、販売代理店との販売契約等の契約の当事者としての存在でしかなく、それらとの取引の結果の余剰利益は投資契約に基づきすべて株主に

帰属するのであって、それ以外に利害当事者はいない。「会社」などという利益主体は存在しないのである。産業資本主義の時代には、企業は大きな工場を建て、たくさんの従業員が勤務し、たくさんの仕入れ先や下請け先、販売店などが集まって企業を形成しているのであって、「会社」は社会的に見て実存していた。しかし第三の波とか、ニューエコノミクスと言われる時代が到来すると、それは時代遅れとなったのである。

このような中、今、ガバナンスの3つ目の目的が大きくクロースアップされてきた。リーマンショックで株主主権主義、すなわち株主の利益だけを最優先にした企業モデルでは、社会に大きな不利益とリスクをもたらすことが分かった。そこで会社の経営、統治を株主だけに委ねることへの反省が生じた。そして同じ時期に登場したのが、ESGの問題である。環境問題（E）、社会問題（S）に適切に対応するためのガバナンス（G）が求められているのである。

脱炭素等の環境の持続可能性、そして人権や公正性、平等性、包摂性など社会・倫理的な正義の達成が必要である。それは世界的な課題である。その環境、社会問題の大半は、企業が関わるところで起きている。E、Sの問題を解決するためには、企業の変革と行動が必要だ。企業には、そのためのガバナンス体制が求められるようになった。このようにガバナンスを議論する目的の1つは、ESGやSDGsに適合した経営をして頂くことにある。

この視点は、21世紀に入ってから世界中に広まった。国連は、2006年にPRI（責任投資原則）を定め、ESG（環境、社会、統治）を重視した投資のあり方を示し、2015年にはSDGs（持続可能な開発目標）を提唱した。日本でも、日本経済団体連合会が2017年にこれを踏まえた企業行動憲章を定め、環境省による「持続可能性を巡る課題を考慮した投資に関する検討会」も「ESG検討会報告書」（2017年1月）をまとめた。スチュワードシップ・コードやCGコードでも、その考え方が採用されている。今では、ESGが世界的な潮流となっており、会社が株主のものか従業員のものかなどという議論は、すでに過去のものになった。

有価証券報告書でも、ESGを含む非財務情報の開示を求められ、MD&A情報の開示や経営方針・計画に関する開示、経営者の指名の仕組みに関する開示など、投資家と企業・経営者の対話が求められる時代となった。そこで想定されている投資家概念は、無色の投資家ではなく、「市民」としての投

資家だ。たんに金銭的利益だけを目当てにした顔のない投資家が想定されているわけではない。なぜならば、短期的な利益ではなく、長期的、持続可能な成長が求められているからである。

　このように持続可能性が世界の共通の価値観となり、また経済成長のために投資家と企業・経営者が協働していくことが求められる時代になってきたのが最近のガバナンスのあり方である。これが3つ目のガバナンス論の目的である。

Ⅳ　ガバナンス論の原因

　ここでガバナンスの原因論について説明しておこう。以下で2つの考え方を説明するが、実はいずれも過去のものになりつつある。しかし現在の仕組みにも多くこれらの考え方に依拠しているものがあるので、知っておくと参考になる。これは、ガバナンスを議論しなければならない事態になる原因は何かという議論である。

1　所有と経営の分離論

　最初は所有と経営の分離論であった。20世紀の前半の話であるが、当時アメリカの企業が衰退したことがあった。そのとき、バーリ＝ミーンズは、

　「かつては大資本家が資本を握り、きちんと経営者を監督していたから、企業の経営はうまくいっていた。しかし小口の株主が多数を占めるようになり、彼らは誰も経営者を監督しようとしなくなってしまったので、経営者はサボるようになってしまった。それがガバナンスが必要とされる原因である」

とした。いわゆる経営者支配論である。

　これは監督者が不在となったことが問題の原因であるというので、改善策は、監督者を置けばよい、という方向になる。

　例えば社外取締役の導入である。アメリカでは、1980年代から90年代に、企業の業績悪化を背景に、多数の経営者が取締役会で解任された。当時は、そうやって無能な経営者が解任されていく監督機構があることが優れたガバナンスであると考えられた。そこで取締役会の多数を社外取締役が占める会社が急増した^(注)。

　敵対的企業買収がアメリカで評価されたのも、この監督者不在論が背景にある。すなわち経営者が無能であると、業績は低迷し、株価も低迷する。そうすると敵対的買収者が株式を買い占め、無能な経営者を排除して新しい経営者を配置すれば、業績が向上し、株価も上昇して買収者は儲けることができる。つまり敵対的買収というのは、無能な経営者に対する監督の機能を果たしているのだ、という議論である。

　(注)　ただし、経営者側が社外取締役を積極的に導入した背景には別の事情もある。株主代表訴訟を提起された場合、社外取締役が存在すると、訴訟委員会で申立てを却下したり、あるいは内容的にも経営判断の原則で守られる、というあめ玉があったからであった。

2　エージェンシー・コスト理論

　その後出てきたのは、エージェンシー・コストの理論である。なぜ経営者は株主の期待する行動を取らないのかと考える。そして、それは株主の利害と経営者の利害が一致しないことがあるからだとする。

　例えば、会社の経営者は、会社が大きくなって社会的な影響力も大きくなって欲しいと願っている。しかし投資家は、会社が大きくなることより、投資効率が高まることを求めている。また、経営者は、自己の責任追及を恐れて失敗するリスクのある事業に積極的に投資しようとは思わないが、投資家は合理的な投資機会であれば果敢に投資して欲しいと願っている。このように投資家と経営者の利害が異なる場面があるから、株主が期待する行動を取らないことがあるのだと分析する。

　そこで株主と経営者の利害を一致させる対策が有効だということになる。

　例えばストック・オプションや業績連動報酬など、株主が利益を得るときに経営者も利益得る仕組みを作ることが考えられる。またリスクのある経営判断であっても、株主から見た期待値がプラスの場合には、それを実行したことによって結果的に失敗したとしても経営者の責任を問わない責任限定制度などを導入することが考えられる。

3　両説の視点と ESG の時代

　1 の所有と経営の分離論と 2 のエージェンシー・コスト理論は、矛盾するものではない。利害が異なるところに、誰も監督する者がいなくなったから、問題が生じたのである。

　どちらももっともな面があるが、1つ重要なのは、どちらの説も、「株主の意向どおりに経営はなされるべきだ」という前提に立っていることである。「株主の意向どおり真面目に経営しない」とか、「株主の意向に反して自己の利益を追求している」という視点なのである。だからどちらも株主主権説のスタンスに立っているわけである。

　また後者は、経営判断に、経営者個人の利害関係を持ち込んでよいという前提に立っていることも認識しておかないといけない。こういうことが普通に行われるようになると、しばしば経営者は自己の利益のために行動することが当然と思い始めてしまう。

　ESGの時代になると、この2つの視点も変容する。監督者がいないことは問題だとする指摘は同じであるが、誰が誰のために監督するのかというと、株主だけのためではなく「市民」や「社会」による監督（影響力）が必要だということになる。例えば、かつて社外取締役が要求されたのは、株主の利益を経営者に貫徹させるためであった。しかし今は、取締役にも多様性が求められるようになっている。彼らは株主の意見も踏まえるが、社会全体からの視点が求められている。株主だけの代理人ではない。

　エージェンシー・コストの問題は、たんに株主と経営者の利害不一致だけではなく、経営者とその他のステークホルダーとの利害不一致の問題になる。社会や多様な労働者等、様々なステークホルダーとの利害不一致がどこに生じるか考慮する必要がある。例えば最近では、業績連動の役員報酬について、ESGの指標に連動させる企業が急増している。環境（E）や社会（S）の持続可能性は、短期的には会社の利益と反することがあり、単純な業績連動報酬では利害が一致しないのである。そこでESG推進のため、経営者と利害を一致させているのである。

Ⅴ　企業モデルの長所・短所

　このように今やESGモデルの時代なのであるが、過去の企業モデルの長所、短所についてここで述べておこう。

　ESGモデルといっても、すでに述べたように「市民」とか「社会」は直接会社に対する法的権限を有するものではなく、機関設計においてどういう意味を持つのか、それだけでは茫洋としている。どういう設計がESGの時

代の企業モデルなのか、明確になっていない。

　そこでそれを設計するために、過去の企業モデルの長所、短所を整理しておくことは、有益だと考えられる。

1　日本型企業モデル

　日本型企業モデルというのは、従業員管理型などと言われるものである。終身雇用制・年功序列制をベースに、経営者も含めて従業員出身であって、役職員全体が従業員の団体であり、そのグループが会社の経営を支配しているモデルである。会社法上は、経営者に対する監督システムとして、取締役会や監査役、株主総会が置かれているのであるが、取締役会は社内取締役で占め、監査役も社内者で占め、どちらも外部の目線での監督機能が働かない。株主総会は、株式の持ち合い・安定株主の存在により、やはり外部的な監督機能が働かない。その結果、経営者を頂点とする従業員の団体が会社の経営をコントロールしている。

　そのベースにある終身雇用制は、労働者の生活を退職後まで面倒見るものであり、労働者は会社に依存する。したがって、会社に対しては高い忠誠心を持つことになる。また定年までその企業に勤めるつもりであるから、その会社に特有のノウハウの蓄積にも務める。したがって、これらがうまく機能したときには、会社のために必死に働くのであり、組織内ノウハウの蓄積も高まる長所がある。

　しかし新入社員の一括採用に始まり、定年まで、皆が同じ組織に帰属するのであるから、様々なデメリットもある。まず多様性が極めて低い。外部の価値観や常識などからは隔絶されていく。また不祥事に対しても弱く、もし大きな不祥事を起こして、発覚すれば会社が破綻するかも知れないとなったとき、その船に乗っている従業員達はそれを公表しようとは思わない。また皆が同じ船に乗っているから、問題があると思っても、それを言い出すことはできない。全員が共犯者であるから、言い出せば裏切り者になってしまうのだ。

　経営改革にも適さない。経営改革をして、事業を売却したり整理解雇をしたりすることは、労働者の不利益になるから、消極的だ。業務フローを改革して合理化すれば、従業員はそれまで蓄積した組織内ノウハウが役に立たなくなるし、年功の高いものほどアドバンスを失うから、これまた抵抗する。

DXなど、年配者は不得手だが、年功序列でありその年配者が経営幹部を占めているから、進むはずがない。

　結局、日本型経営は、多様性がなく、不祥事に弱く、経営改革には適さない。

2　株主主権型モデル

　株主主権型モデルは、一時期アメリカを中心に広まったモデルである。会社の所有者は株主であり、株主利益を最大化することが経営者の使命であるとする。

　例えば企業が利益を出すためには、躊躇なく労働者の解雇等を行う。M&Aなどで企業を買収した後には、必ずと言っていいほど解雇や雇用条件の引き下げなどが行われる。それは株主と労働者の配分ルールの見直しである。また資本効率の引き上げを目指し、自己資本比率を引き下げるなど、財務的なレバレッジをかけることが多い。またリーマンショックで分かるように、過大なリスクを取る可能性がある。過大なリスクを取ってうまくいったときにはそのリターンは株主が獲得し、破綻したときにはそのツケが国や公的機関に回されることになる（モラルハザード）。

　このように見ると、株主主権モデルは、経営改革には向いている。しかし雇用の維持には向いていない（ただし、景気が回復すればまた中途採用を繰り返すから、中途採用の少ない日本型と比較してトータルでデメリットなのかは一考の余地がある）。また採算の悪い事業の整理には向いており、資本効率を上げることには寄与している。一方、世の中に不利益を与えるおそれがある。

　以上は、これまでの見方であるが、リーマンショックを経て、さらにコロナ禍を経て、今の時点でどうかは別問題である。アメリカ企業は、リーマンショック後、自己資本を増強しているとも言われ、必ずしも財務レバレッジを効かしているばかりではない。しかもデュポン分析をすると、日本の企業の課題は、自己資本比率が高いことではなく（それは欧米企業と大きな乖離はない）、売上高・総資産回転率がそれほど悪いわけでもなく、何より売上高・営業利益率が低い点にある[注]。日本企業のROEの低さの原因は、別にあるのだ。またアメリカの優良企業と言われる会社は、日本的な長期雇用やCEOの社内昇格の会社が多いという。さらに言うと、敵対的買収は、アメ

リカにおいても非常に稀である。不祥事という点についても、欧米の企業で
もしばしば不祥事は発生しているのであって、株主主権型モデルの方が不祥
事が発生しにくいというようなデータは未見である。例えばドイツの自動車
メーカーでも、品質偽装事件は起きている。

　しかしながら一般論として、日本企業が経営改革のハードルが高いことは
否定できないし、多様性に乏しい組織であることは、否定できない。今後の
企業モデルの構築に際して留意しておくべきことであろう。

（注）　フォローアップ会議令和3年1月26日資料2（金融庁）。

Ⅵ　ESG の時代

1　令和3年改訂版 CG コード

令和3年の改訂版 CG コードでは、大幅に ESG の要素が取り入れられた。
まず、基本原則2の考え方として、

　「『持続可能な開発目標』（SDGs）が国連サミットで採択され、気候関連
財務情報開示タスクフォース（TCFD）への賛同機関数が増加するなど、
中長期的な企業価値の向上に向け、サステナビリティ(ESG 要素を含む中長
期的な持続可能性）が重要な経営課題であるとの意識が高まっている。こ
うした中、我が国企業においては、サステナビリティ課題への積極的・能
動的な対応を一層進めていくことが重要である」（下線は筆者。以下同じ）
と述べた。ここでは積極的な対応を求めること以外に、「中長期的な」「企業
価値向上に向けて」と述べていることに注意すべきである。

　そして補充原則2-3①は、

　「取締役会は、気候変動などの地球環境問題への配慮、人権の尊重、従
業員の健康・労働環境への配慮や公正・適切な処遇、取引先との公正・適
正な取引、自然災害等への危機管理など、サステナビリティを巡る課題へ
の対応は、リスクの減少のみならず収益機会にもつながる重要な経営課題
であると認識し、中長期的な企業価値の向上の観点から、これらの課題に
積極的・能動的に取り組むよう検討を深めるべきである」
として、取締役会による取組みを求めている。ここで重要なのは、サステナ
ビリティの中に、気候変動など環境問題とともに、「人権の尊重、従業員の
健康・労働環境への配慮や公正・適切な処遇、取引先との公正・適正な取

引」という S（社会）の要素も含めていることである。S も持続可能性の中に含めた、広い定義を用いている（基本原則 2 の定義も同様）。また、サステナビリティはリスクの問題だけではなく、収益機会でもあるという認識を述べている。

補充原則 3 − 1 ③では、

　「上場会社は、経営戦略の開示に当たって、自社のサステナビリティについての取組みを適切に開示すべきである。また、人的資本や知的財産への投資等についても、自社の経営戦略・経営課題との整合性を意識しつつ分かりやすく具体的に情報を開示・提供すべきである。

　　特に、プライム市場上場会社は、気候変動に係るリスク及び収益機会が自社の事業活動や収益等に与える影響について、必要なデータの収集と分析を行い、国際的に確立された開示の枠組みである TCFD またはそれと同等の枠組みに基づく開示の質と量の充実を進めるべきである」

として、サステナビリティの開示の項目の中で、「人的資本や知的財産への投資等」についても述べている。

補充原則 4 − 2 ②は、

　「取締役会は、中長期的な企業価値の向上の観点から、自社のサステナビリティを巡る取組みについて基本的な方針を策定すべきである。

　　また、人的資本・知的財産への投資等の重要性に鑑み、これらをはじめとする経営資源の配分や、事業ポートフォリオに関する戦略の実行が、企業の持続的な成長に資するよう、実効的に監督を行うべきである」

と述べて、取締役会による基本方針の策定を求めている。ここでも、サステナビリティと「人的資本・知的財産」を併記して、それが「持続的な成長」を目的としているものであることを示している（原則 2 − 4 も同様）。

ポイントをまとめてみよう。

① 　サステナビリティに積極的に取り組むこと

② 　取締役会はサステナビリティの取組みの基本方針を策定すべきこと

③ 　取り組む目的は中長期的な企業価値向上＝持続的成長であること

④ 　サステナビリティは、リスクだけでなく収益機会でもあること

⑤ 　サステナビリティには人権尊重など S（社会）も含むこと

⑥ 　サステナビリティには人的資本・知的財産への投資も含むこと

⑦ 　以上の取組みを開示すべきこと

以上である。これらの要素は、重要だ。

2　時代背景

　リーマン・ショック以来の企業を巡る統治のあり方についての考え方の変遷はどうして起きたのか。それには2つの要因がある。

　1つは、市民の力を超える者の出現への警戒である。民主主義を掲げる自由主義国は、市民がコントロールする国家を越える力が出現することへの警戒感がある。しかしそれを脅かす事態が生じつつある。

　最初は、1998年前後の東南アジア通貨危機・ロシア通貨危機であったのではないかと思う。ヘッジ・ファンドが通貨への投機を行って国家が転覆しかねない事態が発生した。

　次いで2008年にリーマン・ショックが生じた。アメリカでは多くの企業が破綻したり、公的資金を投入するはめになった。ヨーロッパでは、金融危機にまで及んでいくつかの国家が破綻の危機に直面した。

　最近では GAFA の影響力がそれに匹敵する。携帯の位置情報で重要人物の位置が判明する。それはビン・ラディン暗殺事件等大きな影響を及ぼす。また購買記録は重要人物の健康状態や嗜好まで明らかにする。SNS はアラブの春や最近のアメリカ大統領選のように、世論を操作する力を持った。フェイク・ニュースは政治を変えてしまう。さらに経済界でも、巨大企業に独占された情報は市場支配力を持つようになった。アメリカはファーウェイ・中国と闘争を続けている。これらの情報インフラは、すでに市民国家を越える力を持っているかも知れない。さらに仮想通貨が拡大すれば、国家は通貨高権を喪失するかも知れない。

　日本人は、市民革命を経験していない民族であって、あまりこのような懸念にピンとこないかも知れない。しかし西ヨーロッパの国々は、市民を越える力に強い警戒感を持つようだ。これが企業統治を考える大きな要因の1つだ。

　このような背景の中、もう1つの要因は、環境問題である。環境問題は、企業を自由競争に任せていたのではまったく解決できない。価格を媒介にした市場原理は、需要と供給をバランスする形で制御するが、逆に言うと、需要があればどんどん供給してしまう。上限などない。

　環境問題というのは、地球の自然と人間社会のやり取りの問題である。大

づかみにいえば、「人間」が「自然」から資源を獲得する動きと、「人間」が「自然」に「自然」にゴミを排出する 2 つの動きだ。すでに地球上に 80 億人もの人口がおり、彼らが欲しいものを需要すれば、際限なく資源は獲得される。エネルギー資源や鉱物資源、食糧資源等、地球から得られる物はすべてこの「資源」に含む。他方、人間は、消費の結果、ゴミを出す。それは市民が出す生活ゴミもあれば産業廃棄物、二酸化炭素、プラスチックその他すべての廃棄物を含む。「資源」も「廃棄物」も、無限ではない。地球全体として持続可能とするためには、一定の上限がある。したがって、企業活動、市民活動には、必然的に総量規制が要請される。企業の自由競争ではダメなのである。

　そこでそれをなんとか制御するためには、最も重要な当事者である企業のガバナンスに介入して、企業の活動を適合的にしないといけないのである。

　この持続可能な社会の構築という課題が、世界の共通の価値観となった。

　この 2 つの要因が ESG によって企業をコントロールする考え方に繋がった。

　ちなみに、社会（S）は、人権問題や公正性の問題であり、環境問題とは別の問題である。しかし先進国と発展途上国のあいだで南北格差が生じ、児童労働やゴミの押しつけなどが行われ、格差の問題は拡大するばかりである。このような状況下では、S についても適切な社会を構築していく必要があることは、誰も反対できない。

　さて、ここでなぜ「ESG」なのか考えてみよう。

　E と S は、どちらも最終的な獲得目標であり、誰もが肯定する「善」の価値観である。しかし G（ガバナンス）はどうか。ガバナンスというのは、企業の統治の仕組みの問題である。いわば、手段に過ぎない。それ自体に、絶対的な「善」などはない。技術的でニュートラルである。それがなぜ「ESG」という形で同列に扱われているのか。おそらく、E と S を実現するために、最も重要なのは、企業統治（G）だからだと思う。

Ⅶ　令和 3 年改訂版 CG コードの意味

ここで、令和 3 年改訂版 CG コードの意味を考えてみよう。

1　企業価値向上の立場であること

　ESG の考え方では、環境問題と社会問題を通して社会の持続可能性を達成することは絶対必要な目標である。それに沿うように企業の行動を制御したいと思っている。一方、ESG と企業の利益は、完全に一致するわけではない。ESG のために企業の利益を犠牲にしなければならない場面はある。したがって、ESG か企業の利益かと問われれば、ESG モデルでは、ESG を優先して頂きたいということになるはずだ。

　一方、令和3年改訂版 CG コードでは、「中長期の企業価値向上」や「持続的成長」のために「サステナビリティ」に取り組め、としている。この違いは重要だ。

　昔、CSR という言葉がはやったことがあったが、大きな勢力にはならなかった。あの時代は、CSR というのは、企業が事業で利益を稼ぎ、その利益の一部で植林をしたり文化活動に寄付したりするような形態であった。それは本業の事業モデル自体は変更しないこと、稼いだ利益の一部を寄付などボランティア的に費消することが内容であった。そのため、企業価値から見れば、余計な支出であり、企業価値を損ねるものであった。

　しかし今の ESG はそれとは異なっている。例えば地球温暖化でいえば、このまま CO_2 を排出し続ければ、50年後、100年後には人類は大変な生存の危機に陥る。資源の利用もゴミの排出も同様である。企業もそうなれば持続可能性を失う。そのために地球全体で環境問題に対処しなければならない。そのためにはいずれ CO_2 を排出するような事業は、法的に規制されるであろうし、それ以外の環境問題も同様である。そうなると、例えば今は、石炭火力発電は発電の中でも最も安価な事業モデルかも知れないが、そう遠からず禁止され、事業は廃止に至るだろう。そうすると、20年30年の単位で見れば、環境問題に抵触する事業モデルは、皆いずれ破綻するのであって、DCF 法による企業価値を算出すれば、価値はほとんどないことになる。したがって、企業が持続的成長を目指すならば、自主的にでも事業モデルの転換を図らなければならない。このように長期的に見れば、環境問題と企業価値の向上・持続的成長は、利害が一致することが多いだろうと思われる。

　また令和3年改訂版 CG コードも指摘していることであるが、環境問題は、世界の需要・供給のマップを大きく塗り替えるものであって、新しい需要が広大に広がるはずだ。新しいビジネス・チャンスなのである。例えば石炭火

力がダメだということになると、再生エネルギーだということになるが、再
生エネルギーはそれだけでは安定的な電気の供給ができない。そこで大容量
の蓄電システムの需要が一気に拡大する。例えば水素やアンモニアである。
もし水素による発電を簡易、安価にできるビジネスモデルを創出すれば、今
の電力業界の何倍もの市場が生まれるだろう。工業用・家庭用の電気だけで
なく、自動車・船舶・航空機などあらゆるエネルギー需要がこれにとって代
わるかも知れない。またトランジション需要というのもあり、例えば脱炭素
の仕組みに移行するための投資がたくさん必要になる。鉄鋼業の高炉をコー
クスから水素に変えれば、研究開発から新規設備投資、旧設備の廃棄等、た
くさんのコスト＝需要が生じる。令和3年5月に金融庁・経産省・環境省が
公表した「クライメート・トランジション・ファイナンスに関する基本方
針」によれば、パリ協定の実現に世界で必要な投資額は、7370兆円に及ぶ
という。それを見て「これだけ支出しなければならないのか」と悲しむので
はなく、それだけ投資＝新しい市場が創出されるのだと思うと、Eがやはり
企業価値向上にとってリスクだけではなく、チャンスでもあることが理解さ
れる。

　このように見てくると、大宗においては、環境問題に対応することは中長
期的に見て企業価値の向上に繋がることは間違いない。他方で、短期的には
利害が反することもあるし、個々の企業によってはやはり利害が反すること
もあるから、ESGモデルと令和3年改訂版CGコードでは、ギャップが生
じ得ることは認識しておくべきである。

　ちなみにCGコードは、金融庁と金融商品取引所が共同して提案、採用し
たものであり、当然ながら、株式市場・金商法から見たルールである。投資
家に対して、株式投資でボランティアをしてくれとは、到底言えない。投資
家は、年金基金や個人の投資資金を運用しているのであり、リターンを求め
る資金である。資本市場によって、資金の出し手である家計から資金の需要
者である企業に資金が流れるという大きな資金循環が成立する。株式がリ
ターンを求めるものではなく、ボランティアになってしまったら、この資金
循環は消失してしまって、マクロ経済が破綻する。したがって、ESGモデ
ルとは言っても、あくまでも中長期的な企業価値の向上という立場を崩せな
いのである。

2 ESGモデルと株主利益・企業価値最大化原則の関係

　このように、環境問題は企業価値にとって多くの場面で一致するが、場合によっては一致しないこともある。それでは、従前言われていた株主利益・企業価値最大化原則との関係はどうなるのだろうか。株主利益・企業価値最大化原則は、会社の目的論であり、取締役の義務論である。コンフリクトが生じたとき、経営者（取締役）は、Eを優先すべきなのか、株主利益・企業価値を優先すべきなのか。

　2つの目標を立ててしまうと、その2つが対立したとき、行動規範が成立しなくなる、という問題がある。そのため、昭和49年商法改正のときも、企業の社会的責任という条項を商法に定めることは見送られた。社会的責任というのは、法的責任ではないから、人によって考え方は様々である。ある人は雇用の創出のために開発をすべきだというかも知れないが、ある人は自然の保護のために開発は止めるべきだというかも知れない。法律でオーソライズされていない価値観を取締役の善管注意義務の中に持ち込むと、どうすればいいのか解決不能になると言われた。そこで解決策として、取締役の義務は、あくまでも株主利益・企業価値の最大化とし、それ以外の要請は、すべて別の法律で明記する、という整理である。例えば、公害問題が起きれば、大気汚染防止法等の商法以外の法律で、やっていいこと／いけないことを定め、取締役は、その法律の枠の中で株主利益・企業価値の最大化を図ればよい、というのである。株主利益・企業価値以外の要因は、すべて「外部化」するのである。

　これまで日本ではずっとこの方法でやってきた。環境問題でも、ゴミ問題でも、あるいは労働問題などのSの課題についても、すべて法律を定めることで外部化して対処してきた。

　しかしESGはそうはいかない。日本国内だけであれば、国会で審議して法律を作れば、それで対処可能だ。しかしESGは世界のすべての国が同じように対処しないと解決できない。どこかの国が逃げ道を作れば、抜け駆け状態になってしまう。しかし世界中のすべての国で一律に同じ法的規制を設けることなど、まったく実現性がない。先進国もあれば発展途上国もあり、また宗教も自然環境も異なる。それを待っているわけにはいかない。だからこそ、現実に環境問題に最も大きな影響力を持つ企業に、各国の法律を待たずに、ESGに速やかに対処して欲しいのだ。

　また必要性だけではない。取締役の義務の内容が不明確になるという先述のジレンマも、ESG に関しては、大きな問題とはならない。いろいろな価値観が混在していれば、何を採用すればよいか分からなくなるというのはその通りであるが、こと ESG に関して言うと、地球環境の持続可能性が目的であり、その内容は明確であるとともに、世界中のほとんどすべての人が、その目標自体には反対しないだろう。さらにその具体的内容についても、SDGs という形で、明確化されている。そうであれば、日本の会社法の解釈としても、仮に一部企業価値を損ねることがあったとしても、それ以上に重要な ESG の課題解決のための行為であれば、それを取締役の善管注意義務違反とすることはない。コンフリクトが生じたときも、どちらをどの程度配慮するかは取締役の広い裁量に任せればよい。義務違反の判断が不明確になることはない。

　さらに令和 3 年改訂版 CG コードでは、先述のとおり、「取締役会による取組みの重要性」、「サステナビリティの基本方針の策定義務」、「TCFD 等に基づく取組みの開示義務」が定められた。CG コードは、法的な位置づけはあくまでもフォローアップ会議の提言を元にした金融商品取引所の上場規程の一部に過ぎない。しかしこれが適切な手続を経て策定・公表され、日本最大の証券市場のルールとなった以上、それは社会全体の価値観としてオーソライズされたものとみるべきである。そうであれば、裁判所が取締役の善管注意義務の内容を判断するときにも、このような社会全体のルールを尊重することは明らかであろう。その意味で、今や、ESG に配慮することは、取締役の義務に適合するということができる。

3　新しいマルチステークホルダー論

　これまで見てきた ESG モデルは、マルチステークホルダー論と言われることもある。例えばアメリカの主要企業約 200 社の CEO で組織される BRT（ビジネス・ラウンドテーブル）は、2019 年 8 月 19 日に「企業の目的に関する声明」を発表し、その中で「すべてのステークホルダーに価値を提供することを約束する」と述べた。なんとなく昔の日本型経営と似ていると感じる向きもあるかも知れない。しかしその内容はかなり異なっている。別物といった方がいい。

　以前の日本型経営、すなわち従業員管理型モデルは、マルチステークホル

ダー論だと言われた。しかしそこで念頭に置かれているステークホルダーは、主として従業員である。それにせいぜい取引先が加わる程度だ。

　しかし ESG モデルは、世界的な市民全体で企業活動に影響を与えようとするものであって、そこで想定されているステークホルダーは主として「市民」である。

　また S の分野では、特に発展途上国の労働者の環境や公正性などに焦点が当てられており、日本型経営で言うところのステークホルダーにはまったく含まれていなかった人たちだ。

　だから E の視点からも、S の視点からも、昔の日本型経営とは異なる人たち、異なる価値観がステークホルダーとして重視されている。その点を誤解して昔ながらの従業員重視の経営でよいと思い込んではいけない。もっと幅広い視野が必要だ。むしろ日本型経営は、この ESG による大変革に際しては、推進勢力どころか、抵抗勢力になりかねない。その点は十分理解しないといけない。

Ⅷ　ESG モデル

　ここで新しい企業モデルである ESG モデルの特徴をまとめておこう。

　まず(1)ESG を重要な経営目標と定めることである。取締役会の決議または定款で定めることも考えられる。令和 3 年改訂版 CG コードでも、基本方針の策定を求めている。

　次に(2)企業の多様性である。取締役会に、女性、外国人、その他、その企業内にいた人たちとは異なる環境で生活してきた人たちを取締役会等に迎えることである。世界的な環境問題、社会問題に適切に対処するためには、そのような課題を理解している者達が企業内に存在していることが必要だ。

　特に日本企業の場合には、終身雇用制の残渣の中、未だに中核的人材には多様性がない。そのことが結果的に、日本企業は、全く同一組織で、全く同一の常識を持って、全く同一の利害関係を持った者だけで構成される、という非常に偏った組織になってしまっている。これは世界的な環境問題、社会問題に適切に気づいて対処するには非常に問題である。内向きの組織では、リスクにも気がつかないし（気がつかない振りもする）、経営改革も起こらない。令和 3 年改訂版 CG コードでも、社外取締役だけでなく、中核的人材の

多様性を求めている。

　次に⑶開示と対話である。TCFD のように、①ガバナンス、②戦略、③リスク管理、④指標と目標といった項目ごとに、前向きな取組みを開示する必要がある。①ガバナンスは、その問題に対処するための組織、②戦略は、その企業のビジネス・戦略・財務計画等に対するリスクと収益機会への影響、③リスク管理は、リスクを識別・管理するためのプロセス、④指標と目標は、リスクと収益機会を管理するための指標・目標である。令和3年改訂版 CG コードでも、基本方針や TCFD またはそれに類する情報開示を求めている。この開示は、「対話」の前提である。

　ESG の企業モデルの主要な要件は、以上の3つである。

　なぜ、そうなるのか。市民による企業統治への影響力というのは、ソフトなものである。市民は、直接、株主権とか、監督権限などは持たない。基本的には、開示をし、それを元に企業と市民が対話をし、問題に対処する仕組みとなる。そしてそのための組織設計（ガバナンス）として、取締役会や中核人材にそれを理解し、推進できる多様性が必要である。そして何より、その企業が、ESG を尊重する姿勢を明確にすることが大前提である。これらの要素を満たしたものが、ESG モデルである。世界の市民による影響力を受け止める企業モデルである。

Ⅸ　令和3年改訂版 CG コードのもう1つのポイント

　企業モデルの話とは少し異なっているが、ここで令和3年改訂版 CG コードのもう1つのポイントを述べておこう。それは、サステナビリティの概念には、S（社会）も含まれているという点だ。

　令和3年改訂版 CG コードでは、随所に「人的資本への投資」という言葉が出てくる。補充原則3－1③では、人的資本への投資と経営戦略・経営課題との整合性を開示すべきであるとし、補充原則4－2②は、取締役会は、人的資本への経営資源の配分等について、基本的な方針の策定や実効的な監督を求めている。令和3年4月6日のフォローアップ会議の提言にあるとおり、人的資本への投資は、S（社会）の一部である。そして S（社会）はサステナビリティにも含まれている（基本原則2の「考え方」）。令和3年改訂版 CG コードは、中核人材における多様性も求めているが、その具体的内容と

して、経営陣やそれを支える管理職層においてジェンダー、国際性、職歴、年齢等の多様性が確保され、それらの中核人材が経験を重ねながら取締役や経営陣に登用される仕組みを構築せよとしている。そのために「女性、外国人、中途採用者の管理職への登用等」が求められ、そのために「人材育成方針と社内環境整備方針」を開示せよとしている。

多様性はESGモデルからの要請である。また多様性は、S（社会）でもある。SDGsには、4. 平等で質の高い教育、5. ジェンダー平等、8. すべての人に働きがいのある人間らしい仕事・同一労働同一賃金、10. 格差の是正、16. あらゆるレベルでの包摂性などが並んでいる。

多様な中核人材への投資、経営資源の配分というのは、いろいろな趣旨を重ね持っている。令和3年改訂版CGコードが言うように、まず、①企業の新たな成長のためには人材の多様性が必要であるという視点がある。ジェンダーや外国人などの登用で、グローバルな現在および将来のリスクを感知する能力を持つこと、多様な経験と常識を持つことで不適切な経営判断を避けられること、新しいニーズや収益機会を認知できることなど、企業価値の向上にも繋がるだろう。

しかし人的資本に対する投資を重視している投資家は62％もいるのに、日本企業の経営者ではそれを重視しているのは37％に過ぎない[注1]。人材育成というのは、日本型経営のお家芸のように思われていたが、実は次の時代の人材を育成するという視点、そしてそのための経営資源の配分という視点では、日本企業はまったく後れを取っている。年功序列制度の下では、教育というのは先輩の仕事を見て勝手に盗めという前時代的なやり方がまかり通っている。旧習の踏襲が教育になっている。新しい能力を持つ新しい人材開発への投資は不十分だ。日本企業の時価総額上位社はバブル時代とあまり変わっていない。GAFAなどは育たない。ちなみにその調査結果では、日本の経営者は中長期的な投資戦略として、設備投資ばかり重視している（投資家は設備投資に関心がない）。未だに産業資本主義的なバランスシートを大きくする発想だ。時代錯誤である。

また②ジェンダー、外国人等を含めて平等な労働環境を整備することは、それ自体がS（社会）としての倫理的な規範である。補充原則2－3①は、「人権の尊重、従業員の健康・労働環境への配慮や公正・適切な処遇」はサステナビリティの要素であるとし、それへの取組みを求めている。倫理的な

規範であるとすると、その対応に長い時間をかけているヒマはない。環境問題のように「2050年までに……」などと言っている余裕はなく、今すぐ対応しなければならない。また対応するかどうかの裁量の幅もほとんどない。倫理違反は社会的な批判を巻き起こす強い要請だからである。

そして③SDGsが目指しているのも、すべての人を包摂（インクルージョン）する世の中の実現である。

さらに④令和3年改訂版CGコードがわざわざ中核人材の多様性という切り口を持ち出したのには理由があると思われる。日本企業では、女性の活用が必要だと言われ続けながら、現状はどうか。新入社員の中には女性の比率が一定程度あるが、管理職の女性の比率は諸外国に比べて著しく低い[注2]。社外取締役には若干女性がいるが、社内取締役にはほとんどいない。尻切れトンボだ。経営者に聞けば、「新入社員で入社してから経営幹部になるまで20年30年とかかりますから、もうしばらくすれば……」と30年言い続けている（男女雇用機会均等法制定以来だ）。中核人材の多様性がないことは、日本企業の最大の弱点であり、それが取締役会や経営陣、ひいて企業全体の多様性の欠如になっている。ここを変えないと事態は永遠に変わらない。

本来は、労働者の政策をどうするかというのは、ガバナンスの問題ではない。ガバナンスは基本的には経営者に対する監督の仕組みだ。労働政策は、経営の内容であって、それは本来経営者の裁量の問題だ。しかし今回、令和3年改訂版CGコードは、ガバナンスの問題としてそこに踏み込んだ。女性や外国人の登用といった、人材の多様性が浸透せず、頑強に日本人・男性・生え抜きという同一組織の同一経験・同一価値観を持った者の集団で居続けるのは、個々人の意図を超えて、頑強な社会の構造というほかなく、それを解きほぐしていくためにはどうしても必要なのである。

令和3年改訂版CGコード補充原則2－4①では、「上場会社は、女性・外国人・中途採用者の管理職への登用等、中核人材の登用等における多様性の確保についての考え方と自主的かつ測定可能な目標を示すとともに、その状況を開示すべきである。また、中長期的な企業価値の向上に向けた人材戦略の重要性に鑑み、多様性の確保に向けた人材育成方針と社内環境整備方針をその実施状況と併せて開示すべきである」と述べている。ここに「中途採用者の管理職への登用」という言葉が登場する。そして測定可能な目標が必要だという。

　フォローアップ会議の資料^(注3)では、コロナ後の働き方の見直しとして、ジョブ型とメンバーシップ型の比較調査をしている。ジョブ型というのは、仕事を基準に人を割り当てる雇用形態である。メンバーシップ型は、会社に最適化された人材を育成する雇用方法である。アンケート調査の結果では、約半数の人がジョブ型を選択し、メンバーシップ型を選んだ人は24％に過ぎなかった。今の人は、同一労働・同一賃金、仕事に応じた賃金というものを望んでいる。賃金が年功によって決まる社会では、中途採用は難しい。逆に仕事の内容に応じて賃金が決まる社会は、中途採用は容易だ。平等、公正という視点からも、説明がしやすいだろう。

　令和3年改訂版CGコードに従い、女性や外国人を中途採用し、管理職に登用していくと、その採用形態はジョブ型になり、年功序列制度は消滅していく。そうすると人材は流動化し、多様化し、同一価値観で占められている会社ムラはなくなっていくだろう。

　今回の令和3年改訂版CGコードは、ガバナンスの深化とか、東証の新市場区分への対応とか、ESG対応などの視点があるが、実は日本の企業に大きな変革を迫ることとなるのは、この中核人材の多様性の要請ではないかと思う。

（注1）　フォローアップ会議令和2年11月25日資料4（金融庁）。

（注2）　フォローアップ会議令和2年11月18日資料4（金融庁）。

（注3）　フォローアップ会議令和2年10月20日資料4（金融庁）。

第 2 章

取締役がすべきこと——総論

I 取締役会は何をすべきか？

1 取締役の職務

取締役は何をすべきだろうか？

昔は、取締役に就任するというのは、長年優秀な成績を上げてきたことへのご褒美だったかも知れない。また社外取締役というのは、「お客さん」であって、ときどき取締役会で何かアドバイスめいたことを言っていればそれでよかった。

しかし、今はそうではない。社内であれ、社外であれ、取締役になった以上、取締役としての職務と責任を果たさないといけない。会社法はもちろんのこと CG コードもそれを求めている。取締役会の実効性評価でその機能も点検される。問題が起きれば法的責任も追及される。

しっかり職務を果たそうと思えば、まず何が取締役の職務であるのか、それをきちんと認識しなければならない。

取締役会設置会社においては、取締役は、「取締役会の構成員である」ということが仕事である。業務の執行は、別途、代表取締役や業務担当取締役を選任して行わせる。取締役であることで、直ちに業務執行者になるわけではない。

したがって、取締役としての仕事は、取締役会の仕事をする、ということになる。取締役会に出席して、そこで審議したり意思決定したりすることが、取締役の基本的な仕事なのである。

それでは取締役会は何をするのがその職務なのであろうか。

結論からいうと、取締役会の仕事は、本質的には、

①　経営方針、経営計画を定めること　（第１の仕事）
②　経営者を選任し、その業務執行状況を監督すること　（第２の仕事）
③　内部統制の基本方針を定めて、その運用状況を監視すること　（第３の仕事）

の３つである。以下、それを見ていこう。

2　法文の整理

　どうして上記の３項目が取締役会の仕事になるのか、まず法律の定めを見てみよう。法律では、取締役会の本質的な仕事をずばり明快に定めているわけではないので、いくつかの規定からその意図や考え方を推察する必要がある。まず会社法362条２項は、取締役会に関する原則的な規定であり、実質的に監査役設置会社に係る規定であるが、取締役会の職務について、

　１号　取締役会設置会社の業務執行の決定
　２号　取締役の職務の執行の監督　（第２の仕事）
　３号　代表取締役の選定及び解職　（第２の仕事）

が取締役会の職務であると定めている。２号および３号は、経営者に対する監督（第２の仕事）である。

　同条４項は、「重要な業務執行の決定」の内容として、

　１号　重要な財産の処分及び譲受け
　２号　多額の借財
　３号　支配人その他の重要な使用人の選任及び解任
　４号　支店その他の重要な組織の設置、変更及び廃止
　５号　第676条第１号に掲げる事項その他の社債を引き受ける者の募集に関する重要な事項として法務省令で定める事項
　６号　取締役の職務の執行が法令及び定款に適合することを確保するための体制その他株式会社の業務並びに当該株式会社及びその子会社から成る企業集団の業務の適正を確保するために必要なものとして法務省令で定める体制の整備　（第３の仕事）
　７号　第426条第１項の規定による定款の定めに基づく第423条第１項の責任の免除　（第２の仕事）

を挙げている。１号から５号は、業務執行上の意思決定であり、６号は内部統制の基本方針の決定（第３の仕事）、７号は責任の免除であるから監督上の

作用（第2の仕事）である。

　監査等委員会設置会社および指名委員会等設置会社の取締役会にあっては、重要な業務執行の決定のかなりの部分を経営者（代表取締役、代表執行役等）に委任することができる。その意味で、業務執行の決定は、取締役会の必須の職務ではない。一方、両タイプのモデルでは、取締役会が必ずしなければならないことを明示している。これが取締役会の職務の本質を表している。

　すなわち監査等委員会設置会社につき会社法399条の13第1項は、

　　1号　次に掲げる事項その他監査等委員会設置会社の業務執行の決定

　　イ　経営の基本方針　（第1の仕事）

　　ロ　監査等委員会の職務の執行のため必要なものとして法務省令で定める事項　（第3の仕事）

　　ハ　取締役の職務の執行が法令及び定款に適合することを確保するための体制その他株式会社の業務並びに当該株式会社及びその子会社から成る企業集団の業務の適正を確保するために必要なものとして法務省令で定める体制の整備　（第3の仕事）

　　2号　取締役の職務の執行の監督　（第2の仕事）

　　3号　代表取締役の選定及び解職　（第2の仕事）

を決定しなければならないとしている。1号イの「経営の基本方針」が明記されている（第1の仕事）。なお、同号ロは、内部統制の一環であり（第3の仕事）、他は監査役設置会社と同じである。

　指名委員会等設置会社の取締役会についても同様である（会社法416条1項）。

　　1号　次に掲げる事項その他指名委員会等設置会社の業務執行の決定

　　イ　経営の基本方針　（第1の仕事）

　　ロ　監査委員会の職務の執行のため必要なものとして法務省令で定める事項　（第3の仕事）

　　ハ　執行役が2人以上ある場合における執行役の職務の分掌及び指揮命令の関係その他の執行役相互の関係に関する事項　（第3の仕事）

　　　（以下略）

　　2号　執行役等の職務の執行の監督　（第2の仕事）

　なお、1号ハの執行役の職務の分掌というのは、権限の分配であり、指揮命令関係と併せて、これも内部統制の一環である（第3の仕事）。

3　取締役会の職務の核心は何か？

　以上の規定を整理してみよう。グループ分けすると、①経営の基本方針の決定、②経営者に対する監督、③内部統制の構築、④業務執行の決定、の4種類があることが分かる。

　このうち、④については、監査役設置会社以外では、経営者に委任して、取締役会の職務からはずすことができる。選択的である。すると取締役会の本質的な職務は、①から③ということになる。

　これは並べてみたらたまたまそうなったということではない。これは論理的なつながりであり、経営のあり方そのものを示している。

　つまり、会社の経営上の意思決定は、経営の基本方針がまず存在し、その目的や方向性に合致するように、個々の判断が積み重ねられていく。そのような一貫した合目的的なプロセスである。

　その経営の方針に応じて、どのような能力を持った者が経営者として適切なのかということを考えて経営者を選任し、その経営者が経営方針に従って適切に経営を推し進めているかをモニタリングする。その達成すべき目標、マイルストーンとして、経営計画を定める。うまくいっていないときには、経営者に対して指示をし、場合によっては交代をさせる。

　またその経営方針の如何によって、会社の晒されるリスクの状況は異なってくるのであり、そのリスクに応じた内部統制の基本方針を定めて経営者に指示し、より具体的な内部統制の体制を整備させ、その運用状況をモニタリングする。

　すべては経営の基本方針に端を発し、経営者の適格性も内部統制のあり方も、そこから演繹的に導き出されるのである。

　だから、「経営の基本方針の決定」がまずあり、それに適合するように経営者の選任・監督を行い、そのリスクの状況に応じて内部統制の基本方針を定めるのである。

　これが最も重要な取締役会の職務の基本的な骨格である。

　監査等委員会設置会社と指名委員会等設置会社にあっては、④の業務執行の決定を経営者に一任することができるので、その決定の指針とするため、この経営の基本方針を明確に定めることが必須となる。それがなければ経営者の進むべき方向性も明確にならない。それで法文上も明記されている。他方、監査役設置会社では、個々の業務執行上の決定も取締役会がするので、

取締役会自身が経営の基本方針を決議せずにその目指すところに従って自ら個々の意思決定をしていく方法も残されている。

4　より大きな視点

　以上は、経営方針の策定以降の経営の流れを説明したものである。これは取締役会の仕事に着目した流れである。

　更に一歩ひいて鳥瞰すると、これは、より大きな会社のあり方に拡大して説明することができる。

　企業は、それぞれが社会の中で果たすべき役割、ミッションを持っているだろう。それを果たすための企業のあり方を「経営理念」という形で明確化していると思われる。

　経営理念の中では、果たすべき役割、社会の様々なステークホルダーとの関係性、持続可能性やSDGsの考え方、透明性や情報開示のポリシー、さらには多様性やIRのポリシーなどもある。何をその理念の中に位置づけるかということは、各社の考え方次第である。

　その経営理念に基づき、各社とも、「コーポレート・ガバナンス原則」や「企業行動原則」などを定め、会社機関のあり方や役職員の行動規範などを具体的に示していると思う。

　そしてそれに基づき、取締役会の果たすべき役割、機能を考え、ガバナンス・モデルを選択する。監査役設置会社がよいか、指名委員会等設置会社がよいかといった選択である。当社の場合、意思決定重視か、モニタリング重視か、経営の迅速性が重要か、それとも慎重な判断が重要か、といった事柄である。

　そして併せて、「取締役会の構成」はどうあるべきかということも考えて、取締役候補者をノミネートする。全体の人数や、専門性、多様性、社内外の比率等である[注]。

　そしてそのような基本的な経営理念やミッションに従い、ガバナンスの体制を決めると、今度は、現在の経済環境、その企業を取り巻く状況、保有する技術・人材その他の経営資源の状況などに照らして、採用すべきビジネス・モデルを決定し、経営の基本方針を定める。

　その基本方針に従って、中期経営計画などで具体的な達成すべき目標を定め、その実行に適した経営者の選抜を行う。ここからが前項までに述べた取

締役会の役割である。実際には、経営理念の策定からビジネス・モデルの選択までは、一体的に形成されているのであろう。以下のような流れである。

(注) 令和3年改訂版 CG コードでは、このスキル・マトリックスの考え方が導入された（補充原則4－11①）。

[図表2-1]

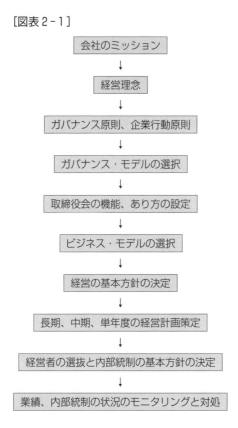

5 CG コードの理念

このような考え方は、CG コードの理念でもある。

CG コードは株主の権利の確保（基本原則1）とともに、中長期的な企業価値の創出は、従業員、顧客、取引先、債権者、地域社会をはじめとする様々なステークホルダーによるリソースの提供や貢献の結果であるとし、これらステークホルダーの権利・立場や健全な事業活動倫理を尊重する企業文化・

風土の醸成を求め、その中には ESG への対応を含むとしている。そのため**経営理念**を定め（原則 2 - 1）、**行動準則**を定めることを求め（原則 2 - 2）、サステナビリティや多様性の確保を求めている（原則 2 - 3、2 - 4）。

　そして取締役会の責務として、「**企業戦略等の大きな方向性を示すこと**」と、「独立した客観的な立場から、経営陣・取締役に対する**実効性の高い監督**を行うこと」を求めている（基本原則 4）。

　具体的には、取締役会で**経営理念**等を確立し、具体的な**経営戦略や経営計画**を議論し、業務執行の決定はその方向づけに従うべきとしている（原則 4 - 1）。経営戦略においては、収益力・資本効率等に関する目標を提示し、資源配分等についても定める（原則 5 - 2）。

　CEO の選解任は、最も重要性の高い戦略的意思決定であり、資質を備えた CEO を選任すべきで（補充原則 4 - 3②）、**経営陣の報酬体系**についても、健全なインセンティブとして機能させる（補充原則 4 - 2①）。その**業績の評価**もしっかり行う（原則 4 - 3）。

　また取締役会は、**内部統制やリスク管理体制**の構築や運用の監視をする（原則 4 - 3）。

　これらの役割を果たすため、**取締役会の構成**は備えるべきスキル等を特定した上で、多様性や適正規模を両立させ、知識、経験、能力のバランスを考慮する（原則 4 - 11）。**独立社外取締役**は、持続的な成長のための助言や経営陣幹部の選解任を通じた監督等を行う（原則 4 - 7）。そのために、内部監査部門からの直接報告を含め、必要な**情報の入手体制**を整備する（原則 4 - 13）。

　これらの取締役会の役割は、監査役会設置会社、指名委員会等設置会社、監査等委員会設置会社のいずれであっても、等しく適切に果たされなければならない（基本原則 4）。

　CG コードは、法的拘束力はないが（上場契約に伴う情報開示ルールである）、ほとんどの上場会社はこのコードをコンプライ（遵守）すると表明しているから、実質的には規範である。これはあるべき企業モデルを示しているのである。これが現在の世界的な知見の到達点である。

Ⅱ　会社の機関設計とガバナンス

1　会社に必須の機関

　ここでⅠで出た、監査役設置会社と監査等委員会設置会社・指名委員会等設置会社の違いをはじめ、ガバナンスの観点から見た会社の機関設計の考え方について、説明しよう。

　会社というものの組織を考えてみる。個人企業レベルの小さな会社を除外して、そこそこの大きさの会社を想定してみる。

　すると会社には、まず出資者がいる。そして経営者がいる。経営者はどのような形態の会社であっても存在する。必須の機関だ。

　当然、その経営者が経営をするのであるが、もしかすると経営者が悪いことをするかも知れない。17世紀初頭には東インド会社というものが西欧諸国にできたが、当時の役員達は東インド貿易で輸入してきた物品の横流しを受け、それを転売して儲けていたらしい。経営者が個人的な利益を追求してしまうのではないかという懸念は、会社制度の当初からあったわけだ。

　不正の防止策としては、古くはイギリスの中世の荘園管理者に対する帳簿監査がある。アメリカにおいては、銀行のための貸借対照表監査や、市場から資金を調達するための財務諸表監査が発展した。

　これら不正、粉飾等の防止とは別に、オランダの東インド会社等では、今でいうボードが設置され、理事達が重要な意思決定をしていた（ただし、航海に出てしまうとコントロールのしようもないから船長一任になる）。

　このように見ると、出資者・事業主の課題は、経営者が横領等をしていないかの不正のチェックであったり、財務諸表の信頼性の確保であったり、重要な意思決定であったことが分かる。不正行為の防止という観点と経営のコントロール（重要な業務執行のコントロール）という観点の2つだったわけである。

　結局、経営者だけでは何をしでかすか心配だから、お金を出した出資者は、監督者を置かざるを得ないのである。それがドイツの監査役会であったり、アメリカの取締役会であったりする。

　そこで会社の基本構造は、「経営者」と「監督者」という2つの機関を有する仕組みとなる。

［図表2-2］

［モデルA］　　　　　　　　　　　　　　［モデルB］

| 監督者 | 監督機能
＋重要事項の決定 |

↓

| 経営者 | 業務執行機能 |

| 監督者 | 監督機能 |

↓

| 経営者 | 業務執行機能
＋重要事項の決定 |

2　マネジメント・モデルとモニタリング・モデル

⑴　業務執行決定権の帰趨

　このように経営者と監督者が基本形なのであるが、会社のガバナンスのあり方には大きく分けて2通りがある。それは、重要な業務執行の決定権限の所在である。その権限を、経営者の側が持つか、監督者の側が持つか、という区分である。これは経営のコントロールの問題である。不正防止の方は、すべての会社にとって共通に必要な機能であり、経営者も監督者も、その責任、役割を負担することに変わりはない。

　重要な業務執行の決定権限を、監督者側が持つモデルA（マネジメント・モデル）と、経営者側が持つモデルB（モニタリング・モデル）がある。

　図表2-2で、日本では「監督者」が取締役会であり、「経営者」が代表取締役社長である。

　重要事項の決定権限は、どちらが持つのがよいのか。

　歴史的には、モデルAから始まることが多い。つまり経営者が重要な業務執行の決定をするときに、監督者がチェックすることで、より経営者に対するグリップを効かせよう、という発想である。この方が強力な監督ができると考えるわけである。経営判断の内容にまで手を突っ込んでコントロールするわけである。

　しかしこの方法であると、重要な業務執行をする度に、監督者を集めてこなければならなくなる。日本であれば、取締役会を招集しなければならないということである。これでは経営判断は遅くなる。今の世の中、迅速な意思決定が競争上、不可欠である。「来月の取締役会まで待ってね」などと言っていたのでは、手遅れになるかも知れない。

　そこで、「それでは重要事項の決定もすべて経営者に任せてしまおう」と

いう発想が生まれてくる。それがモデルBである。

　モデルBでは、重要事項の決定も全面的に経営者に任せてしまう。「適宜よろしくやって下さい」ということである。この場合、監督はどうするのか？　この場合の監督は、結果責任である。1個1個の経営判断に介入しない。全面的にお任せするからよろしく、ということは、結果的に業績で判断をする、ということになる。よい業績を残せば、高い報酬を支払い、再任する。もし業績が悪いとなれば、報酬を下げたり、解任したりする。つまり結果次第で、人事権の行使で、監督をするという仕組みになる。

　日本では、監査役設置会社がモデルAであり、指名委員会等設置会社や監査等委員会設置会社がモデルBの一種（両方になり得る）である。

(2)　モニタリング・モデルの時代

　以上では、経営判断の迅速性の観点で、2つのモデルの由来を説明した。しかし最近ではCGコードができ、すべての会社で経営者側ではない者（独立社外取締役）による監督（モニタリング）の仕組みを求められるようになってきた。迅速性の要否にかかわらず、すべての会社で非経営者によるモニタリングをすべきだというのである。これは世界的な趨勢である。そこで日本でも一気に社外取締役の導入が進み、モニタリング・モデルへ進み始めた。つまり最近では、モニタリングの仕組み自体が重要であり、経営の迅速性のためにモデルBを選択するという発想ではなくなってきた。

(3)　どちらのモデルが優れているか？

　マネジメント・モデルとモニタリング・モデルは、どちらが優れているのだろうか。これは言い換えれば独立社外取締役がたくさんいればモニタリング・モデルになるので、独立社外取締役がいるときに企業価値は向上するのか、という問題とも言える。アメリカなどでは、この種のフィールド調査がたくさん行われている。みな、自己の主張を裏付けようとしているからバイアスがかかった調査とも言えるのだが、結論を言うと、独立社外取締役がいることでどういう効果があるのか、実証的・統計的にはよく分からない（立証されていない）、というのが現状である。必ずしも独立社外取締役がいれば企業価値が向上するというほどのデータはないのである。

　しかし、誰も監督する者がいない会社と比較すれば、誰かが監督している方がより適切であろうことは多くの者が理解できる。何かあれば早期に対処できるし、暴走を察知すれば止めることもできるかも知れない。経営者の能

力に問題があれば交代させることもできる。つまり一般的に独立社外取締役がいると恒常的に企業価値が向上する（売上げ・利益が増大する等）といった効果はないけれども、いないよりは、いるに越したことはないというのが共通の認識になっているということである。

　最近では、その独立社外取締役が、投資家はじめ各種ステークホルダーと会社・経営者の接点となり、対話による経営という方向性に寄与している（令和3年改訂版CGコード補充原則5-1①）。また独立社外取締役が経営に多様性をもたらすきっかけともなっており、ESGやSDGsなど持続可能性のあるビジネス・モデルへの流れに沿ったものになっている。最近では、たんに会社は従業員のものであるとか、株主のものであるといった考え方から、会社は適切に社会・市民によってコントロールされていかなければいけないといった考え方に変わってきているので、その流れにも適合しているのである。

(4)　両モデルの特性、留意点

　両モデルを構築するときの留意点、特性といったものを少し説明しておこう。

①　人事権の行使の限界を知る

　モニタリング・モデルの場合、人事権の行使によって監督機能を発揮する。例えば、1980年代にアメリカの大企業で、次々とCEOが解任されたことがあった。しかし、現在ではアメリカでも頻繁にCEO解任が起きているわけではなく、それは最後の手段に過ぎない。むしろ経営の方針や事業計画などを共に議論し、報酬体系の構築などできめの細かい対応やコミュニケーションを行うことが重要である。今のCEOを解任すれば業績が向上するという簡単なものではないのである。

②　必要な体制

　結果によって人事権を行使するタイプになると、人事権を適切に行使できる者が監督者にならないといけない。したがって、経営者から独立した者が監督者にならないと適切に機能しない。社内取締役は、一面、社長の部下であるから、その点では適格性に欠ける。

　モニタリング・モデルでは、独立社外取締役が相当数必要である。理論的には過半数あれば人事権を掌握するので問題ないが、過半数でなくても、社外取締役の意見は尊重されている会社が多いし、社内取締役が全員社長に盲

従するわけでもないであろうから、例えば3分の1程度でも十分な力となり得る（プライム市場上場会社につき、令和3年改訂版CGコード原則4－8）。現実の事例を見ると、社内取締役も意見が分かれるし、社外取締役もそれぞれ意見が違っていることがあり、単純に社外取締役過半数ということを指標にすることもない。

③　取締役会の責任と経営者の資質の区分

マネジメント・モデルでは、重要な業務執行の決定を取締役会が行ってしまうので、その結果、業績がよくなかったとしても、それは取締役会の責任でもあり得る。マネジメント・モデルでモニタリングを行う際には、取締役会の責任と経営者の責任、言い換えればそれぞれに期待される役割を整理する必要がある。目標が達成できないとき、それが経営者の資質の問題なのか、経営方針が適切でなかったのか、そういうことをきちんと検討すべきということになる。

④　モニタリング・モデルと情報収集

モニタリング・モデルでは、その監督作用のためには適切な情報が適時に入手されることが必須の要件である。しかし経営者から報告される情報だけでは、十分でないことも想定される。被監督者だからである。したがって、適切な情報を入手する手段を取締役会自ら検討し、構築する必要がある。特にカリスマ的能力を有した者が経営者である場合など社内者が自由に意見を言えないことも起きるし、カンパニー制などを採用している場合にその部門の悪い情報が操作・隠ぺいされてしまうケースも想定される。

⑤　社外役員の研鑽

そもそも社外取締役は、その会社のことについてよく知らないことが多い。したがって、社外取締役が十分勉強する時間を割かないといけない。また経営方針や次期経営者のノミネートなど、取締役会自身が発議することは難しいことも多いだろうから、むしろ経営者からそのような提案がなされ、その妥当性についてチェックすべき立場であると整理してもよいと思われる。

⑸　指名委員会等設置会社と監査等委員会設置会社の位置づけ

指名委員会等設置会社は、このモニタリング・モデルの変形である。本来取締役会で社外取締役が過半数いれば、それでモニタリング・モデルになる。したがってそれで十分ではあったが、平成14年の立法当時、経済界がそれを嫌ったこともあり、取締役会は社内過半数でもよいとした。その代わり重

要な監督機能である指名、報酬、監査を別委員会として切り出し、その委員会だけは社外取締役過半数にする、という妥協策を取った。

　監査等委員会設置会社は、社外取締役の導入を促進するため、指名委員会等設置会社に移行する会社が少ないことも勘案して、いわば監査役を取締役である監査等委員にしたような折衷策である。これによって社外監査役が社外取締役となる妥協策が取れることになった。生まれはあまり積極的ではないという印象を持たれる。しかし、監査等委員会は指名・報酬について意見を述べることができ、他方重要な業務執行の決定を代表取締役に委任できるので、モニタリング・モデルになりやすい。実際、監査等委員会設置会社に移行した会社では、だんだんと業務執行の議題が減少し、ガバナンス系の議題を上程するようになってきており、実質的にもモニタリング・モデルに近づいてきているのではないかと思われる。形から入れ、ということだ。

　ちなみに監査役設置会社でも、取締役会の過半数または相当数を社外取締役にすれば、それでモニタリング・モデルになれる。もともとそういうものを戦後商法は考えていた（ただし重要な業務執行の決定は代表取締役に委任できない）。

3　なぜ取締役会と監査役があるのか

　日本の多くの会社を見ると、監査役と取締役会という 2 つの機関が設置されている。どちらも監督機関である。監督者が 2 人いるというのは、本当は妙な話である。1 つで十分だ。

　日本の商法は、戦前は監督者として監査役を置いていた（ドイツ法系）。それが戦後、アメリカ法が導入されて、取締役会という監督者を設置することになった。その時点では、監査役は会計監査人（公認会計士）に置き換えておいおい廃止するつもりだった。ただ、公認会計士が未だ少なかったので、当面の対策として監査役を残した。しかしその後昭和 40 年代以降、企業不祥事が多発したので、世論に押されて監査役を廃止するどころか、逆に機能を強化する方向に走り始めた。その結果、監督者である取締役会と監査役が両方存在する、という世界的にも珍しい体制になってしまったのである。これが日本のガバナンス体制が世界から理解されない 1 つの原因になっている。学説は、同じ監督者が 2 つあっても意味がないので（体系矛盾だ）、取締役会は妥当性を監督し、監査役は違法性を監査するのだ、などと整理したりして

いる。しかしそれがまた実務的には監査役の職務の範囲を不明確にし、執行側と監査役の摩擦の原因になったりしている。

　立法的には、内部統制システムの構築や運用状況の「相当性」についても監査役が意見を述べるなど（会社法施行規則129条1項5号）、その職務の範囲は妥当性監査に踏み込んできている。また、親会社等との取引について「意見」を述べたり、買収防衛策への「意見」を述べることもその職務であり（同項6号）、もはや妥当性監査の域すら越えている。会計監査人の選解任にも大きな権限を持っている（会社法340条・344条）。東証のルールでも、25％以上の希釈化を招く第三者割当増資の場合には、「経営者から一定程度独立した者による当該割当ての必要性及び相当性に関する意見」を入手しなければならないこととされており（有価証券上場規程432条1号）、ここでいう独立者には社外監査役も含まれている。企業会計審議会の「財務報告に係る内部統制の評価及び監査の基準」では、監査役について「監査役等は、取締役及び執行役の職務の執行に対する監査の一環として、独立した立場から、内部統制の整備及び運用状況を監視、検証する役割と責任を有している」とされ、また全社的な内部統制の評価にあたっては、監査役の活動状況も評価の対象とされている。さらにCGコード原則4－4では、監査役および監査役会に期待される役割・責務を十分果たすためには、「自らの守備範囲を過度に狭く捉えることは適切でなく、能動的・積極的に権限を行使し、取締役会においてあるいは経営陣に対して適切に意見を述べるべきである」とされている。

　今や監査役は、株主に代わって中立的な意見を述べ、経営者の監督や利害相反事項の処理・監視等、広範な職務を行う受け皿となっているのである。

4　株主総会と取締役会の関係

　ここでガバナンス上、株主総会と取締役会の関係、例えば権限の分配の仕方等についてどういう考慮要素があるか説明しておこう。

　取締役会設置会社では、株主総会の権限は、法令または定款に定めた事項だけに限定されている（会社法295条2項）。具体的には、①役員の選任解任・報酬等役員関係、②定款の変更等基礎的変更、③合併等、④計算書類の承認・報告・剰余金処分等の計算関係、⑤新株の有利発行等の株主の利益を侵害する行為である。それ以外の業務執行関係は、すべて取締役会の権限で

ある。

　株式会社においては、多数の株主から出資をあおぐ。その分散化した株主は、会社に関する経営情報を詳細に知っているわけではないし、経営のプロではないから適切な経営判断もできない。しかもいちいち株主の判断を待っていたのでは迅速な経営判断はできない。したがって、株主に会社の経営判断あるいは業務執行行為について意思決定権限を持たせたのでは、企業価値の向上は期待できない。むしろ経営のプロである取締役会にその判断を委ねた方がよい。また投資家は経営に関与しないで済む仕組みとすることで、経営能力のない者（一般大衆）も、株式投資をすることが可能になる。

　したがって、企業価値向上の観点から、株主ではなく、取締役会に権限を持たせた方がよいという判断になる。

　平成18年に施行された会社法では、取締役会決議で合併などの企業買収・再編ができる範囲を拡大したり、配当権限を定款で取締役会に委ねることができるようにするなど、取締役会の権限を拡大する方向に流れている。それはこの専門性、迅速性、十分な情報という観点から、その方が企業価値向上に資するという判断である。世界的な競争の中で、経営の迅速性のため、そのような傾向が生じている。

　他方、敵対的買収防衛策やスクイズ・アウトなどでは、「株主の多数が同意すればいいじゃないか」という形で株主を切り札にする議論が多くある。株主が万能だという方向である。しかし株主は、自己の利益をひたすら追求するだけの存在であり、会社に対して善管注意義務は一切負わない。その点が取締役とは異なるところである。取締役は、善管注意義務を負い、違反して第三者を害すれば損害賠償責任を負担する、という歯止めがある。したがって、株主万能というと、それによって第三者を害するときや少数株主を害するときの対応が問題となる。有限責任制度の濫用になりかねない。現代思想的には、株主万能的な処理は功利主義に走るようなもので、現在の持続可能性の時代にはそぐわないところもある。

5　経営者のコントロールと委任契約

ここでガバナンスと経営者の関係について少し説明しておこう。

(1)　経営者の人事権

例えば「会社のガバナンス構造」といったとき、監査役会設置会社である

とか、指名委員会等設置会社であるとか、そういう機関設計のことを指していることが多い。また社外取締役がいるかどうかとか、その人数は何人かといったこともガバナンスの問題である。取締役会の議題が多いか少ないかといったこともガバナンスの問題であろう。

これらの事柄はどれも経営者（社長やCEO）に対する監督の仕組みである。機関設計は、まさに、経営者に対する監督の組織である。社外取締役は、経営者に対する人事権を左右する立場であり、またその経営のしぶりをチェックする立場の人である。取締役会の議題をどうするかというのは、取締役会の位置づけを、監督に傾斜させるか、意思決定機能に傾斜させるかの問題であるから、これも経営者に対する監督の仕組みの問題である。

これは経営者を選任し、解任し、あるいはそのために監督している仕組みである。一番狭い意味では、この「経営者に対する人事権」のあり方が、ガバナンスの問題の焦点である。

(2)　経営者の環境（委任契約の内容）

経営者の報酬体系や責任制度のあり方もガバナンスと言われる。高額報酬がよいのかどうかとか、アメリカの訴訟委員会の日本への導入の是非などである。これは経営者のインセンティブの仕組みである。業績に連動した報酬を設定すれば、企業価値を向上させるべく努力をするだろうし、経営判断の失敗に対する責任が重すぎたら誰も果敢な経営判断はしなくなる。これは経営者に対する人事権そのものではないが、経営者に適切な経営判断を行わせるための仕組みであるから、経営者が期待されている業績を達成することを促進するための監督の制度の一環であるということができる。これは「経営者が働く環境」の整備であり、これもガバナンスと言われる。経営者と会社の間の「委任契約」の内容に関することである。

(3)　経営の内容についての介入

次にある会社で不祥事があったとすると、ガバナンスができていないと言われる。これはガバナンスの問題なのであろうか。例えば従業員が業務上横領をして捕まったとする。それは経営者が行った犯罪ではないし、大企業の経営者が末端の従業員の行動1つ1つを監視している時間などはあるわけがない。経営者の過失ではなかろう。

例えば江戸時代の大店（おおだな）だって、丁稚がお金を持って逃げないように、現金の管理の仕方とか、出金の手続とか、帳簿の付け方などは工夫

していた。従業員が不正を行わないようにする行為は、経営の管理であって、経営者からすると、部下の管理の問題である。部下を管理するときの工夫やノウハウである。これはガバナンスの問題ではなく、遠い昔から存在する経営管理論の話のように見える。

　しかし最近は、このような不祥事も、ガバナンスの問題と言われることが多い。それはなぜか。確かに大企業になると、経営者が個々の従業員が不正を働かないように見張っていることは不可能であるが、それでは何もしなくてよいのかというと、そうではない。最近では、経営者は、不祥事が発生しないような組織を構築し、運用するのが責務だと考えられるようになった。いわゆる内部統制システムの構築義務である。これも、その具体的な内容はコンプライアンスの徹底とか牽制システムの構築などであるから、不正行為が行われないようにする仕組みであって、昔ながらの経営管理と何が違うのかと思われるかも知れない。しかし昔と違うのは、内部統制システムの構築・運用が、経営者の責務である、と位置づけられるようになったことである。従前は、経営者から下の経営管理技術の話であり、それは経営裁量の話であったものが、経営者に対する義務づけとなったのである。エンロン事件などでは、あれだけ大きな不祥事が発生したにもかかわらず、経営者は、「自分は知らなかった」と言い張って責任を免れようとする。これではいけない。誰か責任者を決めて不正が発生しないような組織を構築させなければならない、ということで内部統制という概念が出てきた。その責任者が経営者である。つまりこれは経営者に対する義務づけの問題であり、それをきちんと果たしているか株主やその他のステークホルダーが監視しているのである。

　これは経営者の行う「経営の内容」に関する問題である。しかし、適切な経営をさせて、会社の企業価値を毀損したり、外部の関係者に損失を与えたりすることがないよう、経営者に対する義務づけという位置づけにしたのである。リーマンショックやその後の金融危機を見るまでもなく、現在の大企業が問題を起こすと、社会経済全体に大変な損失を引き起こすのである。これも経営者をコントロールする仕組みであり、だからガバナンスの問題の一環なのである。

6　ガバナンスのあり方についてのいくつかの議論

　ガバナンスの議論は、会社法の分野では、次のようなテーマで議論されて

きている。一応これくらいは知っておかないといけないので、ここでついでに説明しておこう。

(1)　社外取締役論

　令和元年会社法改正で、上場会社等では、社外取締役が義務化された。社外取締役という第三者によって経営者を監督させることが重要だという考え方である。

　この場合、監査役では足らない。なぜならば、上述のとおり、経営者に能力がないときに経営者を解任することが監督機能の最も重要な役割であるところ、日本では、代表取締役社長を選任・解職する権限は取締役会が保有しており、監査役はそこでの投票権（人事権）を保有していないからである。言い換えれば、だからこそ監査役に投票権を持たせる監査等委員会設置会社という発想が出てきた。

　既述のとおり、社外取締役の有無と企業価値の向上の間には、概して相関関係はないことが明らかになっている。しかし外部の目がないよりは、あった方がよいであろうということは、世界的にも共通認識になっている。今は、取締役会の多様性が注目されており、多様性があることで様々なリスクを察知したり、少数者に配慮ができたり、いろいろなアイデアを取り込むことができて、安定的あるいは正道を踏み外さない経営ができるという考え方も強くなっている。ESGの企業モデルでは、社外取締役は、株主の代理人ではなく、広く社会の意見の代弁者である。だから多様性が求められる。

　いずれにしても、経営者がその経営のしぶりについて、社外取締役達に説明をし、その納得を得なければならないというプロセスは、経営の透明性を高めることになるし、そうすれば不合理な経営はしにくくなって論理的、合理的な経営に向かわせる力となるであろう。この「透明性」と、「論理的な経営」が、対話の時代には重要なのである。透明性がなければ議論ができないし、論理的な議論でなければより望ましい解にはたどり着けないからである。

(2)　報酬と責任

　経営者と株主の利害が一致しないのは、報酬制度と責任制度である。

　仮に成功確率の高い投資のチャンスがあったとしよう。成功すれば株主は多額の利益を得られる。株主の投資の期待値は、大きなプラスである。他方、経営者の報酬は、定額報酬で代表訴訟のおそれも高いとする。そうすると経

営者の期待値は、チャレンジして失敗をすると自分が代表訴訟で訴えられるリスクがある一方、仮に成功しても報酬はまったく増加せず、結局経営者個人の期待値はマイナスとなる。このようなケースでは、経営者はその投資に踏み切る気にはならないであろう。

そこで業績連動報酬やストック・オプションなどの株価連動報酬を与え、他方で役員の責任についてはリスクを低減することで、経営者の期待値と株主の期待値を合致させることが考えられる。

株主から見ても、これは合理的である。一義的には役員報酬が増えるから、それによって会社の資産は減る。しかしインセンティブ報酬によって経営者が適切な投資などをして株主にリターンがあれば、その増加する役員報酬を超える部分が株主の追加的利益になる。それが最大化する点が、最も望ましい報酬の水準である。

かつて日本には役員退職慰労金制度があったが、これは長く在任すればするほど加速度的に金額が増加し、しかも業績には感応しない制度になっていたから投資家には評判が悪かったのである。

(3) 配当・還元の有無

経営者は、自分の会社が大きくなって欲しい。また十分な資金を保有して財務的な安定性を確保したい。経営者たるもの、名声あるいは収入その他様々な面において、巨大企業の経営者でありたいし、簡単に倒産したくもないからである。他方、投資家は、企業が大きいかどうかは関係がなく、投資の効率性、つまり目先の利回りが向上し、株価が上がることが重要である。そのためには余剰資金は市場に放出してぎりぎりの資本で経営して欲しい。

配当というのは、資金を会社が保有している方が価値が多く生まれるのか、それとも投資家に返還して別途運用した方が利益が大きいのかということで判断されるはずである。

もし会社が有望な投資チャンスを有しており、その投資の期待利回りが、投資家に資金を返戻したときの期待利回り（あるいは資本コストと言ってもよい）より高いのであれば、基本的には会社にその資金を残してその投資に使用した方がよい。逆であれば返戻すべきだ。しかし会社が保有している投資チャンスの内容や期待利回りなどの情報は、トップシークレットであって、投資家には分からない。情報を開示させてしまうわけにもいかない。コンペティターを誘発するだけだからである。そこで配当性向などの一定の比率で

社内留保と株主還元をするという方法にも、それなりの合理性が生じる。

　一方、会社に財務的な信頼性がなければ、優秀な人材、優れたビジネスチャンスを獲得できないかも知れず、単純に予想される投資利回りの多寡で株主還元の是非を判断することは単純化し過ぎだという見方もできる。

　別の視点もある。これは、自己資本比率はどの程度であるのが一番よいのか、という問題でもある。資本と有利子負債の比率は、純粋に同一条件であればどちらが高い方がよいということはないが、実務的には、支払金利は税務上損金となり、株主配当は損金とならないため、その点を見れば、可能な限り負債で資金調達することが有利である。ただし、負債比率が高過ぎると、財務的な格付けが下がり、調達金利が高騰する。そうすると負債の方が不利になる。したがって、適切な格付けを取得できる程度で最も負債比率が高い比率が、最も有利な比率だということになる。もし株主資本が多過ぎれば、株主に配当で還元して必要な資金は負債で調達するという是正策も生じることになる。

　もう１つの見方も記しておこう。会社が2000億円の資産を有して1000億円をＡという事業に振り向け、毎年100億円のキャッシュフローを稼いでいる。もう1000億円は遊休不動産を有していて、キャッシュフローは生んでいない。発行済株式総数は1000株とする。この会社の株価はいくらか。通常はフリーキャッシュフロー（FCF）から割り引くことになる。毎年100億円のFCFを生むのであれば、例えばマルチプル10倍で1000億円の評価になる。株式の時価は１株１億円だ。しかしこの会社が、遊休不動産を売却してその資金を株主に返戻したとする。すると上記時価１億円に加えて、返戻金１億円が株主の手元にくる。合計２億円だ。つまり利益を生んでいない資産を売却して株主に返戻すれば、株主から見た価値が上がる。またROEも100／2000＝5％から、100／1000＝10％に向上してこの点からも株価は上昇が期待できる。これは市場での評価が損益計算書（PL）系の指標に偏っていることから生じる現象である。それで投資家は不稼働資産の返戻を求めるのである。

　さらにもう１つの見方もある。レバレッジの効かせ方である。今１株１億円の株がありそれに投資したら毎年1000万円（10％）のリターンがあるとする。もし投資家が9000万円を借金して自己資金1000万円で投資をすれば、自己資金当たりの投資リターンは100％になる（金利は別）。ただしそれでは

自分が借入金を負ってしまう。もし会社が自己資本を 90 ％返戻してそれを借入金でまかなえば、ROE は 10 倍になる。株主は前記同様 10 倍（100 ％）のリターンを期待でき、しかも借入金は会社が負担していて自分はそのリスクがない。要するに会社のリスクでレバレッジを効かせることができる。そういう面もある。

(4)　会社観の違い

　アメリカでは、会社は、「契約の束」（nexus of contracts）でしかないとされている。すべてのステークホルダーは、契約関係であり、雇用契約、借入契約、機械の売買、製品の売買、仕入等に分解されていく。彼らとの関係は契約で任意に定めればよいだけだ。その契約（取引）の結果、最終的に残った稼ぎは株主のものになる。したがって、会社という存在は、たんなる契約の結節点に過ぎないとされる。会社にはそれを離れた独自の存在はない。アメリカでは、法人格自体、曖昧で連続的な存在であり、個人企業もあればパートナーシップもあれば、法人、非法人、いろいろな企業形態があり、法人格の有無というのは、連続的な企業形態の 1 つに過ぎない。重要性はない。

　会社が契約の束でしかなく、その帰属する利益はすべて株主のものであるとすると、会社の利益、という考え方は存在しなくなる。会社は、実在ではないからである。たんなる契約のための便宜的な名義、フィクションに過ぎないのである。確かに、アパートの一室で、パソコン 1 つ、アイデア 1 つで巨額の利益を稼ぎ出すニューエコノミクスなどと言われた青年達を見ると、法人など実在していないという気もしてくる。

　他方、日本の企業は、未だに重厚長大的なメーカーが多い。産業資本主義的である。この場合、会社は実在し、工場もあり、店舗もあり、従業員も取引先もすべて企業城下町を形成するほどの存在である。会社自体の存在があると感じる（法人実在主義）。

　「会社は誰のものか」などという議論が一時流行った。上記のように、会社はあくまでも事業のための「契約の束」に過ぎないと考えれば、あるのは株主の利益だけであり、会社などという存在はないし、言い換えれば全部株主のもの、ということになる。他方、日本のように、「企業は、社会に対してよい製品・サービスを提供して人々の暮らしを豊かにし、雇用の機会を提供し、投資の機会も提供する仕組みである、それがすべて合わさって世の中のためになっているから法人という制度が支持されているのだ」と考えれば、

会社がすべて株主のものだという発想にはならない。会社は社会の中で役割を持っているのであり、社会的に最適なバランスが求められる。

　また「契約の束」に過ぎないとすると、会社はすべて民間の契約で成り立っていることになる。そうすると民法の私的自治の原則に従って、会社がどういう組織になろうと、どういう契約をしようと自由だ、という主張になる。これが任意法規化の原理である。これが企業の国による法的規制を排除する考え方に繋がった。結局、リーマンショックの反省に帰着した。

　ちなみに1つ理屈を明確にしておくと、株式会社の場合、「会社の所有権」というものはない。株主が有しているのは、株主権という権利のセットだけであり、「所有権」は有していない。会社は株主の所有物ではないし、会社は誰のものでもないというのが正解である。会社は「法人」であって「モノ」ではないのである。所有する立場であり、所有される立場ではない。

　日本の企業は、アメリカのような単純な株主主権、市場主義の世界にはなっていない。どこがそうしているのか、と考えると、その原因は2つであると思われる。1つは、解雇権濫用の法理（労働契約法）によって従業員を自由に解雇できないこと、もう1つは、役員の報酬が低額だったことである。だから、アメリカ的な新自由主義のようにはならなかったのである。従業員を自由に解雇できるならば、日本の企業はお金を膨大に貯め込む理由はなくなる。具合が悪くなれば、解雇すればよいだけである。リーマンショックの時もアメリカはそうだった。また、日本の経営者報酬が高額になれば、日本の経営者も終身雇用制ではなくなる。社長に1期2年在任すれば生涯の生活の心配はなくなるから、成功すれば多額の報酬・失敗すれば解雇という新自由主義的仕組みでもまったく構わなくなる。この2つが、日本の企業が市場主義になれない要因であった。

　しかしすでに何度か述べたように、この従業員を優先した日本型経営スタイルと株主主権説の対立は過去のものになっている。日本企業の新入社員は定年までその会社にいるとは思ってないし、経営者報酬は急速に高額化しており、すでに日本型経営スタイルも消滅しつつある。リーマンショックで株主主権説も後退した。今やESGの時代であり、持続可能な世界を構築していくためには、どちらでもないということである。

(5)　法と経済学（ロー＆エコノミクス）

　「ローエコ」という言葉を聞いたことがあるかも知れない。ローエコとい

うのは、法と経済学のことである。法制度が社会経済にもたらす影響を分析する学問分野である。会社法に限らず、環境法、行政法、犯罪政策、その他あらゆる法制度と社会経済への影響を分析している。ここ 40 年ほどの間に、急速に拡大して、今や会社法の基本的な政策立法思想の 1 つとなっている。法学と経済学の融合である。

　平成 18 年に施行された会社法も、この影響が強い。新自由主義的な経済学と結びつき、いかなる法制度を構築すれば、最も効率的かということを考える。例えば、敵対的企業買収も、敵対的であることがよいか悪いかではなく、その統合が企業価値を向上させるのであればよい買収であって促進されるべきであるし、企業価値が低下するのであれば、抑制されるべきだ、という考え方をする。会社法ではスクイズ・アウトが認められたが、少数派の株主権が剥奪されても、価値の総額が増加するならよいことだ、というのである。その増加した価値をみんなで分ければ文句ないだろう、ということである。

　また規制緩和できることはどんどん規制緩和し、任意法規化していくのが経済の効率化に寄与する、とする傾向が強い。

　日本人は、正義とか、公平とか、そのような社会的、道徳的な価値観を有しているが、ローエコは、それとは逆に、実証的、経済学的に、最も効率的な企業制度、経済制度を考える傾向がある。これによって、会社法の世界が大幅に変貌を遂げた。会社法も、理念や公平性などといった抽象的な価値概念から始まるのではなく、「結局それで経済はどれだけよくなったのか？」という計量的、実証的な研究に傾斜しつつある。法と経済学の考え方については、批判もあるが、その実証的な手法は、立法政策や解釈において不可欠の要素になってきている。ただし、リーマンショックを境に単純に株主利益の最大化を目指すと、社会には大きな損失やリスクをもたらす可能性があることも認識された。功利主義だけでは足らないのである。

第3章

取締役会の運営方法

I 儀式から実質的な意思決定機関へ

　前章で見たとおり、取締役会の役割は、①経営方針を定めて進むべき方向を示し、②経営計画を定めて達成すべき目標を定め（以下、①②を併せて「経営方針等の策定」という）、③その推進に必要な能力を備えた者を経営者に選任してその経営状況をモニタリングし（以下、「経営者の監督」という）、④その経営計画に従ってリスク評価をして内部統制の基本方針を定め、その内部統制システムの構築・運用状況をモニタリングすること（以下「内部統制の統括」という）が基本的な仕事であり、またそれに加えて、⑤一定の業務執行に係る意思決定（経営判断）を行うことがその仕事である[注]。

　かつての実務では、取締役会で発言が出ることなどなく、ましてや原案が修正されたり否決されたりすることはまったくなかった。なぜならば、事前の経営会議や常務会などの会議体ですでに実質的には決まっており、取締役会は法的な要件を満たすための儀式に過ぎなかったからである。

　しかしそれでは、取締役会の職務放棄である。これからはそんなことをしていたら、取締役の善管注意義務違反となる。

　実際、CGコードの実施以来、急速に社外取締役が増加し、従前から存在した社外監査役とともに、取締役会での発言は急増している。もともとはアドバイス的な差し障りのない発言をするのが大人のマナーであったが、今はそのようなことはない。しっかり議論をするのが当然であるという社外役員が増加している。

　実際、執行側提出の原案が、修正されたり、継続審議になったり、否決されたりする事案も続出している。

　今や、取締役会は、実質的に物事を決定する機関になりつつあり、そのために実質的な議論を行い、そこでの議論に従って、物事が決まってくる時代になったのである。

　それはモニタリング・モデルを目指していようが、マネジメント・モデルのままでいようが、差異はない。社外役員が増加すれば、必然的に議論は始まってしまうのである。すでに東証一部上場会社の相当数で、社外取締役の数が全体の3分の1を超えており、さらに2022年4月から新市場区分に移行するが、プライム市場上場会社は社外取締役を3分の1以上選任することが求められる。この比率は、たんなるお客さんではない数である。議論は止められないし、議題はモニタリング系に傾斜するのが必然である。もう後戻りはできない。

　そこで以下ではこれからの取締役会のあり方について述べることとする。

（注）　ここでは第1の仕事を、①方向性と②達成目標に分解している。取締役会決議としては、前者は一度決めれば頻繁には議題とならず、他方、後者は毎年のように議題となるので、取締役会の立場から見ると分けて考えたほうがよいからである。

Ⅱ　取締役会の構成のあり方

1　取締役会の構成を考える手掛かり

　まず取締役会の構成はどうあるべきであろうか。

　会社法上は、指名委員会等設置会社では、各委員会の委員の過半数が社外取締役である必要があり、また監査等委員会設置会社では、監査等委員の過半数は社外取締役でなければならないから（同法331条6項、400条3項）、必然的に社外取締役がその数だけ必要である。監査役会設置会社では、令和元年会社法改正により、公開会社かつ大会社であり、有価証券報告書の提出会社であるものは、社外取締役を選任する義務が設けられた（327条の2）。

　CGコード上は、原則3－1（ⅳ）が、「取締役会が経営陣幹部の選解任と取締役・監査役候補の指名を行うに当たっての方針と手続」を開示することを求めている。したがって、まず役員指名の「方針」を策定することが必要である。

　具体的な内容としては、原則4－11は、「取締役会は、その役割・責務を実効的に果たすための知識・経験・能力を全体としてバランス良く備え、

ジェンダーや国際性、職歴、年齢の面を含む多様性と適正規模を両立させる形で構成されるべきである」とし、さらに補充原則4－11①は、「取締役会は、経営戦略に照らして自らが備えるべきスキル等を特定した上で、取締役会の全体としての知識・経験・能力のバランス、多様性及び規模に関する考え方を定め、各取締役の知識・経験・能力等を一覧化したいわゆるスキル・マトリックスをはじめ、経営環境や事業特性等に応じた適切な形で取締役の有するスキル等の組み合わせを取締役の選任に関する方針・手続と併せて開示すべきである。その際、独立社外取締役には、他社での経営経験を有する者を含めるべきである」としている。

　これによると、役員の選任にあたっては、①多様性と適正規模が必要であり、その考え方の手順としては、②経営戦略を策定し、それに照らして③取締役会として必要なスキル等を特定し、④その組み合わせを考えて候補者を選抜する必要がある。

　個別には、「他社での経営経験」のある独立社外取締役が要請される。

　また既述のとおり、プライム市場上場会社は3分の1以上の独立社外取締役が求められる。

　さらに補充原則4－8③は、「支配株主を有する上場会社は、取締役会において支配株主からの独立性を有する独立社外取締役を少なくとも3分の1以上（プライム市場上場会社においては過半数）選任するか、または支配株主と少数株主との利益が相反する重要な取引・行為について審議・検討を行う、独立社外取締役を含む独立性を有する者で構成された特別委員会を設置すべきである」としているので、独立社外取締役過半数という選択肢がある。

　なお、その他の取締役会の構成に関係するルールとしては、補充原則4－10①が、独立社外取締役が取締役会の過半数に達していない場合には、「指名委員会・報酬委員会を設置することにより、指名や報酬などの特に重要な事項に関する検討に当たり、ジェンダー等の多様性やスキルの観点を含め、これらの委員会の適切な関与・助言を得るべきである」としている。この委員会は、独立社外取締役が過半数である（プライム市場の場合）。

　また、補充原則4－11②は、取締役・監査役はその役割のために必要な時間を割くべきであるとし、他社の役員との兼務は合理的な範囲にとどめるべきだとしている。つまり、きちんと時間を割けることも、役員に就任する要件だと考えているわけである。

2　取締役会に必要な知見、経験、能力

　取締役会の構成を考える基準は、以下のとおりである。

　先に規模を決めるか、先に必要なスキル等を決めるかは、両方ある。

　ここでは、先に必要なスキル等から考えてみよう。人選の目的は、取締役会の役割を適切に果たすことができることである。取締役会の役割は、上記のとおり、経営方針を決めたり、経営者の選解任やモニタリングをし、内部統制の統括を行い、一定の業務執行上の意思決定を行うことである。それに相応しい、知識や経験、能力があるか、ということが最初の判断要素である。例えば、他社の優れた経営者であるとか、その事業分野の知見に富んだ者である（学者や経営コンサルタント）とか、ガバナンスや内部統制の知見を有する者、法律・会計・財務の知見を有する者などである。

　しばしば「知見、経験、能力」という分け方をするが、知見は専門的な知識のことを言い、経験というのは他社でのいろいろな経験、能力というのは個人的な性格、気質、個性などを指す。それぞれ候補者の適合性を評価するときに、別項目に分けて評価する事項であるから、ここでも分けている。

3　多様性

　またジェンダーや国際性にも配慮することが求められている。それは多様性の問題である。なぜ多様性が必要なのか？　実はこの点は学者の世界でもあまり論理的な説明はなされていない。実証的な研究もほとんど見かけない。例えば「女性の取締役を選任すると企業価値が上がる」とか、「異なる宗教や人種の人をミックスすると企業価値が向上する」といった実証データは見あたらない。しかし世界的には、企業の取締役会は多様性を図るべきだというのが共通認識になっている。その理由を考えてみよう。

　まず第1に、現在の日本の状況では、社内取締役の多くはいわゆる生え抜きであり、入社以来同じ環境で生きてきた者達である。彼らは実はほとんど同じ価値観、同じ経験の中でしか生きていない。他社のこと、外国のこと、他民族のことなどもまったく知るよしもない。こんなに極端に一様な人間が何人集まっても、議論にはならない。違う視点がないからである。取締役会で議論をし、よりよい選択肢を発見していこうとするならば、多様性がないと始まらない。

　第2に、必要な専門性を拾い上げていくと、必然的に多様になるというこ

とが言える。例えばその会社がグローバルに電機産業の事業を展開していた
とする。すると必要な知見は、電機事業のこと、ITやネット産業のこと、
情報処理の技術、AIのことなど、現在や将来の技術に詳しくないといけな
い。また欧米や中国・アジアや、アフリカ等の動向に詳しくないといけない。
米中の貿易戦争のように政治情勢に詳しい者も必要だ。世界的な環境保護や
人権尊重の動きも知っていなければならないかも知れない。当然ながら、欧
米、アジア・アフリカ等の主要な法制度、規制、知的財産権法などの知見も
必要だ。そういうことを考慮すると、社外の様々な知見を有する人材を獲得
する必要がある。

　第3に、より抽象的に、多様な人材が集まると、新しいアイデアが出たり、
イノベーションが起きたりするということが指摘される。「気付き」がなけ
れば新製品・新事業は発見できない。つまり多様性によって、企業価値の向
上が図れる。これは経営組織論的な観点であろう。

　第4に、いろいろな価値観を持った人が議論することで、内部者だけでは
気付かないリスクに気付いたり、世界の他の国、民族、文化、宗教、習慣に
配慮して、全体として経営のリスクを低減し、安定した経営に資することが
できる。自社の常識は他社の非常識かも知れない。そういう視点で情報を集
めることで、ESG、SDGsの観点からも、適時適切な対処ができる可能性が
ある。

　第5に、経営学的には、特に「取締役会」に多様性があることの意味につ
いて、別の視点もある。アメリカなどの調査では、社外役員がいくらいても、
しばしば取締役会は経営者に迎合的で、経営者が「支配」している環境にな
りやすい。アメリカの社外役員達は、実はかなり同質的だからだ（ハイソサ
イエティの仲良しクラブなどと言われる）。CEOによる取締役会支配と呼ば
れる現象であり、これは社内ではCEOへの権力集中という事態に発展しやす
い。これは取締役会が適切な情報を入手できなくなり（CEOによる情報コン
トロール）、その責務が果たせなくなるだけでなく、社内では強大な権力を
背景にした不適切な経営に走る危険がある。そこで取締役会に多様性を持た
せることで、CEOによる取締役会支配を形成させない効果が期待される。

　第6に、今や取締役会に女性の役員がいるとか、外国人がいるとか、そう
いうことは、その会社や国の先進性を示す指標だと考えられている。研究機
関による評価なども公表される時代である。そのようなデータでは、日本は

ほとんど最下位だ。これでは会社のレピュテーションに関わる。またそのようなやり方は、欧米では差別的と評価されかねない。

　第7に、地域、人種、文化、宗教等への配慮、反差別化、各ステークホルダーへの配慮をすることは、国際的に事業を展開したり、国際的なM&Aで各国の大企業を傘下に収めるようになると、それぞれの地域の人、それぞれの文化の人、そういった多様な人々の仕事への動機づけ（やる気）になる。日本人の男性しか役員になれないと思ったら、他社に転職するだろう。

　以上、合理的な効果という観点から多様性を検討したが、第1章で述べたように、ESGの時代になると、社会・市民による企業のコントロールという視点が重要になる。取締役会の多様性というのも、市民の声を企業経営に反映する対話の手段である。国や地域、民族、宗教等により世界には様々なESG、SDGs上の課題があり、それらの多様な市民の声が届くものでなければいけない。また、同じ常識や経験を持つ者だけでなく、世界中の様々な知見・経験を持つ者が企業の中に包摂されていくことで、企業から見ても、ESG、SDGs上のリスクを知り、企業行動で逸脱することがなくなり、さらには新しい事業機会を察知できるなど、多様性は不可欠な要素になる。多様性は取締役会だけでなく、社内の全レイヤーにわたって必要になる。

　多様性というのは、取締役会が予定調和にならないことを意味する。異論や修正意見が出るのは当然だということである。そのことも認識しておこう。

4　社内、社外の比率

　社内取締役と社外取締役の比率はどうあるべきか。

　全員社内者では、議論にならないし、モニタリングにもならない。社外取締役が1人か2人いたのでは、その人が発言すれば、それで発言は途絶えてしまう。社内者は誰も発言しようとしないからだ。これでは議論にならないし、社内者達の内心は「自分たちが多数派だ」「自分たちが取締役会だ」と思うだろう。これでは何も変わらない。ときどき社外の人からアドバイスをもらっているというだけである。取締役会の本質的役割は何も果たせないことになる。

　社外取締役が3分の1とか、半数程度まで増えると、その重さは違ってくる。社内者は、社外者の質問や意見に真面目に向き合わないといけない雰囲気になってくる。社外者も、次々いろいろな意見を言い出す。社外者は大概

社外の大物だからその意見は尊重されるので、必ずしも過半数でなくてもその意見が通ることが多いだろう。こうなると取締役会の役割もそれなりに果たすことができそうだ。

　アメリカでは、CEO 以外は社外取締役という会社が多い。社外取締役が過半数ないし多数を占めるようになると、会議の雰囲気が違ってくる。同数レベルだと、社外者が社内者に質問をし、社内者が弁明するといった、二者対立構造になる（花いちもんめのようなもの）。しかし社外者が多数になると、むしろ当事者意識が強くなり、自分たちできちんと判断しないといけないという雰囲気になる。意思決定権者という自覚が生まれるのである。傍観者ではなくなる。それがいいかどうかは分からない。それをするためには、社外取締役らが相当の見識を持ち、CEO と協働して適切な事業計画の策定やモニタリングができないといけないからである。

　むしろ重要なのは、社内取締役の活動である。社内取締役がしっかり議論をできる人達であれば、むしろ彼らの方が専門家であり、その会社に通暁しているから、経営方針や経営計画の策定に関しては力を発揮するはずである。業務執行上の意思決定についてもそうである。何より社外者ばかりになると、「本当に自分たちは十分この会社のことを分かっているのか？」という不安がつきまとう。情報がきちんと入手できているかということや、その会社・事業についての自分の素養・知見への不安である。

　ちなみに社外取締役を 3 分の 1 以上にする会社が非常に多くなっているが、その数と、過半数で、大差があるわけではない。数字上、それが分水嶺であるかのように思う人もあるが、社外取締役は極めて多様であり、全員が一団として行動するインセンティブはない。他方、社内取締役についても、社外取締役が一致して CEO に反対するような事態ならば、それには相当の理由があるはずで、それに同調することも十分考えられる。つまり社内集団と社外集団の対立という単純な図式にならない。したがって、社外取締役が過半数でないから自分は安泰とか、自分が人事権を掌握していると考えることはできない。

　逆に言えば、どうせそういう状況であれば、いっそ過半数を社外取締役にした方が、世の中的にも、世界的にも、レピュテーションは上がるし、その会社の CEO の正当性を裏付けることにもなる。

5　総　数

取締役の総数はどうすればよいか。監査役設置会社の場合には、監査役の数も併せて考える必要がある。

ポイントは、第1に、しっかり議論するためにはどの程度の規模がよいかということであろう。筆者の経験では、10人を超えると、議論はしづらい。全員が発言し始めると収拾が付かなくなるし、逆に皆が遠慮がちになって発言しなくなることもある。巨大なテーブルを囲んで20人規模の会議となると、遠すぎて議論というより公式見解の表明し合いのような感じになったりする。本当はなるべく小さな会議テーブルで、普通の会話で議論ができる程度がよいのだろう。

第2に、必要な専門知識を持った人は在席していないとまずいので、その観点も考慮しないといけない。

またいくつかのカンパニーや事業部門で構成されている会社の場合、各部門の長は取締役会に出席して会社全体の動向など情報を共有していないと自己の職務の遂行に支障があろう。またCEOとCFOは必須であるし、内部統制の責任者も必須かも知れない。会長があれば会長も必須であろう。そのように考えると、必要な社内者が増えてしまうこともある。この点は、モニタリング・モデルを志向するのか、マネジメント・モデルを志向するのかによって、異なってくる。

ちなみに監査役の数も併せて考えると言ったが、監査役は本来は取締役会の構成員ではなく、一緒に議論をして経営方針等を決めていく立場ではない。取締役が適切に職務の執行をしているかどうかを見るために陪席しているのである。しかし実際には、監査役が多くの発言をする会社があり、実質的に構成員のようになることがあるので、そのことを考慮するということである。

Ⅲ　取締役会の議題のあり方

1　取締役会の議題は自分で決める

従前、取締役会の議題は、執行側が用意してその順に審議も進んでいった。社外取締役は受け身で、提供された議題について何か意見を言うというのが通例であった。しかし今後はこれではだめである。

取締役会が適切にその役割を果たすためには、自分たちが何を議論すべき

なのか、何を決定すべきなのかを、自分たちで考え、決めていく必要がある。

　その理由の第1は、そもそも取締役会は、いかなるモデルであれ、経営者を監督すべき役割があり、その実行行為として、経営理念や経営方針等を策定し、経営者を監督し、内部統制の統括をしなければならない。そのためにどういう決議事項や報告事項が必要かは、監督者自らが決める必要がある。被監督者からあてがわれたのでは意味がない。それが職責である。

　第2に、執行側が用意した議題では、取締役会の役割を果たすには不十分である。執行側はどのようにして取締役会の議題を決めているかというと、各部門が例えば設備投資をしようとすると「重要な財産の取得」だから取締役会決議が必要だ、となって、それでは仕方がないから取締役会に上程しようということになる。つまり各部門が自分の部門の仕事のために必要になったら、その議題を上げてくる、という仕組みである。この方法だと、取締役会自身が必要な議案は上がってこない。特にガバナンス系の議題は、どこにも担当部署がないことが多く、誰からも上がってこない。例えばどこかの部署が「当社の経営理念策定の件」などという議題を上げてくるだろうか。あるいは「代表取締役の業績評価の件」などという議題を上げてくる部署があるだろうか。したがって、取締役会は、自ら自分たちの果たすべき役割を認識し、そのために必要な議題を決定していく必要があるのである。

　第3に、取締役会は、内部統制の統括もするし、業務執行者が不正不当な行為をしていないかというチェックもする。取締役会では、会社法の定めに従って業務執行状況報告などがなされているだろうが、それは監督される者が自ら報告してくる議題である。そこに問題行為を記載してくるだろうか？泥棒が自ら泥棒しました、などと報告してくるわけがない。つまり、不正不当といった内部統制の統括のための情報の収集に関しては、被監督者から上がってくる情報も必要ではあるが[注]、それだけでは足りず、取締役会で自ら情報収集システムを構築する必要があるのである。重要なのは、内部者のスクリーニングを経ていない情報、例えば内部・外部通報とか、監督官庁、国民生活センターその他の公的な機関からの通報、お客様相談窓口への相談事例、会計監査人や監査役からの報告などである。また社内の担当役員による決裁書類や経営会議、常務会、投融資会議、リスク委員会等の会議の資料・議事録にアクセスできるようにする方法もある。

　このように取締役会の議題は取締役会自ら決める時代なのである。

（注）　被監督者自身の報告も必要である理由は、報告義務を課すことで、問題を隠した
　　　り嘘の報告をすれば、義務違反になるという仕組みとすることにある。明確なペナ
　　　ルティを定めることで、抑止力とする。

2　年間スケジュール

　取締役会が確固とした当事者意識をもって対応するなら、少なくとも年間の議題のスケジュールは、自分たちで検証する必要があろう。もちろんたたき台は事務局が作成することで構わない。そのたたき台は、過去の数年分の議題を参照して、従来はこうしていました、ということから始めるのでよい。

　それを通覧すると、例えば経営計画の議論が十分でないからもっと早い段階から議論に加わろうとか、CEOの業績評価にかかる議題がないとか、ガバナンス原則の見直しを3年に一度は議題にしようとか、いろいろ思いつくことがあるであろう。

　また取締役会の議題は、一時期に集中する傾向もある。決算関係月などである。それを考慮して、例えば内部監査部門の報告をどの程度の頻度でいつしてもらうか、あるいは取締役会の実効性評価の検証はいつ頃にしようとか、業務執行状況の報告は何月にしようとか、全体の中で議題数の平準化を図ることもできる。

3　議題を減らす

　次に、実務的には、取締役会の議題が多すぎる会社が多いと思われる。それは全体として数が多すぎて議論する時間がないというケースと、細かな業務執行系の議題まで上程してくるのでそういうものは余計だというケースと2つある。

　そのような問題意識を持つならば、監査役設置会社のままで議題を減らす方法もあるが、指名委員会等設置会社または監査等委員会設置会社に移行するという、ガバナンス・モデルの変更も検討すべきだ。ちなみに、純粋持株会社に移行するという手段もある(注)。

　また議題の減らし方としては、業務執行系の議題が多い場合には、例えば「重要な財産の処分」だから取締役会に付議されているものについて、いくらくらいまで金額のバーを上げるとどの程度議題が減るのか、ということを過去5年分くらいの取締役会の議題をもとに試算してみることだ。適法な範

囲でそこそこ減らすことができるなら、それでやってみる。

　会社の中には、金融機関のように報告事項が多いケースもある。そのような場合には、報告事項の資料を事前に配布して各自読み込んでもらうようにして、取締役会では議案書、資料の説明は割愛して議論から始めることもできる。

　何より取締役会の本質的な役割を果たすために時間が足りないというのでは本末転倒であるから、まずはガバナンス系の議題を構築し（経営方針等の策定、経営者の監督、内部統制の統括にかかる議題）、それに加えてどこまで取締役会でカバーするかで、設計すべきである。

（注）　執行系の議題はすべて子会社側でよくなる。持株会社は重要な案件だけ拾えばよい。

Ⅳ　議案書の作り方

　従来、取締役会の議案書の作成方法というと、判例上の経営判断の原則に従って、十分な情報が必要であるとか、著しく不合理でない根拠の記載が必要であるなどとされてきた。それはそれで正しいのであるが、それは業務執行系の議題の場合である。

　ガバナンス系の議題の場合には、経営判断の原則より、審議の手続や方法に照らして、動的に見ていく必要がある。

1　ガバナンスの基本テーマ

　例えば「当社の機関設計モデルはどうすべきか」という議題の場合や、「当社のガバナンス原則はどうすべきか」といった非常に大きな議題の場合には、その議案書はどう作るべきか。

　このような議題の場合には、最初に、これを審議するためにどういう情報が必要か、という洗い出しから始めるべきであろう。例えば、当社の置かれた経営環境の分析や将来の見通し、その中でどのような経営方針があり得るか、安定成長なのか、劇的に変化していくのか。その中で、マネジメント・モデルが適切なのか、モニタリング・モデルが適切なのか、ということを議論していく。したがって、それぞれのモデルのメリット・デメリットに関する専門家の意見を聞いてみることや、他社の状況を分析してみることも必要

かも知れない。

　そのような収集すべき情報の洗い出しから、次にはその情報の入手のプロセスに移行する。そしてその情報を基礎に、議論を始めることになる。その時点でたたき台があった方がよいであろう。それを何度か議論して修正等して最終的に判断に至る。

　つまり一度の取締役会の議題で決議できるわけではなく、収集すべき情報の決定→情報の収集→議論→たたき台の作成と修正→最終決定という何度かにわたる会議の結果、意思決定に至るのである。

　そもそもその審議手続についても意見があるかも知れない。ガバナンスの問題であれば、社内者を除いて社外者でガバナンス委員会などを設けてまずそこで原案の作成作業をすべきだという意見が出るかも知れない。その場合には、その是非や方法を最初の取締役会で議論することになる。

　このようなプロセスを考えると、議案書を作成する事務局としても、1回目の取締役会の議案書には、全体の流れを想定し、まずその流れでよいかどうか、よいとすればどういう情報を集めるべきか、その選択の考え方はどうするか、といった事項を記載すべきことになる。2回目には、それに基づいた情報の提供と審議のためのヒント、追加すべき情報の有無などを議案書に記載することになろう。3回目の議案書には、それまでの情報や意見をもとにしたたたき台を作成する。4回目以降にその修文をする。というように議案書を作成していくことになる。

　最初からできあがった議案を作成するという発想ではなく、何度も議論を重ねていくプロセスだと動的に捉えるのである。

　これらは高度に政策的、専門的な判断であって、取締役の善管注意義務違反になることはほとんど考えられない。議案書作成にあたってそのような配慮はあまり必要ない。むしろ本気で、適切な判断をするためにはどうすればよいか、という視点でよい。

2　中長期経営計画、単年度事業計画

　従前中期経営計画は、社内での作成手続にかなりの時間と労力を要し、最終的に、発表当日の午前中に取締役会に付議して初めて社外取締役に説明した、などということが多かったのではないか。しかしそれでは、社外取締役が何を言っても、すでに修正の余地などない。「今日の午後3時には開示す

ることになってます」などと言われてしまうのである。

　しかしすでに見たとおり、経営計画の策定は、モニタリングの過程で、最も重要な作業である。現在の経営環境に照らして当社はどういう方向に行くべきなのか、という最も大きな議論を前提にし、それを３年程度の経営計画としてその達成すべき目標と、それまでの毎年のマイルストーンを定める。それが経営者のミッションとなり、その後そのミッションの達成度合い、評価の物差しになる。それを監督者である社外取締役がほとんど関与しないところで作成され、社外取締役の意見を反映する余地もない、ということになれば、それはモニタリングとは言わない。取締役会として職務放棄に等しい。

　特に中期経営計画は、執行側に任せておいたのでは適切に起案されるか不安がある。例えばワンマン経営者が現場の状況を無視して極端に高い目標を掲げるケースもある。これはコンプライアンス上、強引な営業や架空取引などの問題を引き起こす原因になるかも知れない。逆に、各部門は、低い目標にとどめようとして安直な自己保身に走ることもある。これでは経営の効率化にならない。またいくつかの事業部門がある場合に、どうしても黒字化しないような事業部門について、それを清算するとか、他社に売却するとか、そういう計画は社内では立てにくい。その部門の人たちは必死で抵抗するだろうし、トラブルを嫌う経営者なら問題の先送りをするだろう。こういう場面で合理的な判断をできるのは、社外取締役だけである。CG コードでも、事業ポートフォリオの見直しを重点項目に挙げている（原則 5 - 2）(注)。

　つまり中期経営計画を立案するときには、社内のそのような種々の思惑もあるから、立案にあたっては、どういう方針でいくかという点から社外取締役に議論して頂き、その方針に従って、各部門の意見も聞きながら立案を始め、途中で取締役会に審議事項として付議し、さらに社外取締役の意見を聞いて案を練っていくという作業が必要なのである。これまで中期経営計画を最終決定する権限を実質的に社外取締役を中心とした取締役会が持っているという認識は薄かったのではないかと思う。各部門と社長が折衝して決めるという事実認識だったのではないか。それではだめなのである。

　ここでも必要な議案書は、最初から中期経営計画の完成品を付議することではない。最初は、どういう方向性で立案していくか、その手続をどうするか、そのために社外取締役に提供すべき情報は何か、といったことを議論し、それをもとに第２ステップでその情報を提供し、第３ステップで進捗状況を

報告しながら、最終的に第4ステップで取締役会に案を付議する、ということになる。それぞれの時点で必要な議案書を作成すべきなのである。

同じようなことが、例えば何を経営指標とするかという議題や、設備投資の全体計画、今後のM&Aの全体計画、経営資源の世界的な配分についての考え方、研究開発計画など、重要な経営の基本方針に関わる議題にも言える。

現時点で言えば、各業界とも、環境問題、脱炭素、脱プラスチックなどで、今後十年以上にわたる、ビジネスモデルの転換等大きな変革の時期を迎えている。どの事業を廃止または転換するか、どの事業に新規進出するか、研究開発計画はどうするか、それに応じた財務計画はどうするか、といった、大きな経営方針の策定が必要になっている。これについても、多様な社外取締役の意見を踏まえ、動的に検討を進めていかなければならない。

これらも非常に高度に政策的、裁量的な判断であるから、善管注意義務違反にならないようにという視点より、やはり適切な判断をするためにどういう情報やプロセスが必要かという判断で構築していけばよい。

(注)　フォローアップ会議令和2年11月18日資料5（金融庁）によれば、独立社外取締役が3分の1以上の場合に、事業の再編を行った会社が多い。

3　業績のモニタリング系の議題

取締役会は、経営者が適切に業務を執行しているか、モニタリングしている必要がある。会社法は、3か月に一度の業務執行状況報告の義務を定めているが、これはその重要な監督手段である。監督には、業績系の監督と、内部統制系の監督があるが、本項は業績系の監督である。

業績の進捗状況の監督はどうするか。取締役会は、経営理念・経営方針を定め、中期経営計画を定め、さらに単年度の事業計画も定めているはずだ。その中で、達成すべき目標を決めている。売上利益やROEやEBITDAなどの数値的な目標もあれば、海外進出をするとか、M&Aで事業拡大するとか、構造改革をするとか、そういった目標もあろう。

業績の進捗状況の監督というのは、そのような経営目標を達成しているかどうかということを見ているということである。また、経営者によってなされている個々の経営判断が、経営方針や経営計画に適合しているかということもチェックする。

仮に経済情勢が大幅に変動したり、大きな不祥事や事故があって業績が悪

化したときには、取締役会は経営計画を変更するなど臨機に対応する必要も
ある。そのため、そのような異変や事業環境、リスク状況の変化がないかと
いうことも注視している。もし経営者の資質に問題があり現場が混乱してい
るとか、大きな不正を引き起こしたなどという経営者としての適格性に問題
がある事象やその兆候を発見した場合には、適時に対処しなければならない。
会社の業績が極端に悪化して危機的な状況に至った場合も、取締役会による
適切な対応が必要になる。

　つまり業務執行状況報告というのは、①経営計画どおりの業績となってい
るかどうかのチェック、②事業環境の変化がないかどうかの注視、③経営者
の適格性に問題がないかどうかの注視、などをすることが目的である。した
がって、モニタリングにおいては、最も重要な議題と言ってもよい。

　世の中では、しばしば決議事項がより重要な議題で、報告事項はそれより
重要度が低い議題であると考えられがちであるが、それは間違いである。

　以上を前提にすると、業務執行状況報告の議題においては、議案書の作成
方法としては、①中期経営計画のマイルストーンや単年度事業計画の目標値
との比較における業績の推移、②経営方針に従った経営判断がなされている
か（例えば設備投資計画や新規事業、研究開発、事業ポートフォリオの見直し、
M&A 先の探索作業等）、③経営計画の時点とは異なった経営上のリスク、事
業環境の変化がないか、といった事項を中心に報告書をまとめるべきである。

4　内部統制関係の議題

　取締役会は、内部統制の統括という役割もある。

　内部統制は、コンプライアンス・リスクも含めたリスクの管理体制のこと
である。経営の基本方針や経営計画に基づき、そのリスク状況を把握して、
どのようなリスク管理体制を構築するかを決める。その後は、リスクの状況
に変化がないか、現在の内部統制システムの状況に不備はないか、というこ
とを注視する必要がある。具体的には、内部監査部の報告や、コンプライア
ンス部の報告、場合によっては会計監査人や監査役からの指摘があることも
あろう。

　具体的には、例えば企業グループ全体でどのような不祥事が発生している
か、それに新しい傾向がないか、改善すべき課題はないか、内部統制の基本
方針の変更や、経営者に対する指揮命令の必要は生じていないか、といった

ことを見る。また新しい国に進出するときには、その進出先でのビジネスには新しいリスクが伴うから、それの検証や対応がなされているかを見る。新商品の開発・上市なども新しいリスクがあるから同様である。また法的規制や新判例、ビジネスモデルに影響を与える法制度の変更などがないかのフォローも重要である。内部通報などの状況も重要である。

　そのような自社グループの現在の状況、新しいリスクの探知などを通じて、現在の内部統制の基本方針が適切であるか、経営者に対して指揮命令すべきことがないか、ということを判断するために必要な情報を議案書に記載すべきである。その頻度は、それぞれ必要な程度でよい。内部監査部門の報告は半期に一度でよいかも知れないし、コンプライアンス部の報告は 1 年に一度でもよいかも知れない。それはその会社の置かれたリスクの状況によって判断すればよい。

　なお、大きな不祥事が発生した場合などは、個別の対応が必要である。

5　業務執行系の議題

　以上がモニタリング系の議題の議案書の書き方であるが、次に、業務執行上の意思決定にかかる議題の議案書の書き方について説明する。設備投資であるとか、M&A であるとか、そういった議題である。

　業務執行系の決議事項の場合、そのチェックのポイントは、①経営方針、経営計画との関係、位置づけ、および②善管注意義務違反にならないこと、である。

　①については、例えばその大きな設備投資は、経営方針とどう整合するのか、それによって事業計画はどう進捗するのか、といった説明である。全体の総投資枠の中でなぜこの投資をするのかということもあれば、主たる進出領域を例えばアジアに定めていれば、それと整合するのかなど、全体的、総合的な位置づけの問題である。この視点は、現在の実務ではしばしば失念されている。議題を上程してくる部署は、その案件にしか気が回らないからである。経営者、取締役会は、全体の中での位置づけ、バランスが判断のポイントになるのである。

　②については、経営判断の原則の要件を満たすようにする。そもそも取締役の判断の基準（経営判断原則）は何かといった基礎的な事柄から説明することも考えられる。取締役達は法律的知識を持っていないことも多いからで

ある。判例上は、十分な情報と著しく不合理でない判断の過程・内容という基準がある。そこでまず、この事案を適切に判断するためには、どういう情報が必要かという説明をする。いきなり中身を記載するより、どういう理由でどういう情報が必要になるか、という議案書作成の思想を説明するのである。それによって、情報の網羅性が突合できる。

　また原案の場合のメリット・デメリット、リスクの所在とその対応策、何が判断のポイントになっているかといった事項も重要である。社内での検討では、どういう点が指摘され、どのように判断、対処されたかということ、例えば経営会議での議論や担当部署での検討状況などを記載すると、社外役員にも分かりやすい。

　記載した情報については、その情報の信頼性にかかる事項も記載するのがよい。将来の予測にかかる事項であれば、確率の評価をして期待値を計算したり、モンテカルロ・シミュレーションなどをすることも考えられる。AIによる予測を記載することも考えられる。

　裁判所は、しばしば取り得る選択肢の比較検証を要求するから、取り得る選択肢を列挙してその比較を記載しておくことも重要である。

　著しく不合理でない根拠としては、専門家の意見などがある。

　さらに当該案件が、会社全体に及ぼす影響があれば、それも記載する。その案件のための資金調達が必要であるときには、その資金調達の内容、それによる財務指標への影響、株価への影響の予測などである。

　以上は、単発の経営判断としてのチェック事項であるが、最近では、1回、取締役会で可否の判断をすればおしまいといった事項は、むしろ少ない。例えば鉱山の開発をする事案であったとする。そうすると、一旦実行すべしという判断をしても、その後の資源価格の動向や開発費用の発生状況（予算どおりか増加しているか）、他社の開発動向、今後の需給予測など、その後のリスク管理体制が重要である。

　実は、経営判断の原則と、内部統制（リスク管理）にかかる善管注意義務の基準は、連動し、融合しつつある。裁判所の判断基準も、それを整合させる方向になってきている。今どきの経営判断は、多くが動的な事業であり、一度経営判断すれば終わりではなく、その後のリスク状況を注視し、異常があればすぐに対処する体制を構築することが経営判断になりつつある。つまりリスク管理体制の整備＝内部統制の問題でもあるのである。

　したがって、審議においては、その後の管理体制や報告体制、経営者への一定の裁量の付与、条件の設定など、必要な体制の整備も含めなければいけない。例えば資源価格を注視して、採算ラインを割り込む事態が生じたときには、直ちに報告する体制にするとか、建設費用の増加については、一定の範囲まで執行側に裁量を付与し、しかしそれを超える見込みとなったときには、再度付議させるとか、もしくは撤退基準を設けておくなどである。

　本気で議論するつもりで、必要な事項を記載しなければならないのである。

Ⅴ　審議の仕方

1　審議の目的

　次に取締役会ではどのような審議をするのが適切であろうか。

　取締役会の審議の目的は、適切な議論で適切な結論に至ること、および効率的な審議をすることである。

　まず取締役会の議題の中には、特に誰からも異論はなく、審議に時間をかける必要がないものも多い。社内規程の軽微な修正や、形式的な利益相反取引の承認、上位ではない使用人の人事、社会的な貢献活動・寄付の承認、金額の小さな投資や資産の処分、法律上の手続の履行にかかる事項などである。

　他方、経営計画の策定やM＆Aの承認、大規模な新規事業の開始、ガバナンス原則の改定、株主還元方針の改定等、少なからず意見が出て、内容にわたってしっかり議論する必要がある議題もある。

　このようなとき、まず議論が必要な議題に時間を集中的に配分するように心がけるべきだ。

2　議論の順序

　次にしっかりした議論が必要な議題の場合にはどうすればよいか。

　大きな問題であれば、議論の順序として、まず①論点が何かの洗い出しをする。次いで②それを議論するためにどういう情報が必要かを洗い出す。さらに③その情報をもとに、質問や執行側の意向確認、メリット・デメリット、他の選択肢の是非等の質疑をする。その上で④各自の意見を根拠を明確にしながら述べ合う。ただ、漠然と自由に発言を始めると、議論は宙に浮き、論点が何であるかも必要な情報がそろっているかも分からないうちに、よく練

られていない意見がたくさん出て収拾がつかなくなる。審議の順序としては、概念的に上記のとおりとなることを認識しておくことが有効である。

3　発言の仕方

　取締役会は小さな会議体である。人数は 10 人前後である。こういう場合、各自の個性が強く出ることがある。

　何でも最初に発言しないと気が済まない人、大きな声で断定的な意見を言う人、問題点の指摘はするけれども自分の積極的な意見は述べない人、沈黙する人、自分の好みの方向性に固執する人、その他様々である。

　会議の心理学とか、組織の心理学といった研究分野がある。誰かリーダーシップを取る人が強い意見を言うと、他の者もそれに反対する意見は言いにくくなる。付和雷同的になる。

　社外取締役の心理は、当事者意識がない者が多い。またその会社の事業に関する専門知識がないと分かっているから自分がその問題について十分な知見がないことを晒したくないとか、実はどういう結論になっても構わないとやや無責任な立場に立っているとか、誰かと違う意見になることを恐れているとか、反対意見や修正意見などを述べて執行側の方針にたてつくことを躊躇するなど、消極的な心理であることが多い。社外取締役には、最大の問題は善管注意義務違反などと言われて株主代表訴訟を起こされないことだと思っている人もいる。要するに自分の問題として、この案件についてどういう決断をすべきかという主体性がないことが多い。

　他方、社内取締役は、すでに社内で意見を集約しているから、原案を支持する発言しかしようがない心理になっている。そこで常にディフェンシブな発言になってしまう。

　このようにマイナスな要素が取締役会の審議には常につきまとうのであるが、それが高じると、責任逃れの発言ばかりとなったり、いつも同じ人ばかりの発言となったり、いつも同じ発言順序となって議論が盛り上がらなかったり、強気の人が断定的な意見を言ってそれに流されたり、場当たり的に責任逃れの策に流れたりしてしまう。

4　会議の意義

　本来は、社外取締役を含めて、当事者意識を持ってしっかり責任ある判断

をすべきである。「実質的な意思決定機関」である。

　仮にそこまでいかないとしても、執行側の考え方について、きちんと質問をし、その正当性のチェックをする、言い換えれば執行側のアカウンタビリティーの場となって欲しい。「説明責任による正当性の確保」である。

5　よりよい会議のための知恵

　さて、それではどうすればよいか。

　まず社外役員が消極的な心理になる一番の原因は、その会社の事業について自分は詳しくないという意識である。よく分からないから、適切な議論ができない。だから意見を言うのも嫌だし、恥もかきたくないということになる。したがって、まずはその会社の事業やその議題について、しっかり勉強して頂くことである。事前の準備、資料の収集、事務局からの事前説明、その他の時間をたくさんかけることである。それである程度のことは知っているという自信が付いてきて初めて自分の意見が形成され、意見を言うことができるようになる。

　また当事者意識の形成という面では、社外取締役の人数を増やしたり、執行側からすでに社内的に方針の決定した議題を出すのではなく、その準備段階で審議事項（決議事項ではなく）として上程し、自由な意見を言って頂いてそれをその後の原案作成に反映させるような手続とするなどいろいろな工夫が必要である。特に業務執行系の議題ではなく、ガバナンス系の議題は、それほどその事業の専門的知識は必要がなく、各自の経験から自分の意見を形成できるし、また確定的に一つの正しい選択肢があるということは少ないので、各員の意見に基づいて柔軟に修正していくこともできる。そういう議題でしっかり議論をする経験を積んでいくと、当事者意識も育成され、クリエイティブな議論の経験をすることができる。最初から結論ありきの状態ではそうはならない。

6　会議での人間関係

　ここで少し留意点を述べておくと、社会人は、通常、周囲の関係者との間で、社会的な位置関係が決まっている。上司と部下であるとか、顧客と納入業者であるとか、業界ではトップ企業と下位企業であるとか、そういう一種の序列や立場の中で関係性ができている。会話もそれを前提とした会話にな

る。しかし社外取締役達の間には、そういう序列関係も決まった立場もない。平場である。例えば社外役員がある会社の社長と学者と弁護士だなどとなると、相互の関係性はまったくない。実は日本の社会人は、そういう平場の人間関係というものは経験したことがあまりない。そういう人たちの会議で自分はどういう発言の仕方をしたらよいのか、戸惑うことがある。社内であれば自分は会長・社長だから自分がこう言えば皆それに同調するとか、あちらはお客様だから意向を尊重しようとか、何らかの関係があるのだが、それがない。自分が断定的な意見を言ってよいのか、意見が対立してしまったらどうなるのか。その後の人間関係もまずくなるのか。日本語には尊敬語や謙譲語があり、上下の認識が反映されてしまうことがあるのだ。

　つまり自分の意見の言い方や反対意見を言ってよいのか、そういう基本的な議論の仕方自体に不安があるのである。

　この問題は、社外役員が質問だけしている会議では出てこない問題である。質問は、社外役員と会社（執行側）の関係性だけだからである。取締役会が社外社内の役員間で実質的な議論をし始めて、実質的な意思決定機関となり始めると出てくる問題である。

　これは、会議は議論の中でクリエイティブな結論にみんなで立ち至ることが目的であるという認識を共有すれば解決の方向性が見つかるのではないかと思われる。

　断定的な意見を言うか言わないかとか、反対意見を言うか言わないかとか、そういう視点で物事を考えるのではなく、合理的に、まず何が論点か、その論点についてどういう情報があるか、それによるとどういうメリット・デメリットがあるか、そのデメリットの対策はあるか、といったことに分解して、「この議案にはこういう論点があるのではないか」、「この論点についてはこういう解決策があるのではないか」、「このリスクについてはどの程度の確率と認識すればよいと思うか」、「こういう視点もあるのではないか」など、論点の提示やリスクの指摘、情報の要請、解決策の提案等、1個1個議論していけば上記のような対立の問題は生じない。いきなり結論の「反対」ではないし、「断定的な意見」でもないのである。そのようなクリエイティブな議論の積み重ねに留意すれば、参加者が満足できる議論になるのではなかろうか。

7　社内取締役の発言促進

　なぜ社内取締役は発言しないのか。それは取締役会前に社内では結論が決まっているからである。経営会議とか関係部署間の会議で、すでに執行側としては方針が決まっている。取締役会で社内取締役が質問したり、反対意見を述べるなどしたら、裏切り者ということになる。正式な会議での決定ではなかったとしても、根回しくらいはしてあるはずだ。

　また社内取締役はそれぞれ担当部門を持っているから、他部門の議案に注文をつければ、何かのときに自分の部門の議案に注文をつけられてしまうかも知れない。そもそも他部門の業績など、自分の成績には関係ない。余計なことはしないに越したことはないのである。

　しかしこれでは社内取締役は、まったく取締役会の本質的な役割を果たしていないことになる。いない方がいいくらいである。以前の日本企業は、社外取締役の導入に反対して、「社外の素人では経営判断などできない」などと批判していたが、そもそも社内の取締役だって、取締役会で真面目に議論して経営判断してきたことはなかったのである。

　これからはそういうわけにいかない。取締役会の実効性評価が進めば、いずれ評価は取締役個々人の実績の評価に移行してくることは目に見えている。そのとき、何も発言していない社内取締役は、評価ゼロ点である。取締役としての善管注意義務に違反していると言われても、反論できない。再任不可である。かといって、現状で社内取締役に好き放題発言せよと言っても、なかなかそうはならない。社内の仕組みを変えなければいけないし、社内常識も変えていかないといけない。

　まず取締役会に提出する議題は、事前に経営会議等で決めている会社が多いが、それはやめてしまうことだ。事前に決定するから、取締役会で発言できないのだ。ではどうするか。それほど難しいことではない。現状では経営会議で実質的に決まっているだろうが、それ以前の会議にも付議されている。そこではまだ決まっていないと認識されている。だから経営会議では意見が出る。それと同じだ。取締役会以前の会議では、まだ決まっていないと皆が認識すればよい。その方法としては、経営会議に付議しない方法もあるし、付議しても案は作るが最終決定とはしない方法もある。いろいろな意見があるまま取締役会に付議をするのである。

　何より社内の専門家である社内取締役が議論に参加しないと、有意義な議

論にはなかなかならない。

　また隣の芝生に注文はつけられないと言うなら、社内取締役に管掌部門を持たせない方法もある。無任所の副社長などを創設するのである。そもそも各部門の長を、取締役にはしないという方法もある。社内取締役は、業績責任を負う事業部門長よりは上位の者だけにするのである。

Ⅵ　議　長

1　議長の重要性

　誰が議長をするかというのは、モニタリング機能の発揮のためには重要である。

　通常は、社長が議長をしている。しかし被監督者であるから、厳しい局面では、不適切な運営になる可能性がある。例えば業績の悪化や経営者としての適格性が問題となれば、当人が議長をしていては円滑な議事ができないであろう。また業務の執行について社外取締役から問われたとき、説明する者と司会をする者が同一ということになると、十分な審議ができないおそれがある。不十分な回答でも、次の議題に移ってしまうかも知れない。

　日常的には議長と監督機能（社外取締役）が対立しているわけではなく、それほど大きな問題ではないと思うが、執行側ではない者が議長をすることには一定の意味があるし、少なくともそのような事態となったときには十分考える必要がある。

2　誰が議長をするか

　そのように考えると、執行側ではない人が議長をすることが考えられるのであるが、まず社外取締役にやって頂くという方法がある。これは監督者側の人が司会進行役をするということであるから、もし経営のしぶりに不審な点があったり、不祥事など経営者の責任が問われかねない事態があったときも、適切な議事運営が期待される。しかし現実には、取締役会の議長をするということは大きな負担である。司会進行役を適切にこなすためには、各議題の内容・位置づけや問題点を深く理解していなければならないし、議論のあり方についての知見や各役員の性格の把握など議論を適切に誘導するための経験や能力、信頼がなければならない。このためには、誰でもできるとい

うわけではないし、相当の時間を費やす必要がある。社外取締役では大変であり、なかなか引き受け手がいないのである。

　なお、社外取締役が議長を担当することになると、その者は大きな権限を持つことになりかねない。モニタリング機能の点からすると、経営者の人事権を有するのが取締役会であるから、社長より求心力を持ってしまうおそれもある。カリスマ的な人、強力な個性を有する人であれば、そうなるかも知れない（日本ではまだあまり聞かないが）。誠実で適切な人材を獲得する必要がある。

　もう1つ、社外取締役にはなかなか依頼できないとして、例えば会長を非業務執行側と位置づけて、議長となって頂くという方法もある。会長は元社長であり元執行側であるから、ある意味では執行側でもあり身内でもあるから、例えば厳しい追及の場となったときに適格かという問題はある。しかし現在の執行に責任を負う立場ではなく、説明者と司会役を分離する効果はある。

3　議長采配の知識

⑴　議長の権限

　取締役会の議長というのは、特別な法的権限は何も有していない。株主総会の議長は秩序を乱す者を退場させる権限なども有しているが、それとは違っている。取締役会の議長は、あくまでもその構成員である取締役の1人に過ぎず、他の取締役とまったく同格の権限である。単なる司会進行役である。

　定款や取締役会規程で議長を決めている会社が多いが、取締役会の個別の決議で議長を変更することは可能である。

　議長をするにあたって、例えば動議が出されたときどうするか、情報の提供の要請がなされたときどうするか、関係者の同席を求める意見が出たときどうするか、継続審議を求める意見が出たときどうするかなど、いろいろ判断をしなければならないことが生じる。それを決定する権限は、誰が有しているか。それは取締役会という会議体自身が有している。会議体の一般原則として、会議の進め方はその会議体自身が決めることができると理解されている。したがって、何か判断を要することがあれば、取締役会のメンバーに諮って、その多数決で決める。出席者の過半数である。この点はしっかり認

識しておく必要がある。議長が勝手に判断できないことも多いし、逆に慎重に適法に議事進行をしようと思えばとりあえず取締役会に諮って賛同を得ておけばよいのである。

⑵　議長の仕事

議長の仕事は、効率的に、かつ適切な審議を行うために司会進行をすることである。無意味な議論で時間を浪費したり、十分な意見を得ないまま採決を強行したりしてはいけない。また十分な情報がないまま意思決定してその判断が取締役の善管注意義務違反となるようなこともいけない。

議長は、十分な情報を提供させ、議論を整理し、関係者の意見を十分引き出し、よりよい結論に至るよう努力するのが仕事である。

⑶　議事の進め方

議事の進め方としては、まず議題の取り上げ方がある。通常、アジェンダの記載順に従って1つ1つ審議していくが、関係する議案を一括して審議することも可能であるし、特に異論がなさそうな議題を先に短時間で処理して重要な議案に多くの時間を割くような配慮をしてもよい。このような処理をすることについて、議場の了解を得てもよいし、特に了解を得なくても異議が出なければそれでよい（異議が出されなければ、皆同意したものと判断される(注)）。

冒頭に議題ごとに、提案者から説明をさせるのが通例であるが、時間短縮のため、説明を省略するケースも増えている。説明をする場合、従来は取締役会を実質的な意思決定がなされる会議と認識していなかったので、たんに台本を棒読みするような説得力のまったくないやり方をするケースもあった。しかし取締役会で実質的な審議がなされるようになると、担当役員もどうやって社内外の取締役に賛同してもらうか考える必要があり、しっかりプレゼンテーションをする必要がある。

発言者の指名は、各社いろいろであり、発言の許可を議長に求めてから発言する会社もあれば、勝手に発言し始める会社もある。筆者の見聞では、勝手に発言をし始める会社では、声の大きな者ばかりがいつも発言している状況になりやすい。議論が高じると、発言がかぶってしまい、議論にならない。基本的には、手を挙げたり、「よろしいですか？」と言って、議長の指名を受けてから発言する方が秩序だっているように思われる。もちろんごく少人数の取締役会であればそのような心配はない。

　議長は、特に重要な議案の場合、多くの取締役の意見を引き出すように努力すべきである。控えめな取締役は、発言を促されないと発言しないことが多いが、そのような場合には、その者が発言を求めていなくても、議長から「○○さん、何かご発言はございませんか？」などといって意見を求めることもよい。また社外役員は、それぞれ専門の分野を持った人であることが多いので、それに関わる論点であればそれぞれの知見を引き出すことも考えられる。

　社内取締役が発言をしないという問題点を先に指摘したが、議長が社内取締役を指名して発言を促せば、その発言は有意義なものとなると思われる。

　会議の心理学では、会議のリーダー格のような人の意見に他の構成員も同調しやすいとか、最初に出た意見に引きずられやすいというようなことがある。遠慮や躊躇で意見が言いにくくなることもある。そのような場合、毎回同じパターンにならないよう、議長がいろいろな人を指名していくことも考えられる。そもそも取締役会の着席位置（序列）を非常に気にしている会社が多いが、毎回違う席にランダムに着席する方法も有効である。社内と社外の席を分断せず、混在させることも一法である。

　重要な難しい案件の場合には、論理的な議論を進めていくのがよい。議論すべき論点の洗い出し、それについて必要な情報の洗い出し、執行側担当部署の意見、他の選択肢のメリット・デメリット、リスクの所在と対応、専門家の意見など、頭の中で整理していく。言いっぱなしの意見が無秩序に出る審議では、適切な結論にたどり着かない。

⑷　動議、提案の処理

　CGコード以来、社外取締役から様々な意見が出る。その対応について、これまで議長がどうすればよいのか、まったく経験がなかったから、サポートする事務局も含め戸惑う事態も生じている。

　まず追加の情報の要請が出ることがある。例えばM&Aの議案で、「FAの人の意見を聞いてみたい」とか、「対象会社に瑕疵があった場合の当社の権利について弁護士に聞いてみたい」とか、「このM&Aによって当社の世界的な資源配分はどうなるのかその全体像を教えて欲しい」などといった意見が出たとする。

　事務局や担当役員がその情報をその場で提供できれば、それはそれでよい。その場で提供できないとき、もしそれでもその情報が判断のために重要であ

るということになると、継続審議にしてその情報が出されるのを待つしか方法はないことになる。そうするかどうかは、会議体自身が決めることになる。つまり、取締役会として、その情報の重要性（それがないと判断できないと考えるかどうか）、その情報の入手可能性・時期、本日意思決定しないことが可能かどうか（相手方との交渉日程、入札日程等）、などを審議して、結局その情報の入手のために審議を後日に延期するかどうか採決することになる。その決定権限は、取締役会自身が持っている。議長としては、上記のような考慮要素を明らかにする審議をした上、継続審議とするかどうかを議場に諮ることになる。

　次に修正提案が出ることがある。これはいろいろなケースがある。

　例えば社内規程の改定の議案で、仮に修正の提案が出たとする。もしその修正をするとした場合、その修正文案を作成しなければならない。大幅な改正になれば、他の条項との整合性も慎重にチェックしなければならない。そもそもそれが法的に適切なのか法律専門家に確認する必要もあるだろう。修正文案を作るだけでも、その場ではできないかも知れない。つまりこういう修正提案（動議）の場合、その場では対応ができない可能性がある。そのときには、議長は、事務局に確認した上、修正するならば、事務局で修正案を検討した上でないと修正案を諮ることができないが、それでも修正に向けて本日の審議を継続審議とするか、それでも原案に賛成するか、ということを議場に諮ることになる。軽微な修正であれば、修正の趣旨を決議して文言は担当役員に一任する方法もあるかも知れない。つまり取締役会に提出される議案について、それを修正するといっても直ちにはできないことがあるのである。

　これは例えば契約書の承認議案で修正提案が出た場合や、開示書類や届出書類その他の公的書類について修正意見が出た場合なども同様である。法律専門家や提出先官公庁等との折衝も必要になる。

　したがって、修正提案が出た場合には、その取扱いは適切にしなければならない。具体的には、

①　修正議案の作成
②　修正に伴う他への影響の確認
③　修正案の適法性の確認の必要性
④　関係者との調整の要否

がある。対応としては、修正案を可決する、修正案を否決する、修正案の適否確認のため継続審議とする、一定の指示を決定して担当部署に修正の指示をする（継続審議）、一定の条件の下担当役員に一任して可決する、などがあることになる。

(5)　継続審議

　また継続審議となる議案も生じている。原案に対していろいろな意見が出て、再度担当部署で検討し直すというようなケースである。その場合、どの点を見直すこととするか。各取締役から出た意見を全部反映させろという趣旨か、それともそれらはあくまでも参考という趣旨で、取締役会としてそのような修正をしろという指示を出すわけではないという趣旨か。その点曖昧になりやすいが、議長が最後にきちんとまとめて「この点とこの点について修正を検討して頂くということでよろしいか」などとして、修正点を明確にした上で、取締役会としての意思決定（採決）をしておくことも考えられる。もちろんそこまで決議しないで再考を求めるという方法もある。どちらであるかは明確にした方がよい。決議であったなら、おそらくそれは取締役会議事録の必要的記載事項であるし（審議の結果にあたる）、担当部署もそれに拘束される。

(注)　株主総会と違い、少人数の会議なので、採決などを明確にしなくても、出席者が了解していることが分かれば十分なのである。

Ⅶ　取締役会の手続

　取締役会の手続であるが、頻度は月に一度程度開催している会社が多い。法的には業務執行状況報告を3か月に一度はしないといけないので、最少その頻度となる。どの程度の頻度で開催するかは、業務執行系の議題がどの程度上程されているか、モニタリング・モデルかマネジメント・モデルか、議題の数、開催の難易などで各社それぞれである。

　しかし最近は、社外取締役の負担が大きすぎるので、議題の数を減らし、開催頻度も少なくする傾向にあると思われる。そのためにはやはりモニタリング・モデルに移行するのがよい。

　資料は、メールやクラウドなどで事前に提供する。社外役員も含めて全員熟読していることを前提に審議は始めるべきである。必要な質問や基礎的な

説明は、随時社外役員から担当事務局に依頼できるようにした方がよい。その議題について自分は詳しくないという後ろめたさが、実質的な審議の障害になる。

　取締役会の開催時間は長時間化する傾向にある。しかし人間の集中力が持続するのは、せいぜい2、3時間であるから、その中に収めた方がよい。

Ⅷ　議事録

　議事録には、詳細な審議の経過を記載するのが最近の傾向である。以前は、詳細に書き過ぎると議事録を閲覧されたときに困るのではないか、というような懸念があった。しかし実際には、株主代表訴訟などが提起されたときも、しっかり実質的な審議がなされていることが裁判官に分かる方が、よい印象になるのではないかと思われる。

　なお、社外役員の中には、議事録の体裁をきれいに整えたいと思う人もいるようで、自分の発言の趣旨を微妙に変えようとしたり、発言していないことを記載してもらおうとしたりする人があるらしいが、そういうことはもってのほかである。

Ⅸ　取締役会の自己評価による PDCA

　取締役会の実効性評価というものが CG コードで定められ、実務に広まっている。その内容は、投資家も注目している。

　本章および前章に記載したところでご理解頂けたと思われるが、取締役会の役割は何であるか、ということをしっかり認識して、その役割を果たしているか、ということを自己検証するのが実効性評価である。

　経営の方針はしっかり議論して策定しているか、経営者の選任は合理的に行っているか、その業績や能力のモニタリングはどうしているか、内部統制の統括は十分やっているか、それらのために、取締役会では社内・社外を問わず、十分な情報で適切な審議をしているか、さらには取締役会はそのような役割を果たすために適切な構成になっているか、というようなことを検証するのである。

　今、「取締役会」の実効性評価と言っており、取締役会を評価対象にして

いるが、取締役会というのは、あくまで抽象的な会議体の名称に過ぎない。実際に活動しているのはその構成員である取締役個人である。したがって、実効性の評価と言えば、結局、各取締役がどれだけその役割を果たしたかの評価に行き着くことになる。個人別に、取締役会においてどういう発言をし、その役割を果たすためにどういう貢献をしたか、ということを評価していくことになる。アメリカなどはそうなりつつある。そのとき、1年間一言も発言しなかった、などということになれば、評価はゼロであり、その取締役は今期交代させるべきだということになるはずである（指名委員会が適切に機能していれば）。その意味で、いずれ社内取締役は今のままではいられなくなることが明らかである。

Ⅹ　補論——経営会議のあり方も変わること

　最後に少し述べておくと、社外取締役の増加により、モニタリング・モデルでは言うまでもなく、また仮にマネジメント・モデルを採用していても、取締役会の議題はガバナンス系に傾斜し、業務執行系の議題は減少していく方向性である。

　その場合、取締役会の決議事項から落ちたものは、社長の決裁事項になるはずである。そしておそらく各社経営会議などの任意の会議を設置しているから、社長がその決裁をするためには経営会議に付議するということになると思われる。

　そうすると、取締役会決議事項であったものが、経営会議の付議事項となり、取締役会には付議されないことになる。

　逆に、先に述べたとおり、取締役会決議事項について、取締役会以前に、社内的実質的に最終決定することが不適切であるとすれば、経営会議では最終的な決定には至らない形あるいはそもそも付議しない形となることが考えられる。

　そうすると、従前は、取締役会付議事項を事前に審議するのが経営会議の位置づけであったと思われるが、その実務慣行は変わっていかざるを得ない。取締役会決議事項と経営会議付議事項は、異なるものになっていくと思われる。それによってそれぞれが別の機能を果たしていくことになると思われるので、その点は十分留意して、制度設計をするべきであると思われる。

それぞれの構成員、議題、相互の情報の共有化の仕組みなど、改めて組織設計をすべきと思われる。

第 4 章

取締役がすべきこと——各論

第2章で、取締役会のなすべき本質的な職務について述べた。そして第3章で、取締役会の運営の方法について述べた。本章では、個別のテーマごとに取締役会のなすべき職務について述べる。いわば各論である。

I 経営方針の策定と監視

1 なぜ取締役会が経営方針等を策定すべきなのか

まず最も重要な取締役会の職務は、経営方針の策定や経営計画の策定である。

いかなるビジネス・モデルを採用するのかといったことも経営方針に含まれる。

経営方針や経営計画の策定は、取締役会の職務である。それはなぜだろうか。あまりに当たり前すぎて、改めて考えたことはないであろう。

第1に、経営者を監督するためには、その経営のしぶりを評価するための判断基準が必要である。基準がなければ、よい成績を残しているのかそうでないのか、評価ができない。この経営の方針や経営計画は、監督のための評価基準そのものである。したがって、取締役会が監督機関である以上、論理的に、経営方針や経営計画を取締役会自身が決めないとならないのである。

第2に、そのような論理的な理由だけではなく、経営の方針などといった最も大きな経営上の決定は、企業価値の向上の最も要となる判断であり、それは経営者1人に決定させるより、種々の専門家が集まった取締役会で相談して決める方がよりよいという考えがある。取締役会には、社外の専門家がおり、外国の情勢や技術情報、その他いろいろな専門的な知識や経験を動員することができる。経営方針や経営計画を定めるにあたって、そのような者

達の意見を取り入れることができれば、よりよいアイデアも出るであろうし、社内者では気が付かないリスクに気付くことができるであろう。

　以上のような論理的、実質的な配慮に加え、会社の事業目的は定款に記載して株主が決めることとされており、その下で取締役会を設置し、さらにその下に経営者を配置するという組織体系を採用する以上、権限の段階的な分配秩序において、株主は事業の種類を指定し、取締役会は経営方針を決定し、経営者はそれに基づいた経営をする、というのは、整合的な組織の構成であると言える。

2　経営方針等策定の仕方

(1)　経営方針等とはどういうものか

　経営方針は、長期的な経営の方向性であり、またどのように利益を生み出すかというビジネスモデルの構築でもある。

　これはその会社の置かれた事業環境やいかなる成長ステップにあるかというようなことに関係する。すでに大規模な企業に成長しており、順調に拡大していけばよいという企業もある。またネットやAI関係の企業のように、次々と新しい技術が生まれ、ビジネスモデルがごく短期間で交代していくような企業もある。事業が衰退傾向にあり、何らかの新規事業や新製品の開発にチャレンジする必要があるとか、M&Aで集約化していく必要があるとか、海外に進出していく必要があるといった企業もある。業種によっては、プラットフォームを構築してしまった者が勝つという競争形態の事業もあれば、規模のメリットで最も早く大規模化した者が勝つとか、規格の支配力を確立した者が勝つというものもある。

　どのような事業展開を目指すのか、という方向性が経営の基本方針である。

　それを長期または中期の数値目標に落としたものが、経営計画である。そこで達成すべきとされた中長期の業績目標や定性的な目標、そしてそれのための技術開発計画や投資計画、資金調達計画、企業買収計画等一連の裏付けがある。

(2)　経営方針等に必要なこと

　これは監督の基準であり、また、当然ながら経営者が経営判断をしていくときの指針でもある。その意味で行動基準でもある。

　したがって、これは行動の指針となる程度に明確で、また事後的に評価す

る際にその物差しとなり得るよう、具体的である必要がある。

　さらに業績連動報酬の基準ともなるので、その達成度合いの評価が定量的になされ得ることも重要である。また指名委員会等で、経営者の再任の是非を判断する際の根拠ともなる。

　そして中長期計画の場合、その進捗状況を常時トレースしていく必要があるから、各年度ごとのマイルストーンを定めるべきである。何をどこまで実行するかという行動計画である。例えば海外進出を3年後の目標とするのであれば、1年目には各エリアの経済分析と立地調査を行って進出計画を立て、2年後に社屋や工場、物流施設等の建築設計・工事を行い、3年後には試験稼働と営業網の構築を行って年度末には正式稼働させる、などというものである。

⑶　誰が起案するか

　このような経営方針等は、最初の起案をするのは執行側で構わない。決議機関は取締役会であっても、取締役会（社外取締役）が自ら起案をするというのは適切でなかろう。経営者の方が、現場の課題や気付き、技術的な裏付けその他必要な情報を豊富に持っている。

　取締役会は、そのような情報や原案に対して、種々の意見や質問をし、その過程で十分合理性が確認されればよい。すでに述べたように、この審議はいきなり最終案を取締役会に諮るのではなく、決定手続や社外取締役の意見の反映方法を含めて、全体のプロセスを取締役会が関与して決めることがよい。

⑷　拘束力

　ちなみにこのような経営方針や経営計画というのを取締役会で決議した場合、その決議の効力はいかなるものであろうか。

　その計画で詳細な設備投資計画や営業政策、資金調達計画なども付議されているとする。そこに書いてあることは実際にはピッタリそのとおりにいくことは考えにくいから、時々の情勢に応じて代表取締役らが適宜、妥当・可能な方法や内容に変更して実施していくことになる。その場合に、いちいち取締役会の修正の決議は不要であろう。その意味では経営方針・計画等に記載された詳細にわたるまですべて拘束力があって、その変更には再度の取締役会決議が必要だということではないはずだ。その意味では、緩やかなものである。

　他方で、例えばその計画にまったく反するような投資をすれば、代表取締役は、取締役会の定めた経営方針等に反する経営をしたものとして、取締役会から是正のための指揮命令を受けたり、降格や担当替え、場合によっては解任等の措置を取られることもあろう。その意味では、拘束力がある。

(5)　進捗管理・新しいリスクの探知の体制

　経営方針等を定める場合、その進捗管理の方法も明確にしておく必要がある。

　業務執行状況報告で報告させることもあるし、M&Aの進捗などは別途定期的に報告させることもある。業績の達成状況の評価は、指名委員会などを中心に、社外取締役が担当してしっかり調査を行うこととするとか、進んでいないものがあればその原因も調査して報告するなどということが考えられる。

　重要なのは、経営方針や中長期計画などは、現代の変化の激しい時代にあっては、事前の予測どおりには行かず、途中でその変更を迫られることも多いということだ。そのような場合にはその兆候を把握して、早期に修正や変更ができるよう、あるいは経営者が固執し過ぎないよう、その体制を整えておくべきだ。予定どおりに進捗しない場合や、新しい技術やビジネスモデルの登場で当社の経営方針が陳腐化するのではないかというリスクを感じた場合、速やかにその情報が取締役会に上がってくるようにする。

(6)　社長のミッションを定める

　会社としての経営方針や経営計画を定めると、それを達成するために、執行側の各組織、各担当役員らが、どのような役割を果たすべきかという各人別・各組織別のミッションにそれが分解されて与えられていく。その中で、最も重要なのは、社長のミッションである。今、明示的に社長のミッションを定めている会社は少ないかも知れない。しかし上記のように、経営者の監督のツールが経営計画等であるとするならば、毎年度社長がなすべき仕事をきちんと定めないと、その評価ができない。したがって、社長のミッションを定めることは必須なのである。

　これは定量的な目標、例えば売上げ、利益のこともあれば、抽象的定性的な目標であることもある。いくつか複数のミッションであることも当然ある。

　このように社長のミッションを定めることが、経営の透明性、客観性を保つことになり、逆に言えばそれをしっかり達成してきている社長の正当性の

根拠にもなる。指名されることや業績連動報酬を受け取る正当な根拠となる。

経営計画等の中には、社長のミッションも明示することが必要である。

Ⅱ 経営者の選定と監視

1 経営者選定の考え方

経営者を適切に選定することは、取締役会の最も重要な責務である。

それでは誰を経営者に選任すればよいのだろうか。会社の目的は、企業価値の向上である。そのために取締役会は経営計画等を立てる。それを実行するのが社長である。したがって、適切に経営計画等を実行できる能力を有する者が、社長の適任者である。

その経営計画等は、会社の置かれているステージによって大きく変わってくる。順調に成長している会社であれば、その成長を持続できることが重要だ。M&Aで海外に進出しようとしている会社であれば、M&Aに詳しい者が適任かも知れない。衰退傾向にあって大胆な経営改革が必要な会社であれば、強いリーダーシップや胆力が必要かも知れない。

CGコードは経営陣の指名についていろいろ定めている。全部引用するのは煩瑣であるから、求めているところをまとめると以下のとおりである。まず、「経営陣選任の方針と手続」の情報開示である。次に、会社の持続的成長と中長期的な「企業価値の向上」を目指し、収益力・資本効率等の改善のための監督をし、そして資質を備えたCEOを選任すべきだとしている。そして経営陣の選解任は、会社の業績等の評価を踏まえ、「公正かつ透明性の高い手続」に従い行われるべきであり、「独立社外取締役」は経営陣幹部の選解任等を通じ監督することが求められる。独立社外取締役が過半数でないときは、指名委員会を設置することにより独立社外取締役の適切な関与・助言を得なければいけない。選任した経営陣幹部の個々の選任・指名の説明をしなければならない。

要するに、業績向上等が目的であり、独立社外取締役が関与して、公正かつ透明な手続で経営者の選解任をし、それらについて適切な開示をせよということである。

2　必要な能力の客観化と公正・透明な手続

　それではその経営者に適切な人物、必要な能力というものはどういうものであろうか。必要な能力を明確にしていくのは、なぜであろうか。もちろん必要な能力を有する者が経営者になれば、経営計画等も適切に遂行されるだろうということがある。しかしそれだけではなく、経営者の選任が客観的かつ合理的な判断でなされているということの担保となることが重要なのである。理由が明確になることで透明性も担保され、その判断が適切であったかの批判を受ける機会が生じることになる。それがまた指名委員会・取締役会等による適切な判断へのインセンティブになる。

　そこで経営者選任手続においては、経営者に必要な能力をリスト化し、各候補者についてその評価を行い、その情報を指名委員会等で参照しながら意思決定をしていくことになる。

　実は、結論として誰を経営者として選任するかという「結論」の正しさより、その「手続」が適正になされているかどうかの確認の方が重要だとも言える。結論の正しさは、容易には判別しがたいのである。また社外取締役は、社内候補者であれ社外候補者であれ、その人物についての十分な情報を当初から持っているわけではないから、そのような客観的で合理的な審査を行うことが善管注意義務の観点から必要である。

　この際、チェックすべきなのは、恣意的な後継者の指名である。自分の言うことを聞く者を後継者にしたいとか、自分の息子を後継者にしたいなど、不合理なことがないかどうかである。それを阻むためには、選任プロセスできちんと必要な能力を設定し、その評価を参照するなど客観的な手続を踏むことである。

　指名委員会は、経営陣から独立して適切な選任をすることが求められているのであり、何よりいかなる情報をもとに判断したのか、その情報の内容が問われる。従前は、現社長から、「次期社長は○○君にしたいと思う」と話があり、それ以上の説明や資料はなく、各委員や取締役からも質疑はなく、それで決まっていた会社が多いと思われるが、それでは今後は公正かつ透明な手続で経営者の選任をしたとは言えない。CGコードは、それをコンプライすると宣言している会社にとっては善管注意義務の内容でもあるから、それに違反したと言われてしまう。

　なお、経営者として必要な人物像というのは、後継者計画（サクセッショ

ン・プラン）においても想定されるものである。後継者計画では、将来どのような経営者像が期待されるかということを予測し、そのために必要な経験や知見の向上のためのプログラムを組む。したがって、経営者選任手続で登場する経営者に必要な能力というのは、後継者計画と連続性があるものである。その整合性も意識すべきである。

3　新任の場合

次に具体的な手続や考え方について、新任の場合、再任の場合、解任の場合に分けて、述べていく。まず経営者（社長・CEO）が、新任の場合である。

(1)　経営者交代の時期

新任というのは、現在の社長が退任して、新しい社長を選任するケースである。その社長交代の時期は誰が決めるのか？

通常の場合は、現社長が交代にふさわしい時期かどうかを判断する。例えば経営改革が一段落したとか、新しい事業の道筋が付いたとか、あるいは次期経営者候補が育ってきたなどである。各社、暗黙の了解があって、社長は2期4年とか3期6年とか、ある程度の目安がある場合もある。逆に創業経営者で、退任が予定されていないようなケースもある。

経営者交代の時期を、社外取締役が主導することは基本的には困難である。会社を取り巻く中長期的な見通しや会社の戦略のあり方、経営の継続性の必要性、後継者の能力についての評価など、どれをとっても社外の者では主導的に判断できることではない。特に経営者にとって次期経営者の育成は最も重要な職務であるから、その判断は重要視すべきだろう。

一方、もし現在の社長が適任者でなく、業績が非常に悪化しているとか、不適切な行動をしているなどという場合には、経営者の交代もやむを得ない。それは解任に相当する場合であり、そのような場合には社外取締役が発議するほかない。それは例外的な場合である。これは解任の項目で別に述べる。

(2)　指名委員会の役割

CGコードでも指名委員会等の役割が重視されている（原則4－7、補充原則4－10①）。指名委員会等設置会社でなくても、任意の指名委員会を設置している会社は多数に及んでいる（以下、法定機関、任意機関、名称の別なく、経営者の人事に関わる機関を指名委員会と呼んでおく。同じ役割を果たすからである）。

　指名委員会では、何がなされるべきなのであろうか。

　法的に整理しておくと、指名委員会等設置会社の指名委員会は、株主総会に提出する取締役の選任および解任に関する議案の内容を決定する。経営者である代表執行役は取締役会で選任するから、指名委員会が直接経営者を選任するわけではない。しかし通常代表執行役は取締役を兼ねているから、実質的にはこれが経営者選任手続になっている。監査等委員会設置会社の監査等委員会は、指名・報酬に関して意見を形成し、必要に応じて株主総会で意見を述べる。取締役候補者を決定するのは取締役会であり、代表取締役を選任するのも取締役会の仕事であるが、監査等委員会はそれを審査する立場である。監査役設置会社では、代表取締役を選任等するのは取締役会である。監査役設置会社で設置している指名委員会は任意の機関であり、通常は取締役会の諮問機関として経営者の選任に関して意見を述べる立場にある。

　以上のとおりであり、いずれの場合も経営者の選任は法的には取締役会の仕事である。しかし、実質的には指名委員会が経営者の適格性を審査することに変わりはない。

　なぜそのような指名委員会という機関が設置されたかというと、第1に、独立性の確保のためである。独立社外取締役が主体となって経営者の人事を検討することに意味がある。また第2に、実務的な理由としては、秘密の保持がある。上記のように経営者に必要な能力を客観化し、その評価を審議の対象にすると、そのような情報を社内取締役も複数存在するような取締役会で開示することはいろいろ不適切であろう。落選した者は不満が一杯であろうし、その後の会社経営に亀裂を生じる可能性もある。

(3)　候補者のノミネート

　次に、選任の前提となる候補者のノミネートは、誰がすべきであろうか。独立性を強調すれば、それも社外取締役、指名委員会がすべきということになるが、実際にはそれは困難だ。多くの場合は社内からの昇進によっているのであり、社内の人材の評価は社外取締役より社内取締役の方が遥かに多くの情報を持っている。また今後の事業環境の予測や、会社が取るべき経営戦略、次期経営者に必要な資質等も、現経営者の方がよく分かっている。

　ただし、外部から経営者を招聘する場合は別で、指名委員会が主導することも考えられる（その能力があればであるが）。また大きな不祥事があった場合など、現社長が次期社長の選任に関わることが適切ではないと思われるよ

うなケースでは、そのような配慮をすべきだ。

　候補者は、最近では複数ノミネートすべきだと言われている。最初から1人に絞っていたのでは、指名委員会等でも選択肢が1つしかないことになってしまうし、他の候補者との比較でその候補者の優位性を判断することができないからである。

　なお、社内昇格と外部招聘とどちらがよいのかということが言われるが、アメリカでも社内昇格が約8割を占めているという。経済学者の調査では、社内昇格と社外招聘の経営者のパフォーマンスは、平均的にはどちらが優れているということはないらしい。ただし、ばらつきは社外招聘の方が大きいという。ケースバイケースで考えるということだ。

⑷　具体的な選抜の考え方

　候補者の選抜や経営者の選任にあたって、いかなる情報が必要か。

　まず、現在および将来の事業環境の把握・予測である。それを踏まえて今後の経営戦略を想定する。その上で、経営者に求められる資質は何であるかを明確にする。そして考えられる候補者につき、その資質に関する情報が必要である。資質に関する情報としては、経営者としての経験、当業界に関する知見、技術に関する知見、リーダーシップ、高潔性、コミュニケーション能力、戦略性、創造性、人間関係の広さ、その他がある。

　また書面情報だけでは、社外取締役は実感をもって理解できないかも知れないので、そのようなときには何らかの形で会話ができる機会を設定することも考えられる。

⑸　手　続

　以上のような手続を踏むとなると、手順としては、現社長が頭の中で複数の候補者を想定する→その候補者達の資質に関する情報を収集する→事業環境や経営方針等の情報も収集する→その上で指名委員会を開催する→必要があれば面談の機会を設ける→指名委員会で候補者決定→取締役会で選任決定、という段取りとなる。

　これはかなり長期間を要する。秘密を保持しながらこのような手順を進めることはかなり大変だ。半年くらい前から、指名委員会の委員と社長とで、進め方や必要な情報などについて相談をし、認識を共有しておく必要がある。

4　再任の場合

(1)　再任の判断の契機

　現社長を再任するかどうかという判断の場合、その契機は、取締役の任期満了に伴い株主総会に提出する取締役候補者の議案を策定するときと（これは会社により2年に一度か毎年かどちらかである）、あるいは毎年社長のミッション達成度合いを評価するときがある。現社長から、社長交代の意向が示されれば前述の「新任」の手続になる。また「解任」すべき特別な事情が生じていれば、解任の手続（**5**）となる。

(2)　評価の物差し

　再任に適しているかどうかの判断は、まずはその経営者が、取締役会の定めた経営計画等における社長のミッションを十分達成しているかどうかということで判断される。それは業績の数字であり、また定性的なミッションであることもある。もちろんその数字だけで機械的に判断するわけではなく、例えばリーマンショックのような経済変動があるかも知れないし、大きな技術革新で競争の図式が変わっているというようなこともあるだろう。そのような中で、経営計画等を推進するのに適切な資質、能力を備えているかどうかを判断する。またその判断のためには中期的な評価が必要な項目もあるだろうし、初年度に業績が未達だとしてもそれで直ちに社長交代などということをしていては、経営の継続性や安定性を阻害してかえって企業価値向上にとってマイナスかも知れない。逆に、取締役会が定めたミッションをきちんと達成していたとすれば、それでも再任しないのは適切ではないだろう。

(3)　誰が評価するか

　この社長のミッションの評価は、誰がすべきか。この評価は、指名委員会での再任の判断に利用されるが、それ以外にも業績連動報酬の決定にも関係するし、経営計画の見直しなどにも及ぶことがある。

　いずれにしても、社内者が評価したのでは、客観性、透明性に欠ける。実際、社長が自分で評価したり、部下が評価するのは、常識的にやりづらいと感じるだろう。これは指名委員会でもよいし、それ以外の委員会でもよいし、いずれにしても、社外取締役が担当するのが適切である。

　そしてその結果は、取締役会に付議して、再任その他の判断をする。

(4)　評価の手順

　評価の手順としては、まず①社長の中長期または単年度のミッションを明

確にし、調査すべき事項を確認する。②その達成度を評価するため、業績等の定量的な実績については、財務諸表から取り出してくる。またその数字についての実質的な評価（社長の能力や事業環境の影響度合い、大型 M&A 等による影響等）や定性的なミッションの達成度合いの評価のためには、やはり社内の執行側の役員の意見を個別に聞いてくるのがよいであろう。そのインタビューの範囲は、各社で考慮する。またその内容は、社外役員限りとして、匿名化する必要がある。③その調査結果は、指名委員会に報告することになる。それを踏まえて指名委員会で議論をし、一定の意見を付して④取締役会に提出される。その際、社長は当人であるから、席を外してもらうことも考えられる。

5　解任の場合

(1)　解任のプロセスを構築する

CG コードでは、CEO がその機能を十分発揮していないと認められる場合に、CEO を解任するための客観性・適時性・透明性のある手続を確立せよと言っている。

それはなぜか。会社の業績が徐々に悪化しているとき、経営者に問題があって本当は交代しないといけないと思っていても、社内者はそんなことを言い出す度胸はないだろう。社外役員は、はっきり経営者が原因と確信できないだろうから、なかなか言い出せない。その結果、ずるずると経営が悪化して危機に陥ってしまうことがある。それ以外にも、経営者が不正等を行っていたり、大規模な不祥事が発生したりしたとき、誰かが言い出さないといけない。しかし怖い猫だと鈴を付けに行くのも大変だ。社内取締役も社外取締役も、複数人いるから、自分が本気で当事者意識を持って言い出さなければならないという意識を持ちにくい。

そこで解任のプロセスを、平時において、定めておく必要があるのである。

(2)　解任プロセス

解任プロセスのポイントは、2つである。誰が言い出すかという点と、トリガーとなる基準の設定である。

まず誰が言い出すかという点は、これは社外取締役か指名委員会あたりとするのがよいだろう。誰かを責任者であると決めておけば、それをしないときに善管注意義務違反となる可能性が高いから[注1]、きちんと起動すること

が期待される。

　また言い出しにくいもう１つの障害は、トリガーが不明確なことである。だから誰も言い出しにくい。トリガーは、解任の基準である必要はなく、解任の要否について検討を開始するサインというレベルでよい。その方が起動しやすいだろう。トリガーとしては、業績の数字で目標値をどの程度下回った場合という業績基準がまず考えられる。また大規模な不祥事や不正（特に本人に何らかの関与や監督責任がある場合）というものが考えられる。これは数量的な基準は難しいが、社会で注目を浴びる程度のものということになろう。それ以外には、経営者の経営手法に社内外で批判が生じ円滑な経営が困難になったような事態や極端な経済変動で経営方針や経営計画を一から作り直すような事態というのも考えられる。このようなものは定め方が難しいから、バスケット条項にすることもやむを得ないかも知れない[注2]。

(注1)　実際問題のある社長について、解任の提案をしないことが監査役の義務違反になるとする判決例が出ている。セイクレスト事件・大阪高判平成27年5月21日判時2279号96頁。

(注2)　各社のCG報告書では、解任の基準を具体的に定めた開示事例はほとんど見あたらない。

6　経営状況のモニタリング

　以上で、経営者の選任関係の考え方や手続などについて述べた。

　重要なのは、経営方針等を定め、経営者を選任した後に、経営が順調に進捗しているかどうかを注視することである。

　そのためには、業績の進捗状況の注視と、経済情勢の注視が必要である。

　そのために取締役会の業務執行状況報告がある。またそれ以外にも必要な情報は取締役会自ら指示をして報告させるべきである。

　報告事項は、常に経営方針等との関係を意識し、監督者として最も重要な日常業務であることを認識することだ。

Ⅲ　報酬制度

1　報酬制度と取締役の役割

　報酬制度は、ガバナンスの重要な一部分をなしている。

　以前は、役員報酬に関するルールは、株主総会で上限金額を定めるという

ことだけだった。それは取締役らが勝手にお手盛りで取っていくのを防止するという発想だ。

　しかし今は、経営者報酬というのは企業価値向上と密接な関連があるものであり、その設計は企業価値が向上するよう適切になされるべきだという考え方が強くなっている。令和元年会社法改正で、一定の会社につき、取締役の個人別の報酬等の内容についての決定に関する方針の決定義務が定められたことで、会社法上も明確になった。その結果、ガバナンスの問題となっているのである。もともとはエージェンシー・コスト理論に端を発している。

　経営者を監督するのが取締役会の役割であり、そこでは経営方針等を定め、それを実現するよう適切に経営者を選任し、その経営者には適切な報酬体系を設定して、それを促進する。したがって、報酬制度の設計も、取締役会の監督機能として、重要な仕事の 1 つなのである。

　CG コードでも、取締役会は、経営者報酬は持続的な成長に向けた健全なインセンティブとして機能するよう、客観性・透明性ある手続に従い報酬制度を設計し具体的な報酬額を決定すべきであるとしている。また中長期的な業績と連動する割合や現金報酬と自社株報酬の割合を適切に設定すべきだとしている（補充原則 4 - 2 ①）。

　また平成 31 年開示府令改正で、有価証券報告書の記載事項として、報酬関係の開示が充実された。業績連動報酬とそれ以外の報酬の割合の決定に関する方針や業績連動報酬の指標やそれに決定した理由、その指標の目標と実績などを記載することとなった。令和元年会社法改正に伴う令和 2 年会社法施行規則改正でも、同様の開示が定められた。

　このように今経営者報酬制度が議論花盛りなのであるが、欧米では、高額報酬が問題とされ、それが格差助長の視点も相まって、種々の議論も引き起こしている。日本でも急速に高額報酬になりつつあるので、今後も様々な議論の的になりそうだ。

2　報酬制度のエッセンス

　経営者報酬制度は、次のような要素で設計されている。

　まず「報酬決定の基本方針」を定める。これはどういう考え方、目的で、設計をするのかということである。

　報酬決定の考え方には 3 つの考え方がある。第 1 の考え方は、「人事の公

平性」で報酬水準を決めるという考え方である。課長はいくら、部長はいくら、平取締役はいくら、といった連続的な傾斜で決めるという考え方である。これならあまり文句も出なかろうということである。昔の日本企業である。第2の考え方は、「企業価値向上のための報酬制度」である。業績連動報酬にして、企業価値向上を図ろうというものである。第3の考え方は、役員報酬は市場原理で決まるというものである。言い方を変えると、優れた経営者を獲得できる報酬体系にする、というものである。各社の開示資料を見ると、第2と第3の考え方をミックスしたものが多い。

　次に「報酬水準」を定める。水準というのは金額の水準である。何をベンチマークとするかということである。「国内同業他社の平均的水準にする」とか、「業界上位クラスにする」とか、「海外企業も含めて競争力のある水準にする」などである。

　次に「報酬ミックス」を定める。報酬の種類には、①固定報酬、業績連動報酬、株価連動報酬といった種類、②現金報酬、株式報酬といった種類、③中期、長期業績連動報酬、単年度業績連動報酬といった種類などがある。それらの割合を定める。例えば日本の企業では、7割程度が固定現金報酬で、その他が3割程度と言われている。しかしアメリカでは、9割がインセンティブ報酬になっている。世界的には、日本企業の課題はこの点にあると言われる。

　次にインセンティブ報酬の連動する「指標」を定める。売上高や当期利益、経常利益、1株あたり利益などの会計上の数値を取る場合もあれば、株価などに連動させる場合もある。中期経営計画などの達成度合いに連動させることもある。最近では、ESGの指標に連動させる会社も増えている。

　次に実際の報酬の決定の「プロセス」を定める。報酬委員会を任意に設置するとか、社外取締役が審査するとか、外部の有識者・専門家の意見を聞くなどである。

　最後に「情報開示」である。報酬決定の基本方針を開示し、どうしてそのような体系になっているのか、しっかりステークホルダーに説明する必要がある。ここで説得力をもって説明できれば、高い評価や共感を得られるし、そうでなければ会社の評価を下げることになる。業績連動報酬は、この説得力が命なのである。

3　どういう報酬体系が望ましいのか

報酬体系の設計の仕方は、実際にやってみると非常に難しい。

まず経営者報酬の種類や設計の仕方は、無限にバラエティがある。種々の指標に連動させて金額を算出する現金業績連動報酬もあれば、株式報酬、ストック・オプション、BIP信託など信託型株式報酬、1円ストック・オプション、ファントム・ストック、特定譲渡制限付株式、そしてそれらの組み合わせ等がある。

基本的には、固定金額の現金報酬は、生活保障給のようなもので、低い比率でよいと言われている。業績連動報酬では、中長期的なものがまず求められている。それは企業の持続的な成長が求められているからである。それは多くの場合、自社株式など株価に連動するものが株主と経営者の利益を一致させるために適切であるとされている。またそれ以外に、単年度業績連動報酬も毎年の目標達成のインセンティブとして必要だと言われる。

そのような正面からの理屈があるのであるが、実際に設計するとなると、まず税制を考える必要がある。会社側から見ると、損金算入できるかどうかという問題がある。また役員側から見ると、退職所得となるかどうかで税率が大きく異なってしまう。また資金繰りの点も重要で、新株予約権（ストック・オプション）だと、行使時に払込金が必要で更に税も課税される。もしそれによって取得した株式を売却できないと、資金繰りはマイナスになってしまうおそれがある（それもかなりの金額となり得る）。外国人役員がいる場合には、源泉税の取扱いの問題や株式取引口座開設の可否の問題もある。

そうすると、例えば中期経営計画に連動した報酬にしたいと思っても、それでは退職所得にならないとか、退任時まで保有することを条件とした株式ではインセンティブの構造が違ってきてしまうとか、いろいろな悩みが生じる。またインセンティブの期間中に退任したり新任となったり、担当替えがあった者はどうするのかとか、全社指標にするか事業部門別の指標にするのかとか、きめ細かな対応をしようとすると、次々課題が出てくる。それ以外にも、インサイダー取引規程で株式の取引を規制していると、成果を得られないかも知れないということもある。

それ以外にも、例えばストック・オプションは株価が下がったときに、株主と経営者の利益が一致しないと言われる。退任時まで長期に保有する株式報酬は、経営者の努力と関係のないところで株価が大きく変動する時代にど

れだけインセンティブになるかということもある。業績連動報酬を経常利益に連動させれば、特別損益が反映されないがよいのかが問題となる。日本では事業上の減損など本来経営者の責任にわたる部分も特別損失にできる範囲が広いからである。日本基準の会計上の利益に連動させると、M＆Aを頻繁に行って事業を拡大している会社では、のれんの償却で利益を圧迫し、かえって事業計画の遂行の障害になるかも知れない。逆にIFRSを採用していると、黒字の会社を買えば買うほど利益が増大して報酬が増加することになるが、資本の効率性や財務リスクを勘案しなくてよいのかということになる。また単年度ごとの指標にすると、最初の年に大きく業績が落ち込んでその後V字回復すると、容易に多額の報酬が得られたりする（いわゆる「ビッグバス」）。やれやれである。

　その結果、各社の報酬体系を見ると、いろいろな行使条件を付したり、取締役会に一任して設計の裁量の余地を持たせたりして、極めて多様な設計になってしまっているのである。

4　報酬決定のプロセス

　このように経営者報酬制度に1つの正解はなく、その設計は極めて難しい。会社の目標とする経営計画や経営方針に応じて、専門家のアドバイスを得ながら、慎重に検討を重ねて立案していくほかない。

　また報酬の立案は、従来社長の専権のようなものであった上、それぞれの社内役員の個人的な利害にも直結する。監督の独立性の観点からも、客観的な公正らしさや透明性の観点からも、社外取締役による報酬委員会等の意見を経るのがよいだろう。もう取締役会で、社長に一任してその後どうなったか分からない、という時代ではない。

　なお、法的には、指名委員会等設置会社の報酬委員会は、取締役と執行役の報酬を定める。監査等委員会設置会社の監査等委員会は、取締役の報酬について必要に応じて株主総会で意見を述べる。彼らは取締役としての善管注意義務に基づいてそれらの職務を行う。

5　今後の課題

　経営者報酬には課題が多い。例えば日本の企業は大規模な海外企業の買収を続けているが、そのような対象企業のCEOは、欧米の基準の役員報酬を

受け取っている。そうすると、日本の親会社社長の10倍の報酬を子会社の社長がもらっていたりする。日本採用なら1億円の報酬の人が、米国採用なら10億円になったりする。かといって、日本の経営者の報酬をいきなり10倍にするのも、理解が得られないだろう。

また執行役員制度の関係で、経営者報酬は不明確になっている点もある。従来は、取締役報酬が経営者報酬であったが、取締役が監督機能に徹し、執行役員が経営者だということになると、実は執行役員の報酬というのは、会社法の規制が適切に及んでいない。監督者である取締役会としては、その点も考慮する必要がある。

今や日本の企業経営者の報酬は急速に増額している。1億円を超える者が500人を超えた。こうなると経営者は、従業員の延長ではない。プロフェッショナルである。かつてのような従業員の代表でもなければ、終身雇用制でもない。業績が上がらなければ解任されても文句は言えないのである。

Ⅳ　内部統制の基本方針の策定と監視

1　内部統制とは？

内部統制とは何かと言うと、分かりやすく言うならば、リスク管理体制のことである。企業はいろいろなリスクに晒されている。不正が発生するリスク（コンプライアンス・リスク）もあれば、事業上の様々なリスクもある。米中経済戦争もリスクだし、コロナ禍もリスクである。それらのリスクを洗い出して、適切に対応することが、内部統制といってよい[注]。COSO ERM フレームワーク（2017年改訂版）でも、広く事業上の事象（リスク、事業機会）のコントロールの問題であると位置づけられている。しかしそのような事業リスクのコントロールも内部統制であるとすると、それは経営そのものでもある。一般には内部統制というとコンプライアンス・リスクの制御の問題が注目され、それは不正の監視義務の問題であって経営判断とは別の問題だったのであるが、リスクの管理という意味では、両者は連続的、重複的になってきた。

従来リスク管理というのは内部管理体制の整備の問題であり、どういう経営をするかというのは経営者の裁量であった。特に不正に関しては、経営者はそれを知り得なければ法的責任は負わないと言われていた。しかしそれで

は大企業では不正の発生を防止することはできない。そこで経営者を責任者
と定め、経営者に不正が発生しない経営組織の構築を求めるようになった。
つまり株主やその他のステークホルダーが、経営者への義務づけとしたので、
これがコーポレート・ガバナンスの問題となったのである。

　日本企業の取締役会も、内部統制に関して、基本方針の決議をすべき義務
が会社法で定められている（会社法362条。大会社の場合）。これは経営者に
対する監督の一環であり、取締役会が基本方針を定め、それに基づいて経営
者らが具体的な体制の整備を図るのである。したがって、これも取締役会に
よる監督機能の一面ということになる。取締役の職務なのである。

　（注）　なお、金商法に基づく財務報告の内部統制の制度は、財務諸表に関する内部統制
　　　の状況について開示させるもので広い意味では内部統制の一部であるが、あくまで
　　　も情報開示制度である。

2　内部統制の全体像

　内部統制というのは、どうもぴんとこないものである。「当社の内部統制
は、きちんと漏れなく整備されているのか？」と質問されて、「かくかくし
かじかであるから大丈夫」と説明できる人はいるだろうか。ここではコンプ
ライアンス・リスクに係る態勢について検討しよう。

　不正というのは、役職員がするものだ。だから、その役職員に対して、何
をしてはいけないか、何をするときにはどうすればよいか、ということをき
ちんとルールを作り、それを周知して、そのとおり実行されているか事後
チェックをする、というのが基本の仕組みである。

　役職員の仕事は、大きく分けると、①意思決定行為と、②事実行為、にな
る。いろいろな設備投資の意思決定であるとか、購買の意思決定であるとか、
その他稟議決裁、会議での決定などが意思決定行為である。他方、意思決定
以外に、いろいろな事務作業とか、工場でモノを作る行為とか、そういうも
のが事実行為である。①の意思決定行為については、権限分配規程などで決
定権限の所在を明確にし、その意思決定に際してすべきこと、その手続など
をきちんと定める必要がある。これがルールである。また②の事実行為につ
いては、例えば工場での資材受入検査の仕方や、製造マニュアル、製品の完
成検査の仕方などについて、ルールを決める必要がある。それぞれルールの
決め方が違っているので、2つに分類する。このように2つに分類すると、

会社の全業務フローについて、そのルールが構築されているか見ることで網羅性を把握することができるようになる。これが重要である。

　このルールの制定は、例えば事務規程や各種マニュアル、その他があり、社内の業務フローごとにそれが整備されているかを見ればよい。J−SOXのときに、業務フローを全部書き出しているだろう。

　他方、遵守状況のチェックというのは、要するに情報の収集体制である。例えば部下から上司への業務報告や日報の作成、上司による監督、内部監査部門による監査、内部通報制度、監査役監査、会計監査人による監査等である。

　このルールの制定と遵守状況のチェックが基本的な骨組みであるが、その体制を構築するためには、コンプライアンスの担当部署を設置して役割と責任の所在を明確にすることが必要である。この部署の役割は、コンプライアンス体制の把握と改善活動を主導すること、法令の改廃変更や新しい規制、新しい判例や行政上の取扱いその他新しいリスクを常にウォッチしてそれに対応すること、その他全社的な活動を担当する。これは「基礎的な体制の整備」である。

　そして一番重要なのは、「企業風土の構築」である。企業風土は統制環境などと言われるが、要するに、コンプライアンスすなわちルールを守ろうという意識をしっかり組織全体で共有しているかということである。企業行動原則を定め、種々の研修等でしっかり教育し、実際、コンプライアンスを最優先とした経営（例えば予算や人事等）を実施していくことで、そのような経営者の意図を浸透させていく。

　このように①ルールの設定、②情報の収集による遵守状況の検証、③基礎的な体制整備、④企業風土の整備というのが、大枠と考えて頂ければよい。これに個人情報保護法や独占禁止法等、⑤個別の法令・規則の遵守のため、必要な体制の整備が付け加わる。

3　取締役会がすべきこと

　次に内部統制に関して取締役会がすべき役割は何であろうか。

　取締役会は、内部統制の基本方針を決議する義務がある[注]。具体的な決議項目は、会社法施行規則100条等が定めている。これを分かりやすく要約すると、次のとおりである。

① コンプライアンス体制

② 情報の保存管理の体制

③ リスク管理体制

④ 効率性の体制

⑤ 企業集団の体制（下記は例示）

　ⅰ　子会社からの報告体制

　ⅱ　子会社のリスク管理体制

　ⅲ　子会社の効率性の体制

　ⅳ　子会社のコンプライアンス体制

⑥ 監査役を補助する使用人に関する事項

⑦ ⑥の使用人の独立性

⑧ ⑥の使用人への指示の実効性確保

⑨ 監査役への報告体制

　ⅰ　取締役等からの報告体制

　ⅱ　子会社の取締役等からの報告体制

⑩ ⑨の報告をした者の不利益取扱い禁止体制

⑪ 監査費用の処理の方針

⑫ その他監査の実効性確保体制

　これは実は体系的、網羅的に列挙されたものではない。いろいろな視点で重要な項目を並べたものである。分類の次元が異なるものも並んでいる（例えば①は③の一部とも言えるし、②は①のための１つの手段とも言える）。そのため、これだけを見ていても網羅性があるかどうか判断しにくい。しかし法律がこう定めているので、まずはこの項目の決議をしっかりする必要がある。いわゆる内部統制の決議である。それに加えて、前項で述べたような全体像を理解して、内部統制を構築していく必要がある。

　取締役会は、この決議をする義務があるのであるが、その内容のレベルは、基本方針のレベルでよいとされている。具体的な仕組みは、代表取締役以下の執行側が構築すれば足りる。それは個別具体的な体制の整備は、執行者に委ねた方が適時適切に対応できるし、取締役会がそこまで細かく決議しなければならないというものでもないからである。

　取締役会は、この決議をするにあたっては、自社のリスクの状況を調査し、

それに応じて適切な体制を整備する必要がある。例えば現在の状況では、過剰な営業トークで顧客とのトラブルが急増しているとか、セクハラの通報が増えているとか、そのような状況をきちんと把握して対処する必要がある。また、経営方針等によってもリスク状況は異なってくる。例えば海外進出を目指すことになれば、その海外での事業展開にあたってのリスクを調査し、それに対応する仕組み、例えば研修制度や適法な事務フローの構築、行政規制の遵守の体制等を整備する必要がある。新しい事業や新しい商品を販売することとなれば、それに伴うリスクを洗い出す必要がある。

　この内部統制の決議は、各社すでに何年も前に決議したものがあるはずである。それはおそらく他社との比較でいろいろ検討して決めた内容であろう。それが直ちに著しく不合理な内容で善管注意義務に違反しているということは考えにくい。するとポイントは、決議そのものではなく、その後の監視にあるということができる。内部統制の決議は常時適切な状態に修正、維持していく義務がある。そのためには、内部統制の運用状況について常に注視していないといけない。今の体制で十分なのか、何かほころびが生じているのか、あるいは法律の改正など新しいリスクが生じていないか、他社で大きな不祥事が発生して自社にもそのリスクがあると認識できないか、など、現在の内部統制の決議を見直すべき特別の事情があるかどうかを見ている必要があるのである。

　言い換えれば、この情報収集体制をきちんと構築して、問題があればすぐにキャッチできるようにすることが、取締役会にとって最も重要な動作なのである。具体的には、内部監査部門の報告やコンプライアンス部門の報告、内部通報の状況の報告、新しい法律や行政規制等の探知の部署の設置と活動報告、取締役からの業務執行状況報告、監督官庁や金融商品取引所・国民生活センター等公的な機関からの指摘の報告など、必要な情報は入手できるようにする。

　判例上は、この整備すべき内部統制の水準は、同業他社並みとするものが多い。逆に言えば、同業他社で導入を始めたような内部統制の仕組みは、自社においても導入していないと対応が遅れていると言われるおそれがある。特に経済団体や業界団体が示した指針や国のガイドラインなどは、公的に推奨されているものであり、その程度の制度整備は必須であろう。

　（注）　監査役設置会社の場合には大会社であるとき（会社法 362 条）。

4　開示と監査

　この内部統制システムに関しては、事業報告での開示と監査役による監査意見の表明の制度がある。

　まず会社法施行規則118条2号は、内部統制の決議の内容の概要と、その運用状況の概要を事業報告に記載するものと定めている。

　また同規則129条1項5号は、監査役の監査報告に、その事業報告の記載につき、「当該事項の内容が相当でないと認めるときは、その旨及びその理由」を記載せよとする。つまり事業報告の内部統制決議と運用状況の概要の「記載」が相当であるかどうかと、その「内容」が相当であるかを監査報告に記載するということである。

　監査役は原則的には違法性のチェックをするのであるが、ここでは、「相当」であるかどうかの意見とその理由を述べることになっている。相当性まで監査する必要があるのである。不祥事等があったときには、特にこの記載は重要である。不祥事があったのに「相当」と言えるのかということである。

5　最近の動向

　最後に、最近企業の品質保証関連の不祥事などが多発していることについて述べておく。これらは皆長期間にわたり、大勢の従業員らが関与して、広範に行われてきたものであり、極めて深刻な事態である。しかも同様の事案が巨大な著名企業で次々と発覚しているのである。品質データの偽装や不適切な自動車の完成検査など、不正であることは多くの従業員も知っていたはずである。このような事例は、例えば組織全体でそのような不正が行われていると、新規にその部署に配置された従業員も、それを違法ではないかとアピールすることが困難である。またみんながやっているからいいのではないかと流されてもしまう。さらに不正行為をしない場合、例えば品質不適合となった鉄鋼製品はすべて廃棄するのかというと、そのようなことも現実的にはできないだろう。つまりこの種の確信犯的な事案は、会社はルールを作ってそれを遵守しろというのであるが、遵守したら業務が回らないような状況のまま放置しているのである。これはむしろ不正をした従業員達より会社の経営体制の方に問題があるとも言える。こういうものについては、きちんとルールを守ったときにも業務が回るように整備する必要がある。また最近ではAIやIoTなどの技術が発達しており、それらを利用して不正ができない

ようにすることを考慮すべきである。それにより、役職員達に困難でつらい判断をさせないことができる。例えば製品に1つずつチップをつけて品質データを本社に集中転送して管理することとすれば、偽装はできないし、もしすれば製品のバラツキが正規分布にならないのですぐばれることになる。あるいは集団の中では不正行為を回避しにくい心理学上の傾向もある。羊の群れは皆同じ方向に行ってしまうのだ。今後は心理学も動員して、どういう研修をすればそのようなことが回避できるか、どうすれば内部通報や相談カウンターへの相談で把握することができるのか、検討する必要がある。

Ⅴ　業務執行にかかる意思決定

1　業務執行の決定

　次に、重要な業務執行にかかる意思決定の仕事について述べる。

　取締役会はこれまで述べた経営方針等の策定、経営者の選任とモニタリング、内部統制の統括という共通の役割に加え、一定の範囲で、業務執行の決定をする。監査役設置会社では、①重要な財産の処分および譲受け、②多額の借財、③支配人その他の重要な使用人の選任および解任、④支店その他の重要な組織の設置、変更および廃止、⑤会社法676条1号に掲げる事項その他の社債を引き受ける者の募集に関する重要な事項として法務省令で定める事項、⑥その他重要な業務執行については、代表取締役らにその決定を委任することができず、自ら決定しなければならない（会社法362条4項）。指名委員会等設置会社と監査等委員会設置会社の場合には、一定の範囲でその決定を代表取締役らに委任することができる（同法416条4項・399条の13第5項・6項）。

　これは監督者である取締役会が重要な業務執行の決定権限を有することで、監督機能を強化する意味と、取締役会の合議による決定とすることでよりよい決断となることを期待した意味がある。

　何を「重要な」業務執行とするか、法律は具体的には決めていないが最高裁の判例で総資産額の1％程度が参考にされている（最判平成6年1月20日民集48巻1号1頁）。

2　業務執行の意思決定の際の留意事項

　業務執行の意思決定に際しては、取締役は、①取締役会の定めた経営方針、経営計画に照らして整合的か、という経営の一貫性、方向性の観点からのチェックと、②善管注意義務に違反しないかというチェック、をする必要がある。

　後者については、経営判断の原則に留意する必要がある。詳細は第6章の役員の責任の項目で説明するので、ここでは概要のみ説明する。

⑴　経営判断の原則

　経営判断の原則というのは、一定の要件を満たせば、取締役には広い裁量を与え、結果的に損失が生じたとしても取締役の義務違反とはしないという考え方である。具体的には、①経営判断の前提となる事実認識の過程（情報収集とその分析・検討）における不注意な誤りに起因する不合理さがなく、かつ、②事実認識に基づく意思決定の推論過程および内容の著しい不合理さがないという2つの基準をクリアすれば、善管注意義務違反にはならないとされている（アパマンHD事件（最判平成22年7月15日判時2091号90頁）、野村證券損失填補事件（東京地判平成5年9月16日判時1469号25頁）等）(注)。

　もちろんその前提として、「法令および定款の定めならびに株主総会の決議に違反しないこと」と「会社の利益のためにしたこと」（会社法355条の忠実義務）は必要である。

　①は、「経営判断の前提となる事実認識の過程（情報収集とその分析・検討）における不注意な誤りに起因する不合理さがないこと」であり、下級審裁判例では「重要な事実の認識の誤り」と「不注意」に分けられている。

　「重要な事実」について不注意な認識の誤りがあるというのは、言い換えれば、経営判断に際して「十分な情報」を集めたか、という要件である。もちろん情報なしで判断するより、十分な情報を入手して判断した方がよりよいに決まっている。

　②は、「事実認識に基づく意思決定の推論過程および内容の著しい不合理さがないこと」である。著しく不合理な経営判断は、義務違反とされる。

　判断基準は、「企業経営者として」である。ごく普通の企業経営者であれば、どういう判断をするかということが物差しである。義務違反とされる水準は、「著しく不合理」な場合である。経営判断というのは、もともと他社と差別化することが利益の源泉であるから、少々個性的な経営判断であると

しても、それだけで義務違反とはしない。

⑵　取締役会での注意事項

これを踏まえると、取締役会では、十分な情報の収集と著しく不合理な判断ではないかという点のチェックが必要となる。

取締役としても、その案件の判断をするためにどういう情報が必要かという視点でまず必要な情報のリストを頭の中で考えてみる。その上で、議案書にそれらの情報が網羅されているかを見る。足りないものがあれば質問してその情報を得る。賛成・反対の結論より、その質問の方が重要である。

著しく不合理かどうかというのは、難しい問題であればあるほど、社内の関係者は利害関係者になりやすいから、外部の専門家の意見を複数聞いてみるとか、各選択肢のシミュレーションをしたり、期待値の計算をするなどして客観性を持たせる等の努力が必要である。

(注)　上記最判は、「意思決定の過程・内容が著しく不合理でないこと」というより大括りな言い方をしている。

Ⅵ　その他の取締役の役割

以上が取締役会の職務の各論であるが、それ以外に、社外取締役については、執行側でないということから、種々の役割を果たすことが求められることがある。なお、令和元年会社法改正で、社外取締役に業務の執行を委託できる制度（348条の2）が設けられた。

1　敵対的買収／買収防衛策

例えば敵対的買収の提案がなされたとき、その審査は社外取締役によって構成された特別の委員会で審議されることがある。これは自身の利害が絡む経営者ではなく、中立的な社外取締役が企業価値の向上等の観点で公平な判断をすることが期待されているのである。買収防衛策における同種の委員会も同様である。

2　スクイズ・アウト／大株主との取引

またスクイズ・アウトや大株主との取引なども、同様に社外取締役らがその適正性を確認することがある。経営者と外部株主の利害が反するからである。

3　不祥事対応

　さらに大規模な不祥事が発生したときの調査委員会のケースもある。ただし、社外役員の責任も問題となり得るときは、社外役員も入れずに外部の有識者のみで構成する方がよい。

4　経営危機時の対応

　そのほか、取締役としては、会社の業績が悪化傾向にあるときや倒産のリスクが高まったときなどは、種々の点で特別の配慮が必要である。まず①経営方針の変更が必要でないかという検討を始める必要がある。また②経営者の交代も検討すべきである。さらに③そのような状況においては、しばしば不正行為が行われる可能性がある。架空取引など業務上の不正や財務諸表の虚偽記載（粉飾）、倒産寸前の取込詐欺的な仕入、無理な営業行為などである。したがって、不正行為のチェックを特に入念にすべき事態なのであって、その点からの監督も強化する必要がある。また④他社への身売りや合併、資本提携等などが行われる可能性もあり、その手続の監督も必要である。つまり危機的な状況に至ったときには、平時とは違う濃厚な監督が必要なのである。

第5章

取締役、執行役員とは何か？

前章までで取締役としてなすべき役割について述べた。本章では、その身分や地位などについて基礎的な説明をする。

Ⅰ　会社法上の取締役の位置づけ

社内取締役の方は、取締役になるとき、社長に呼ばれて「今度君を取締役にしようと思う。頑張ってくれたまえ」というようなことを言われたのではないかと思う。そのため、多くの取締役の方は、「自分は社長に選ばれた」という思いがあるのではなかろうか。

しかし手続はそれで終わりではなく、その後、決算取締役会などで株主総会に「取締役○名選任の件」という議案を付議することが決まり、6月末の株主総会でその議案が可決されて、それで初めて取締役になっている。これはどういうことであろうか。

当たり前であるが、取締役は、株主総会で選任されて初めて取締役になる。昔、皆さんが従業員になるとき（入社するとき）は、人事部長や人事担当役員の面接は受けたが、株主総会の決議などはしなかった。雇用契約の締結に株主総会の決議はいらない。その点、従業員と取締役はまったく違う。なぜ、そうなのか。

会社法の世界では、出資者の集まりである株主総会がまず存在し、そこが取締役を選任する。その選ばれた取締役が集まって、取締役会を構成し、その取締役会が、社長を選任する。

比喩的に言えば、一番偉いのは株主であり、その次が取締役であり、一番偉くないのが社長である。皆さんは、会社で一番偉いのは社長であると思っているだろうが、それは間違いである。社長が取締役を選任しているのでは

[図表5-1]

なく、取締役が社長を選任しているのである。それが会社法の建前である。

Ⅱ　取締役はプロフェッショナルである

　皆さんは、取締役として報酬を頂いているであろう。それは至極当然だ。しかし、会社法の建前では、取締役の報酬というのは、株主総会で承認決議がなされて、初めて頂けるものである（会社法361条）。株主総会で決議がなされなければ、報酬は頂けない。実務でも、株主総会に報酬の議案を上程して承認してもらっている。もし退職慰労金の議案が否決されれば、もらえなくなってしまう。権利ではないのである。他方、従業員の場合は、誰かの承認決議などなくても、権利として、給料や退職金を頂くことができる。取締役とは違う。

　取締役には任期がある。会社法の原則は任期2年であり（332条1項）、会社によっては、定款でそれを1年に短縮しているところも多い。これも当たり前のように思っているかも知れないが、従業員には、任期などない。真面目に仕事をしていれば、定年まで働き続けることができる。取締役は、任期が満了すると、再度、株主総会で選任決議がなされない限り、退任となってしまう。つまり「任期がある」、ということが重要なのである。

　さらには、取締役は、いつでも株主総会の決議で解任することができる（会社法339条）。解任するのに正当な理由はいらない。正当な理由がなければ、損害賠償の請求ができるだけである（この損害というのは、残任期の報酬のことである）。つまり株主が、自由に取締役を取り替えることができる。もちろん従業員であれば、自由に解雇することなどはできない。

　これは一体どういうことかと言うと、従業員は保護されているのである。

他方、取締役は保護されていないということである。

　取締役と会社の関係は、委任契約である（会社法330条）。従業員と会社の関係は、雇用契約である。雇用契約は、社会性があり、労働契約として関係法規で厚く保護されている。しかし委任契約はそうではない。

　委任契約というのは、例えば、会社が弁護士や公認会計士に相談するときの契約である。あるいは皆さんが体調が悪くなって病院に行って医者に診てもらうときの契約が委任契約（準委任）である。

　委任契約というのは、専門家を雇う契約である。委任者・依頼者は、その判断で自由に受任者を選ぶことができる。皆さんも、病院に行って「どうもこの医者は心配だな」と思えば、自由に他の病院に行くことができる。元の医者を自由にクビにすることができる。弁護士も同じで、「この先生はどうも頼りないな」と思えば、自由に他の弁護士に相談に行くことができる。民法も、当事者はいつでも委任契約を解除することができると定めている（民法651条）。

　専門家、すなわちプロフェッショナルは、保護されないのである。専門家は、自分の能力、力量で、依頼者を獲得してくればよいのであって、その地位や報酬などを法律が確保してやる必要はない。依頼者が最善と思う人に依頼すればよいのである。専門家の生活を支えるために依頼者があるのではなく、依頼者の利益のために専門家がいるのである。雇用契約とはまったく別の思想なのである。

　それでは取締役は、何のプロフェッショナルなのか。それはもちろん経営のプロフェッショナルということである。

　そのため、任期があり、定期的に株主による再任の是非という判断を受け、いつでも退任させられるリスクを引き受け、報酬も総会の決議に委ねられる、という保護されない立場にあるのである。専門的な知見とそれに対する株主からの信任のみが、取締役の存立の基盤なのである。

III　プロフェッショナルとしての取締役の身分

1　任　期

　以上のとおりであり、取締役には任期があり、株主総会で再任されなければ、それで退任となる。会社に役員定年の定めがあったとしても、その定年

まで在職する権利があるわけではない。定年は目安に過ぎない。

2　報　酬

　取締役の報酬は、株主総会で決議されて初めて頂ける。実務では、総会の決議の後、取締役会で社長に一任する決議をし、社長が決定するのが通例である。最近では、社長に一任しないで報酬委員会などで審議する会社も多くなってきた[(注)]。一度決定されると、任期中は、原則として減額はできない（担当業務が変わった場合の変更の可否は説が分かれている）。退職慰労金は、株主総会の決議があって初めて頂ける。退職慰労金内規があっても、それだけで権利となるわけではない。

（注）　令和2年会社法施行規則改正で、一任決議をすると、その委任権限の内容やその権限が適切に行使されるようにするための措置などを開示することとされた（98条の5、121条6号）。

3　役付き・担当

　取締役の役付きや担当業務も、取締役会で自由に決めることができる。また自由に変更・解職することもできる。

4　役員の処分

　逆に取締役が不正行為を働いた場合、雇用契約のような懲戒処分などというものはない。取締役は、監督される立場ではなく、監督する立場であって、誰かから懲戒処分を受けるような立場にはない。実務でときどき役員の減給処分などが発表されているが、あれは法的には懲戒処分ではなく、自主的返上である。取締役の責任は、損害賠償責任や取締役会による異動、株主総会での解任・不再任などの手続による。

Ⅳ　プロフェッショナルは、責任追及制度がつきものである

　取締役に就任するとき、不安があったとすれば、やはり株主代表訴訟を起こされないかということであろう。しかしこればかりは何ともならない。
　プロフェッショナルを雇う制度においては、事後的な責任追及制度は必ずつきものとなる。プロフェッショナルに依頼するというのは、それは依頼者

には専門的な知識がないからである。専門家に依頼して仕事をしてもらっているうちは、依頼者は、その専門家のやっている仕事がよい仕事か、間違った仕事か、その判断はつかない。「これでいいのだ」と言われれば、「そんなものか」と思うしかない。やってみて結果的に損害が発生したりして、初めてあの仕事はおかしかったのではないか、ということになる。別の専門家に意見を聞いてみて初めていい加減な仕事であったことが分かる。専門家の仕事に対するチェックは、必然的に事後チェックになってしまうのである。

　専門家の立場からしても、依頼者が素人で依頼者からのチェックが有効に及ばないということになれば、真面目に仕事をする緊張感が薄れる。しかし、もしおかしなことをすれば事後的にチェックされるのだ、という制度があれば、誰かが見ていなくても真面目に仕事をしようというインセンティブになる。

　したがって、専門家に依頼する場合、事後的な責任追及制度がなければ、制度はうまく機能しないのである。

Ⅴ　取締役の二面性

　会社法が定める取締役は、取締役会の構成員である、ということだけがその仕事である。取締役会の構成員として、経営方針等を策定し、経営者の監督をし、内部統制の統括や重要な業務執行の決定等をすること等が仕事である。

　この本来の仕事は、代表取締役に対する監督であるから、言うなれば、社長よりも上位にあることになる。社長に対して指揮命令する立場である。

　他方、現実の企業の状況を見れば、取締役というのは、多くの場合、専務や常務、平取締役として、社長の指揮命令下にある（社内取締役）。これはどういうことかと言うと、現実の企業では、多くの取締役は、専務、常務などの業務担当取締役とか、取締役経理部長などの使用人兼務取締役として、会社の業務の一部を担当しているのである。それは本来は、取締役の仕事ではない仕事である。これらの仕事は、当然社長の指揮命令の下で行っている。

［図表5−2］

取締役会		代表取締役
↓　指揮命令・監督		↓　指揮命令・監督
代表取締役		業務担当取締役・使用人兼務取締役

　つまり社長を監督すべき者が、社長から監督される仕事を請け負っているのである。

　これは考えようによっては、矛盾である。監督する者が監督される立場を兼ねるのである。昔の学説では、取締役が、業務担当をしたり、使用人を兼務することは、違法であるとするものまであったくらいである（今では、実務の要請があるので適法説が多数であるが）。

　いずれにしても、そのような2つの地位を兼ねているため、難しい立場に立たされることもある。例えば、難しい経営課題があり、自分はそれはダメだと意見を言ったのだが、社長がやれというから仕方がなくやった、というときに、結局失敗して会社に損害が出て株主代表訴訟を提起されたとしよう。それは担当取締役としては、上司である社長がやれと言ったのだから自分としてはどうしようもない、少なくとも自分はダメだという意見は言ったのだ、と抗弁したくなるであろう。それは指揮命令を受ける者としては、最大限の努力かも知れない。しかし取締役は、他方で、取締役会の構成員として、社長が善管注意義務に違反する行為をしようとしているならば、それを差し止める責務がある。監督者としての責務である。本来の取締役の仕事である。あなたは取締役としてそれをしなかったのであれば、それは取締役としては義務違反ではないか、と言われるとそれはそのとおり、ということになる。

　この相矛盾する2つの立場を兼務していることが、日本の取締役を難しい立場に追いやることがあるのである。これが取締役の二面性である。

Ⅵ　取締役の職務環境（委任契約のその他の内容）

　以上で、その職務や地位、報酬について述べたが、それ以外に経費の負担や補償制度、役員責任保険などについて、説明する。

1　経　費

　取締役と会社の関係は委任契約であるから、その職務の遂行のために要した経費は、会社が負担する（民法 649 条・650 条）。交通費や通信費その他である。報酬と経費の区分は曖昧になることがあるが、職務遂行の対価として会社から支払われるものが報酬であり、職務遂行のために要した支出が経費である。例えば役員社宅の無償提供は報酬かどうか説が分かれている。本来は生活に要する費用であるから自分で報酬の中から支払うべき性質という意見もあるし、海外単身駐在を命じてリスクマネジメントの関係で支店の近くに会社が家を借りていればそれは経費かも知れない。この問題は結構面倒で、海外でフリンジベネフィットなどと言われているものが、日本の会社法では報酬にあたってしまうかも知れないので注意が必要だ。

2　補償制度

　令和元年会社法改正で、役員は補償契約を締結することができることとされた。

　株主総会の決議により、役員等に対して費用等の全部または一部を会社が補償する契約を締結することができるようになる。そこで補償できる費用等の範囲は、次のとおりである。

① 　当該役員等が、その職務の執行に関し、法令の規定に違反したことが疑われ、または責任の追及に係る請求を受けたことにより要する費用

② 　当該役員等が、その職務の執行に関し、第三者に生じた損害を賠償する責任を負う場合における次に掲げる損失

　i 　当該損害を当該役員等が賠償することにより生ずる損失

　ii 　当該損害の賠償に関する紛争について当事者間に和解が成立したときは、当該役員等が当該和解に基づく金銭を支払うことにより生ずる損失

ただし、次の費用等は、補償できない。

ア 　上記①に掲げる費用のうち相当と認められる額を超える部分

イ 　上記②の損害を賠償するとすれば当該役員等が当該株式会社に対して会社法 423 条 1 項の責任を負う場合には、②に掲げる損失のうち当該責任に係る部分

ウ 　役員等がその職務を行うにつき悪意または重大な過失があったことに

より上記②の責任を負う場合には、同②に掲げる損失の全部

なお、取締役会設置会社においては、補償契約に基づく補償をした取締役および当該補償を受けた取締役は、遅滞なく、当該補償についての重要な事実を取締役会に報告しなければならない。

役員等との間で補償契約を締結しているときは、事業報告に、ⅰ当該役員の氏名、ⅱ当該補償契約の内容の概要（当該補償契約によって当該役員の職務の適正性が損なわれないようにするための措置を講じているときは、その措置の内容を含む）、ⅲ当該役員に対して上記①に掲げる費用を補償した株式会社が、当該事業年度において、その職務の執行に関し、当該役員に責任があることまたは当該役員が法令に違反したことが認められたことを知ったときは、その旨、ⅳ当該事業年度において、株式会社が当該役員に対して上記②の損失を補償したときは、その旨および補償した金額、を記載する。

法文は以上のとおり分かりにくいが、簡単に言うと、①役員が提訴されたときの訴訟費用は補填される、しかも悪意・重過失でも補填できる、②敗訴したときの損害賠償金（和解による支払いを含む）については、対第三者責任については悪意・重過失を除き補填可能だが、対会社責任は補填不能、ということである。それに補償契約締結のために取締役会決議が必要である等の手続ルールや、事業報告での情報開示がついてくるということである。

従来、民法の委任の規定に基づいて会社が訴訟費用を負担することは可能であるとされてきた。その解釈はそのままなので、補償契約を締結する方法と両建てになっている。

そこで両者の違いが問題となるが、民法によるときは、訴訟費用については、役員に悪意・重過失があるときは補填が困難であるし、敗訴したときの賠償金の補填もなかなか難しい。その点、補償契約の方が広い。しかし民法による補填は、特別の手続は必要ないし、現実問題として訴訟で和解するときに役員が悪意・重過失であったという認定がなされるわけでもないから、大きな差ではない。ことが起きてから補償契約を締結することも可能であるし、さらには次に述べるＤ＆Ｏ保険でのカバーもあるから、今すぐ補償契約を締結しないと大変だというような話ではない。

3　役員賠償責任保険（D&O 保険）

令和元年会社法改正で、株主総会の決議があれば、会社は、役員等を被保

険者とする役員等賠償責任保険契約を締結できることとされた。

　会社は、役員等賠償責任保険契約を締結しているときは、事業報告に、ⅰ当該役員等賠償責任保険契約の被保険者、ⅱ当該役員等賠償責任保険契約の内容の概要（役員等による保険料の負担割合、塡補の対象とされる保険事故の概要および当該役員等賠償責任保険契約によって当該役員等の職務の適正性が損なわれないようにするための措置を講じているときは、その措置の内容を含む）を記載する。

Ⅶ　執行役員

1　執行役員

　執行役員というのは、会社法上の機関ではない。実務が任意に創出した地位である。会社法上は、「使用人」の一種ということになる。

　執行役員は、ガバナンス論議の中、取締役会改革の1つとして、編み出されたものである。

　かつて日本企業の取締役の数は非常に多かった。数十名に及ぶことも珍しくなかった。それは取締役の地位は、ある意味では仕事の成果に対する報酬（「出世」）であり、インセンティブの源であったからであろう。監督者として選ばれたわけでは全然なかった。その結果、取締役会では、何の発言が出ることもなく、監督機能が有効に働いていないと指摘された。アメリカのように、社外取締役を多数にすることによって、能力に欠けた経営者が排除される仕組みが必要だという意見も多かった。

　そのような中、取締役会でしっかり議論をして、よりよい経営判断を導こうという試みが行われた。それが1990年代以降の日本の取締役会改革である。

　しっかり議論をしてよい結論にたどり着くためには、まず議論ができる程度の人数にしなければ始まらない。せいぜい10人以下である。

　そこで現在いる数十人の取締役を一挙に10名程度に減員することにしたのであるが、それでは取締役からはずれる人は、降格になってしまうのか？という問題が生じた。せっかく役員になったと思ったら逆戻りというのでは、不満もたまる。そこで取締役を退任してもらう役員には、「あなた方は取締役を辞めても役員ではある。ただし、執行側の役員であって、監督者である

取締役ではなくなるということに過ぎないからね」という説明をした。その
ため名称も「執行役員」というものを考え出した。執行側の役員という意味
である。

　こうして誕生したのが執行役員であるため、もともとは取締役会改革に
伴って取締役を辞める方の受け皿でしかなかったのであるが、その後実務で
は急速に広まった。

　それは取締役会のあり方に対する批判が強かったことや、取締役では代表
訴訟リスクが高いという事情、その他各社の様々な理由が後押しとなった。

　また執行役員という名称は、日本の企業に、初めて役員には「監督」とい
う機能があることを思い出させる効果を生んだ。執行側の役員がいるという
ことは、監督側の役員もいるということであり、それはまさに取締役である、
ということを認識させたのである。

2　執行役員の地位

　執行役員の地位は、会社法上の定めがないので、委任契約による会社もあ
れば、雇用契約としている会社もある。執行役員規程と執行役員委嘱契約で
その内容が定まっている。労働法上の労働者にあたるかどうかは、一律には
決まらない。判例上も明確にはなっていない。

　執行役員の職務は、執行役員契約等で委嘱された業務である。取締役など
と違い、あくまでも個別具体的に委嘱された業務のみが仕事となる。

　会社に対して、守秘義務などは負うことになると考えられる。退任後の競
業避止義務の合意の有効性に関しては争いがあり、判決例も出ている。

　任期や報酬は、執行役員委嘱契約等で定まる。

　執行役員は、善管注意義務に違反すれば、会社に対して責任を負うことが
ある。ただし、株主代表訴訟の対象とはならない。

　執行役員には、会社法の利益相反取引規制や競業規制は及ばない。ただし、
執行役員である者が、他社の代表取締役等になって自社と取引をすることに
なる場合などは、執行役員としての忠実義務違反の問題もあり、慎重である
べきである。

第 6 章

役員の責任

I　役員の職務と責任

1　責任制度の存在理由と最近の考え方

(1)　責任制度の存在理由

　株主代表訴訟が増加し始めたのは、バブル崩壊後、平成5年くらいからである。バブル崩壊で不祥事が多発したことと、同年の商法改正で裁判所への手数料が大きく引き下げられ提訴しやすくなったことがきっかけである。それ以来、上場会社の役員は、役員の責任が発生しないか、という視点で物事を見るようになっている。

　なぜ、役員の責任という制度があるのであろうか。

　会社法を民法の延長であると考えると、民法の世界では、損害賠償責任というのは、「損害の公平な負担」のためのルールである、と考えられている。損害は、過失があった者が持て、というわけである。

　一方会社法の世界では、役員の責任というのは、役員が適正な行為をするように仕向けるインセンティブの制度である、と考えられている。

　前者の民法的な理解は、上場会社などの大企業の世界では意味がない。企業の経済規模は大きいからそこで発生する損失も巨額である。それを全部個人の財産で埋め合わせることはできない。昔、大和銀行事件判決で800億円を超える賠償責任が認められたが、制度として正常に機能しているとは思えない。

　その後、責任限定契約や株主総会・取締役会による責任一部免除の制度など、責任限定制度が整備されるとともに、令和元年会社法改正では、役員賠償責任保険や補償契約も法制度化された。だんだんと回る仕組みになってき

た。

　会社法の世界では、役員には、「企業価値向上のために果敢な経営判断を
してもらいたい、それが株主共同の利益になる」、という積極的な側面と、
「違法行為やいい加減な経営判断をしてもらっては困る」、という抑止的な側
面とがある。そこで、違法行為に対する抑止力はあり、かといって果敢な経
営判断を萎縮させるような副作用はないというような、そのようなバランス
のとれた責任制度を構築することが望まれる。つまり、役員の責任は「厳し
ければ厳しいほどよい」というわけではないのである。それでは役員のなり
手がいなくなるし、なってくれたとしてもそのリスクに見合う報酬を要求さ
れて、結局会社のコストに跳ね返るだけである。

　具体的にどうするか。大雑把に言うと、故意に不正を働くようなことは絶
対見逃せないから、これは厳しく責任を追及する仕組みが必要である。責任
限定はできない。他方、真面目に経営判断をした場合には、結果的にうまく
いかなくても責任を問うてはいけない。萎縮の原因になる。いい加減な、無
責任な行為だけ抑止できればよい。また会社の内部統制の構築や監視責任な
どについては、過失責任であるからこれを厳しく問うと結果責任を負わせる
に等しくなるし、優れた人材を失うだけである。世の中的に相当なレベルの
内部統制を構築していればそれ以上の責任を追及してはいけない。

　これは経営判断の原則などで、責任発生の要件のレベルで調整する方法と、
責任限定の要件で調整する方法と、2段階で調整がされている。

(2) 新しい判断の潮流──手続の審査へ

　真面目に経営判断をした場合には無責とすべきだと述べたが、これは2つ
の方向でルール化が進んできている。1つは、判断のプロセスを審査し、そ
れが一般に妥当と認められているものであれば、その判断を尊重する、とい
う傾向である。

　よくない結果を見て、そこから遡ってそれが予見できたか、というような
審査の仕方をすると（パースペクト・ビュー）、それは結果論であるし、心理
学上の「結果バイアス」効果があって誰でも「予見可能であった」となりが
ちである。それはまた「唯一の正しい判断がある」という暗黙の前提によっ
ている。しかしそれは正しくない。経営者が判断する時点でどうであったか
を問わなければならないし、そうすると将来の予測など確実にはできない。
また経営の多様性・独創性も考えると唯一の正しい判断など存在しない。そ

こでいろいろな選択肢があり得るのだということを前提に、結果バイアスも考慮して判断するとすれば、一番よいのは、1つの正解を探すことではなく、適正な「手続」を踏んでいたかどうかを審査することである。言い換えれば、いろいろな選択肢があるという意味で、経営に裁量があるということを認めることである。他方、いい加減なやり方は善管注意義務を負う受託者として是認できないから、やるべき手続は取るべきだ。

　判例も、最近になって、この手続の審査（経営の裁量の幅）という手法に大きく舵を切っている。例えばアートネイチャー事件（最判平成27年2月19日判時2255号108頁）は、新株の有利発行に伴う取締役の責任に関し、

　「非上場会社の株価の算定については、簿価純資産法、時価純資産法、配当還元法、収益還元法、DCF法、類似会社比準法など様々な評価手法が存在しているのであって、どのような場合にどの評価手法を用いるべきかについて明確な判断基準が確立されているというわけではない。また、個々の評価手法においても、将来の収益、フリーキャッシュフロー等の予測値や、還元率、割引率等の数値、類似会社の範囲など、ある程度の幅のある判断要素が含まれていることが少なくない。株価の算定に関する上記のような状況に鑑みると、<u>取締役会が、新株発行当時、客観的な資料に基づく一応合理的な算定方法によって発行価額を決定していたにもかかわらず、裁判所が、事後的に、他の評価手法を用いたり、異なる予測値等を採用したりするなどして、改めて株価の算定を行った上、その算定結果と現実の発行価額とを比較して『特ニ有利ナル発行価額』に当たるか否かを判断するのは、取締役らの予測可能性を害することともなり、相当ではないというべきである。</u>

　　したがって、非上場会社が株主以外の者に新株を発行するに際し、<u>客観的資料に基づく一応合理的な算定方法によって発行価額が決定されていたといえる場合には、その発行価額は、特別の事情のない限り、『特ニ有利ナル発行価額』には当たらないと解するのが相当である</u>」

として、手続の重視の姿勢を明確にした。

　また足利銀行事件（宇都宮地判平成23年12月21日判時2140号88頁）は、有価証券報告書の虚偽記載にかかる責任が問題となった事案で、

　「なお、前記大蔵省の通達である『不良債権償却証明制度等実施要領について』が定める、『合理的な合併計画や再建計画が作成中あるいは進行中

である場合』とは、貸出先の実態や計画の進捗状況に応じ、経営改善に向けた実現可能性を備えた再建計画等が作成中ないし進行中である場合をいい、また『追加的な支援を予定している場合』とは、金融機関にとって貸出金の回収の改善につながる合理性を備えた支援がある場合をいうと解するのが相当である。そして、<u>各貸出先が上記要件を充足する支援先等に該当するか否かの判断は、金融機関による将来の予測を含む経営判断によって行われるものであるから、裁量性のある金融機関の経営判断として許容範囲内にあるかどうかという観点から検討するのが相当である</u>」

と判示して、会計処理についても取締役の裁量を認めた。

三洋電機事件（大阪地判平成 24 年 9 月 28 日判タ 1393 号 247 頁）も、関係会社株式の減損処理の要否に関して、

「回復可能性の有無については、<u>基本的には経営者の判断を尊重すべきで</u>あるが、これを無限定に採用するのではなく、<u>その判断に合理性があったかどうかという観点から判断されるべき</u>である」

とした。

さらに全部取得条項付種類株式の取得価格の決定の事案であるが、ジュピターテレコム事件（最決平成 28 年 7 月 1 日民集 70 巻 6 号 1445 頁）は、

「<u>一般に公正と認められる手続により上記公開買付けが行われ、その後に当該株式会社が上記買付け等の価格と同額で全部取得条項付種類株式を取得した場合</u>には、上記取引の基礎となった事情に予期しない変動が生じたと認めるに足りる特段の事情がない限り、裁判所は、上記株式の取得価格を上記公開買付けにおける買付け等の価格と同額とするのが相当である」

として、手続の適正を重視した。

これらは、結果論的な責任の規範ではなく、取締役の行為規範という見方をしている。そのとき取締役にはどういうことをすることが期待されているかという視点である。また、期待されている行為を明確にすることで、「こうすればよいのだ」という法的判断への予見可能性が確保される。1 件 1 件どうすべきであったかを裁判官が事後的に判断するとなったら、それはまったく予想がつかないから何をやったらよいのかまったく分からない。会社にとっても役員にとっても極めてリスクが高いことになってしまう。裁判所の判断の予見可能性が高まれば、経済は間違いなく活性化する。

こういう手続審査重視の姿勢に転換できたのは、公正な手続に関する実務

の基準も形成されてきたという事情がある。金融庁や経産省その他の研究会などで、敵対的買収防衛策とか、MBOとか、株式価値評価であるとか、様々なガイドラインが作られてきた。それが実務に定着すれば、裁判所としてもその経済界の自治的基準を尊重してもよいと考えたのであろう。

⑶　新しい判断の潮流──ガバナンス体制の整備による正当性向上

　真面目に経営判断をした場合には無責とすべきだとする、もう1つの根拠は、ガバナンス体制の整備である。

　CGコードでは、取締役会の役割として、経営陣幹部による適切なリスクテイクを支える環境整備を行うことが挙げられている（基本原則4）。そして「取締役会は、経営陣幹部による適切なリスクテイクを支える環境整備を行うことを主要な役割・責務の一つと捉え、経営陣からの健全な企業家精神に基づく提案を歓迎しつつ、説明責任の確保に向けて、そうした提案について独立した客観的な立場において多角的かつ十分な検討を行うとともに、承認した提案が実行される際には、経営陣幹部の迅速・果断な意思決定を支援すべきである」としている（原則4－2）。

　なぜ、リスクテイクがしやすくなるのか、その論理は説明されていない。推測するに、社外役員が存在する取締役会で、十分な説明がなされること、それを独立した立場で検証すること、というプロセスを踏むことで、その経営判断の合理性が担保され、取締役が善管注意義務違反とされるリスクを低減すると考えられているのであろう。また取締役会が内部統制やリスク管理体制を適切に整備すること（原則4－3）なども、経営の合理性を担保している背景にあろう。

　まだ社外取締役がいれば経営判断の合理性が証明できるといった判決例はないが、例えば「一般に公正と認められる手続」などというとき、社外役員らによる独立した意思決定手続が含まれていることが多いから、裁判所も同様の考え方をする可能性は十分ある。

　これはもちろん形ばかりのガバナンス体制ではおそらくダメで、社外取締役らが、その役割をしっかり果たしていることが必要であろう。

　いずれにしても、役員の責任の判断基準は、いろいろな実務・判例の積み重ねでだんだんそのあり方が明確になってきたし、予見可能性も高まってきた。これからは、役員の責任を問われることをむやみに恐れるより、これらの判例や実務の基準、ガイドラインをふまえた手続を実行し、そして基盤的

なガバナンス体制を整備して、自らの経営の正当性を高めることが重要である。

2　職務と責任は裏表である

役員は、その任務を怠ったときは、それによって生じた損害を賠償する責任を会社に対して負担する（会社法423条1項）。

その他に特別な責任として、競業取引および利益相反取引にかかる責任（会社法423条2項・3項）、利益供与にかかる責任（同法120条4項）、現物出資財産の価額填補責任（同法213条・286条）、出資の履行を仮装した場合の責任（同法213条の3・286条の3）、剰余金の配当等にかかる責任（同法462条1項）、配当等の後欠損が生じた場合の責任（同法465条）等がある。

このような特殊なケースを除けば、基本的には、役員の責任は、その任務を懈怠したときに発生すると考えてよい。会社法においては、過失責任を原則としており、無過失責任は、自己のために直接利益相反取引をした者（会社法428条）と利益供与をした者の責任（同法120条4項）に限られている。

役員と会社の関係は、委任契約である。したがって、役員が会社に対して責任を負担する、というのは、役員がその委任契約に違反したということである。つまり債務不履行である(注)。

債務不履行責任の発生の要件は、①任務を懈怠したこと、②過失があること、③因果関係、④損害、である。

したがって、まず債務不履行による責任が発生するためには、役員等に任務の懈怠がなければならない。「任務」、すなわち、行うべき「職務」は何かということである。

「役員の責任は何か」という問いは、「役員がすべきことは何か」という問いと同じである。各役員が、それぞれ何をすべきであったのかという「職務」を特定していくことが、役員の責任を考えることになる。

ただ漠然と、「自分には責任が及ぶのだろうか」と思い悩んでいても仕方がない。自分の職務は何であったか、ということを考える。

以下、取締役の職務を整理していこう。

(注)　会社法423条の責任は、学問的には「法定責任」であり、債務不履行責任とは別のものと整理されている。ここでは理解のため、その実質に即して債務不履行責任として説明している。なお両者で何が違うかと言えば、例えば民法では善管注意義務を特約で軽減することができるが、本条は法定の責任だから特約で軽減できないことなどがある。

3　職務の内容

(1)　職務の 2 分類

取締役の職務は、

① 　会社法上の取締役としての職務と、

② 　それ以外に別途請け負った職務

の 2 種類がある。別途請け負った職務というのは、業務担当取締役としての仕事や、使用人兼務取締役としての仕事である。

(2)　会社法上の取締役としての職務

会社法上の取締役の立場は、「取締役会のメンバーである」ということである。だからその職務は、取締役会の職務を行うことである。

①　取締役会での職務

取締役会のメンバーとしての職務で最も重要なのは、当然ながら取締役会に出席することである。

その取締役会の職務は、第 2 章以下で述べたとおりである。①経営方針等の策定、②経営者の監督、③内部統制の統括、④重要な業務執行の意思決定、である。そのモニタリングのため、各種の報告事項の報告も受ける。

したがって、取締役会に上程された決議事項、報告事項についてもし違法や何らかの問題の兆候があれば、それを決定し、または看過したことの責任が生じ得る。

このように、1 つの責任範囲の画し方として、取締役会で提出された議題が、原則的な取締役の責任範囲である。取締役は、取締役会のメンバーという位置づけだからである。各自が独立した機関ではないのである。

②　取締役会の外での職務

もう 1 つ、取締役は、取締役会に出席することだけではなく、それ以外の場においても業務執行者たる取締役を監視すべき義務があるとされている（最判昭和 48 年 5 月 22 日民集 27 巻 5 号 655 頁）。

例えば取締役会以外の場で、業務執行者の違法行為を知った場合である。このような場合は、取締役会以外の場であるとしても、それなりにその違法行為を差し止めるためのいろいろな手段を尽くすべきであって、その意味で、一定の場合には取締役会以外の場においても監視義務を負担する。一般に「監視」義務と言われてきたが、正確には、「監視」の義務というより、知ったときの「対処」の義務である。

　過去の判例を見ると、主に①違法行為が行われそうなことを知り、または容易に知り得るような特段の事情があるとき、②倒産直前で違法行為が行われる蓋然性が高い状況にあるとき、③そもそも取締役会を全然開催せず、業務の執行状況のチェックをまったくしなかったとき、などに監視義務違反が問われている。②や③は、上場大企業の場合は、まず起こり得ないが、非公開のグループ会社やオーナー系企業などでは、あり得るところである。①は、内部通報があったとか、経済誌等の報道^(注1)とか、会計監査人の報告とか、現地実査で感づいたとか、いろいろあり得る。

　ただし、この監視義務というのは、積極的に違法行為の探査作業をせよということではない（神崎克郎「会社の法令遵守と取締役の責任」曹時34巻4号（1982年）1頁、札幌地判昭和51年7月30日判時840号111頁など）。たまたま知ってしまった場合は、しっかり対応して下さい、という趣旨である。

(3)　別途受任した業務

　取締役のもう1つの職務は、業務担当取締役として別途受任した職務および使用人兼務取締役の使用人としての職務である。例えば営業担当専務として営業を統括しているとか、取締役総務部長として総務部を統括しているなどという場合である^(注2)。これは厳密には取締役としての職務ではない。取締役であることとは別に、請け負った仕事である。

　これらは本来の会社法上の取締役の職務ではない。しかし取締役の地位にある者の職務なので、その職務に違反があれば当然取締役としての責任も問われることになる。この別途受任した職務の具体的な内容は、委嘱した取締役会決議や各社の組織規程、権限分配規程、稟議規程、その他で具体的に確定することになる。

　この別途受任した職務において行ったこと、例えば稟議決裁や契約締結など、あるいは部下に指示したことに違法があれば、取締役の義務違反になり得る。これは「実行行為者としての責任」である。

　また営業部門担当とか、財務部門担当といった職務を受任した場合には、通常、担当した部門の部下を監督する職務もこれに含まれている。その意味で一種の監視義務も負担することになる。この監視義務は、先に述べた取締役としての一般的な監視義務とはまた別のものであるので、こちらは「監督義務」と呼んで区別することがある。この監督義務は、日常的に部下の仕事ぶりをチェックすることであるから、取締役としての一般的な監視義務より

は、濃厚な職務であると言えよう。こちらはしばしば任務懈怠の原因になる。

(注1)　オリンパス事件参照。東京地判平成29年4月27日資料版商事法務400号119頁。
(注2)　使用人兼務取締役と業務担当取締役の違いは、以下のとおり。使用人兼務というのは、多くの場合、雇用契約を締結している場合を指す。厳密には、「○○部長」とか、「××工場長」などといった商法の定める使用人の地位を兼務する場合である。業務担当というのは、そのような使用人の地位ではないけれども、営業部門管掌であるとか、製造部門管掌であるなどの管掌を任された取締役である。通常は、副社長、専務、常務などの役付きであることが多い。役付きになると、税務上使用人兼務を認められないので、そのような慣習になった。会社法363条1項2号・2条15号の業務執行取締役は、ここで言う業務担当取締役のことを指す。

4　責任の類型

どうすれば取締役の責任が生じないようにできるか、という視点から考えると、取締役の責任は、次のように分類される。

① 　自分がしたことについての責任
　　i 　具体的な法令に違反した行為
　　ii 　具体的な法令には違反していない行為
② 　他人がしたことについての責任
　　i 　監視義務違反
　　ii 　内部統制システム構築義務違反

まず①は、自分がしたことについての責任の有無である。例えば、自分が稟議決裁したことや、取締役会で賛成したことが、結局会社に損失を発生させた、というようなケースである。

この場合、その行った行為が、具体的な法令に違反していると、裁判所に行ってまず勝てない。なぜなら、すでに法律自体が、そういうことをしてはならないと定めているからである。すでに法律が価値判断済みのことについて、裁判所が任務懈怠でないなどとはなかなか言えない。会社法も355条で法令を遵守すること自体が取締役の義務であると定めている。

ここに言う「法令」というのは、善管注意義務のような抽象的な義務以外の規定のうち、特に刑罰法規のある法令を指している。例えば刑法の贈賄を禁止する規定とか、独占禁止法の諸規定とか、その他諸々を含んでいる。

他方、そのような具体的な法令違反の行為はなかったが、結果的に会社に損害を発生させた場合は、それにはいわゆる「経営判断の原則」が適用され、取締役に広い裁量が認められる。この場合は、そう簡単に負けない。そのた

めこの両者の区分が分析に役立つ。

　次に②は、自分以外の役職員が任務懈怠をした場合に、自分も責任を問われるのか、といったケースである。

　この場合、その違法行為を事前に差し止めることができたのであれば、それは差し止めるべきであるから、監視義務違反が発生し得る。

　また仮に、具体的にその違法行為を事前には知り得ず、差し止める余地がなかった場合でも、そもそも適切な内部統制システムを構築していたか、ということが問題となる。

　以上のとおりのグループ分けをすると、自分がやった行為については、具体的な法令違反がないかどうか、ない場合には、経営判断の原則で保護してもらえる要件を満たしているか、をチェックする。

　他の役職員の違法行為であれば、自分は事前にそれを知り得たか、知り得ない場合には十分な内部統制システムを構築していたか、という順に検討していけばよい。

　以下で、順次説明する。

Ⅱ　経営判断原則と具体的な法令違反

1　取締役の義務は何か？

　経営判断の原則を導くために、そもそも取締役はどういう義務を負っているのか、そこから確認しよう。

　取締役の義務の大原則は、

　「法令の範囲内で、会社のために、最善を尽くせ」

ということである。

　委任契約の本旨を考えれば、当然のことである。

　会社は、企業価値を向上させるのが目的であって、取締役はそのために経営者として選任されている。だからそのために努力するのが受任者の義務である。ただし、もちろん法律は守らなければならないから、あくまでも法令の範囲内でなければならない。

　この取締役の義務の大原則を分解すると、

　①　法令を遵守せよ、

　②　あくまでも会社のために行動せよ、

③　最善を尽くせ、

という3つの義務に分けられる。

まず「あくまでも会社のため」というのは、いわゆる忠実義務である。受任者は当然委任者のために働く。自分の利益や、第三者の利益のために行った場合には、それは義務違反になる。

「最善を尽くせ」というのは善管注意義務を尽くせということである。言い換えれば、誠実に一所懸命にやりなさい、ということである[(注)]。

そしてこれらに加えて、会社のためとは言ってもそれは法令の範囲内ですよということで、「法令の遵守義務」がある。

法令を遵守することは、善管注意義務から当然導かれるところであり、その意味では取締役の義務の大原則を敷衍するものである。また、会社の利益になるとしても法令に違反することはできないという意味では、先の大原則を修正する意味合いもある。

以上によれば、取締役の義務の基本が、①会社のために、②最善を尽くし、③法令等を遵守すること、であることは、明らかである。

付言すると、ESGモデルの時代では、ESGに配慮した経営をすることは、短期的に株主の利益を減らすこととなっても、それはここにいう②や③の要件には抵触しないと解される（田中亘『会社法〔第3版〕』（東京大学出版会、2021年）274頁）。

なお、「忠実義務」と「善管注意義務」の関係について、判例は同じものであるとしているが、「忠実義務は、会社のために働く義務」、「善管注意義務は、注意を払う義務」、という理解もある。実務的にはそのように分けた方が整理しやすい。

(注)　最善の唯一の選択肢をとらないと責任が発生するという趣旨ではない。

2　具体的な法令違反がある場合

先の4つのケースについて順次解説する。

まず具体的な法令に違反した類型である。具体的な法令というのは、会社法の個別の規定あるいは刑罰法規に違反した場合を指す。個別の具体的な法令で、ある行為が禁止されていたり、条件等が課されていた場合に、それに従わないことは適切でない。そのことは、すでに法令自体が価値判断していることである。裁判所としても、それを適切な行為であるなどと言うことは

できない。もちろん取締役は法令を遵守する義務も負っている（会社法355条）。

　したがって、取締役が具体的な法令に違反した場合には、それだけで任務懈怠であるとされる可能性が高い。裁量の余地は認めがたいのである。

　したがって、具体的な法令に違反した場合には、取締役の責任が認められることが多い。例えば、贈賄をして会社が受注できて儲かった事案でも、役員の責任が認められている（ハザマ事件・東京地判平成6年12月22日判時1518号3頁）。

　その他、自己株式取得違反についての大日本除蟲菊事件（大阪地判平成15年3月5日金判1172号51頁）、金融機関の大口融資規制違反などもこれにあたる（大和信組事件・大阪高判平成14年3月29日金判1143号16頁）。

　取締役会決議事項であるのに取締役会決議を経なかった場合なども、具体的な法令違反のケースとなる（東京佐川事件・東京地判平成9年12月19日判時1659号117頁、太平洋海運事件・東京地判平成18年4月26日判時1930号147頁）。意思決定の手続違反などは気を付けなければいけない。

　なお、ここでは具体的な法令に違反しないというのは、取締役自らが違反しないということを意味している。会社の他の役職員が具体的な法令に違反する場合については、取締役としては、具体的な法令に違反しないように監視する義務、あるいは違反しないような体制を構築する義務を負担しているから、その義務に違反したということはあり得るが、それはその取締役にとっては具体的な法令違反の類型ではない。

　しばしば法令の解釈自体が不明確な場合がある。そのような場合、仮に最終的に法令違反であるとされても、判断時点では取締役に過失はないとされることはあり得る（野村TBS事件・最判平成12年7月7日民集54巻6号1767頁、横河電機事件・最判昭和51年3月23日金判503号14頁、名古屋地判平成13年10月25日判時1784号145頁[注1]）。講学上は、法の不知は言い訳にならないと言われるが、裁判所は総合的に事案を見ており、全体としてやむを得ないことであれば結論として無責の判断をしている。それを考慮すると、不明確な場合に法律の専門家の意見を聞いておくということは有効である。ただし、実務的にはあまり無過失の認定に期待しないほうがよい[注2]。

（注1）　その他最近の関連事案として、西松建設事件・東京地判平成26年9月25日資料版商事法務369号72頁、アーバンコーポレイション事件・東京地判平成24年6

月 22 日金法 1968 号 87 頁など。会計基準の解釈適用に関しては、前述の三洋電機事件や足利銀行事件の判決がある。

(注2)　最終的に裁判所によって法令違反とされるかどうかはある意味で確率の問題である。その現実を正面から受け止めると、例えば2つの選択肢があり、片方は適法であるが会社の利益にはならず、他方は法令違反の可能性が少しあるが会社の利益になる、というような場合に、法令違反とされる確率とその場合の得失を考慮して、期待値を算出し、その期待値の高い選択肢を選択すれば取締役としては義務違反はない（仮に最終的に法令違反と認定されても）、という判断プロセスも考えられる。最近はそういう説もある（田中亘『会社法〔第3版〕』（東京大学出版会、2021 年）279 頁、吉原和志「会社法の下での取締役の対会社責任」江頭憲治郎先生還暦記念『企業法の理論（上巻）』（商事法務、2007 年）532 頁）。

3　経営判断の原則とは何か？

(1)　経営判断の原則

次に、取締役が積極的な意思決定をした場合で、具体的な法令違反がない場合の責任である。これについては、いわゆる「経営判断の原則」というものが判例上認められている。

経営判断の原則というのは、一定の要件を満たせば、取締役には広い裁量を与え、結果的に損失が生じたとしても取締役の義務違反とはしないという考え方である。

例えば、セメダイン事件（東京地判平成 8 年 2 月 8 日資料版商事法務 144 号 115 頁）は、

「市場におけるこうした企業行動の決定は、流動的かつ不確実な市場の動向の予測、複雑な要素が絡む事業の将来性の判定の上に立って行われるものであるから、経営者の総合的・専門的な判断力が最大限に発揮されるべき場面であって、その広範な裁量を認めざるを得ない性質のものである。もともと、株式会社の取締役は、法令及び定款の定め並びに株主総会の決議に違反せず、会社に対する忠実義務に背かない限り……、広い経営上の裁量を有しているが、右のような最も困難な種類の経営判断が要請される場面においては、とくにそのことが妥当するというべきである。したがって、右のような判断において、その前提となった事実の認識に重要かつ不注意な誤りがなく、意思決定の過程・内容が企業経営者としてとくに不合理・不適切なものといえない限り、当該取締役の行為は、取締役としての善管注意義務ないしは忠実義務に違反するものではないと解するのが相当である」

としている。

その後、アパマン HD 事件最判が、子会社の完全子会社化のための株式取得の責任（価格の妥当性）が問われた事案について、

「本件取引は、ASM を ASL に合併して不動産賃貸管理等の事業を担わせるという参加人のグループの事業再編計画の一環として、ASM を参加人の完全子会社とする目的で行われたものであるところ、このような事業再編計画の策定は、完全子会社とすることのメリットの評価を含め、将来予測にわたる経営上の専門的判断にゆだねられていると解される。そして、この場合における株式取得の方法や価格についても、取締役において、株式の評価額のほか、取得の必要性、参加人の財務上の負担、株式の取得を円滑に進める必要性の程度等をも総合考慮して決定することができ、<u>その決定の過程、内容に著しく不合理な点がない限り、取締役としての善管注意義務に違反するものではない</u>と解すべきである」

と判示した。

ここではセメダイン事件判決ほど細かく分けず（前提事実の認識だとか、重要か等）、大きな括りで「意思決定の過程・内容に著しく不合理な点がない」という要件としている。これはセメダイン事件判決と異なる基準を立てたと言うより、同じ趣旨ではあるがより融通がきく形にしたと言った方がよいであろう。

以下これら判決例をもとに、経営判断が適法とされる要件を分析してみよう。

(2)　法令違反がないこと

まず、「法令および定款の定めならびに株主総会の決議に違反しないこと」が必要である。違反すれば、広い裁量はない。既述のとおり。

(3)　判断の前提事実の認識

①　重要かつ不注意な誤り

次に「判断の前提となった事実の認識に重要かつ不注意な誤りがないこと」である。

これはさらに、ⅰ重要な誤りがないことと、ⅱ不注意でないこと、という要件に分解される。

分かりにくい言い回しであるが、中身は簡単なことである。例えば M&A をしたとしよう。この会社は 100 億円の価値があると思って 100 億円で買っ

たところ、開けてみたら内容はぼろぼろで、10 億円の価値しかなかったとする。その場合、取締役の義務違反はあるか。

　この M&A の判断では、この会社には 100 億円の価値がある、という情報が前提事実となっている。しかしそれが本当は 10 億円の価値しかなかったのであるから、それは誤りである。しかも 100 億円と 10 億円の違いであるから、これは「重要な誤り」であろう。

　その間違いが起きた原因であるが、この買収の際に、弁護士や公認会計士等に依頼して買収監査をしなかったため、簿外債務や工場施設の欠陥に気がつかなかったとする。そうすると、今時 100 億円の M&A をするのに買収監査すらしなかったというのでは、通常あるべき手続を取っていないのであって、それは「不注意」だったと言われても仕方がない。

　したがって、本件は M&A の判断の前提事実に、重要かつ不注意な誤りがあった、ということになる。

　②　十分な情報

　この要件は、言い換えれば、経営判断に際して「十分な情報」を集めたか、という要件である。

　善管注意義務の視点からすれば、十分な情報を集めた上で慎重に経営判断するのと、情報なしでエイヤーで経営判断するのと、どちらが適切か。当然、十分な情報を入手して判断した方がよりよい経営判断ができるはずであって、それが善管注意義務に適っている、ということである（「最善を尽くす」という要件）。

　「十分な情報」というのは、それ自体が絶対的な必須条件ではなく、情報の入手には、時間的制約、費用的制約、情報確度の制約（将来の予測であったり、主観的評価であったり、それぞれ確実性が違う）などがあるから、その経営判断の対象との関係で、入手すべき適切な範囲が定まる。

　アパマン HD 事件最判は、前提事実の認識の重要かつ不注意な誤りという言い方をしていないが、おそらく、情報収集は「判断過程」に含まれるのであり、そのような認識違いはその情報収集が「著しく不合理」だったかどうかの判断の要素になると思われる。

　③　手続のチェックであること

　この「十分な情報」の要件は、経営判断の内容の適否ではない。判断手続のチェックに過ぎない。どうしてそうなるのか。経営判断の内容の是非の判

断は、経営者でもない裁判官にはなかなかできない。妥当性というのは程度問題であるからよく分からないのである。そこで経営判断の原則というのは、判断内容の是非の問題には深く介入しないというところから始まっている。そこで判断過程を調べて、十分な情報を集めた上で判断するのと、そうでないのとを比較すれば、それは集めた方がよいに決まっているし、これは情報のあるなしの問題（デジタル）であり、程度問題（アナログ）ではないから、裁判所にも判断しやすい。ということで、判断手続のチェックに傾くのである。

　ただし、実際の日本の裁判所は、事案を総合的に判断するので、本当は経営判断の内容もまとめて勘案していると思われる（判決文に書いてある理由と、本当の心証を取った箇所は、違っているかも知れない）。

(4)　意思決定が著しく不合理でないこと

　2つ目の要件は、「意思決定の過程・内容が企業経営者として特に不合理・不適切でないこと」である。アパマン HD 事件最判では、「意思決定の過程・内容に著しく不合理な点がない」として全部これにまとめている。

　ここには、「過程」も「内容」も入っている。「過程」については、前記の「十分な情報の収集」のほか、例えば社内の意思決定プロセスも含まれるだろう。取締役会決議がなされているかといった決定権限の点や、利害関係者が関与していないかといった点が想定される。

　「内容」が著しく不合理でないことについては、セメダイン事件判決によればその判断基準は「企業経営者として」である。ごく普通の企業経営者であれば、どういう判断をするかということが物差しである。

　義務違反とされる水準は、「著しく不合理」というものである。セメダイン事件判決の「特に不合理」も同旨であろう。

　これは要するに、少々不合理でも、それだけで義務違反とはされないということである。「著しく」不合理な場合に、初めて義務違反になる。どうしてかというと、経営というのは、もともと他社と差別化することが利益の源泉である。常識的な人間から見れば少々驚くような奇抜な経営判断が成功することもしばしばある。そういう独創的な経営判断も許容しなければ経済は停滞してしまう。したがって、少々個性的な経営判断であるとしても、それだけで義務違反とはしないのである。「特に」というのは、言い換えれば、「いい加減な」とか、「無謀な」とか、「不誠実な」などという意味合いであ

り、要するに誰が見てもこれは酷い、真面目にやっていないというレベルのことである。

⑸　経営判断の原則の要件——まとめ

　以上によると、経営判断の原則というのは、次の 4 つの要件にまとめられるとみてよいと思われる。

① 　具体的な法令違反がないこと
② 　あくまでも会社の利益のためにしたこと
③ 　十分な情報を入手したこと
④ 　著しく不合理な経営判断ではないこと

実際の経営判断をするときには、この 4 つの点をチェックしよう。

4　経営判断の原則が認められる理由

「経営判断の原則」などという言葉は、会社法には出てこない。

　法律に定めもないようなものがなぜ認められているのであろうか。

　経営判断の原則の実質は、善管注意義務違反の範囲を確定する作業である。もともと善管注意義務の水準などというのは、抽象的で、具体性がまったくない。それを裁判に当てはめるときに、どういう事情があれば義務違反とするのか、ということが問題となる。善管注意義務の解釈である。したがって、経営判断の原則というのは、特別な法原則（要件・効果）ではない。言うなれば、善管注意義務違反の認定に際して取締役の裁量を広めに見ようという発想を、経営判断の原則と呼んでいるだけである。

　それではなぜ善管注意義務違反の認定に際して、経営判断の原則が認められるのか。

　経営判断の原則が認められる理由はいくつかある。

　まず第 1 に、経営判断は本来的に多様なものであるからである。企業の経営の仕方には、極めて多様な方法がある。それは星の数だけあると言ってもよい。コーヒー 1 杯を売るのでも、街の喫茶店のような売り方もあれば、自動販売機の缶コーヒーのような売り方もあり、ファストフード店のような売り方もある。企業経営のコツは、他社との「差別化」にある。同じ事をしていたのでは、利益は上がらないし、企業は存続していけない。したがって、経営判断というのは、常に多様でなければならない。いろいろな経営の仕方がある以上、それらの選択肢はいずれも選択可能な選択肢なのであって、ど

れか1つの選択肢のみが正しい選択肢であり他の選択肢を取ることが違法であるということにはならない。そのため、各社の経営判断の範囲は極めて広範なのであり、いずれを取るかは各社の自由でなければならない。

　第2に、経営の萎縮を避けるという政策的な配慮が必要であることである。会社は、株主総会で選任された取締役がその権限の範囲内で会社のために最良であると判断した場合には、基本的にはその判断を尊重して結果を受容すべきであり、このように考えることによって、初めて取締役を萎縮させることなく経営に専念させることができ、その結果、会社は利益を得ることが期待できる。これはエージェンシー・コストの理論と軌を一にするものである。経営判断には常に失敗のリスクがある。いずれの事業も、その成否は将来の予測にわたる事項であり、それは経済情勢、商品市場、競合他社の動向など様々な要素に左右される。情報は不完全であり、いかなる経営判断が一番企業価値を上げることになるかの判断を確実にすることはできない。いくつかの経営判断をすれば、そのうちのいくつかは所期の成果を上げることができない結果となることは必然である。その場合に、結果的に損失が発生したからといって直ちに経営者に個人的な賠償責任があるということになれば、経営者は一切リスクのある経営判断をしなくなってしまう。しかしそれでは企業価値の向上は図れない。したがって、企業価値向上の観点からも、取締役に経営上の裁量を認めることが妥当なのである。

　第3に、あまりに厳しい責任を課すこととすると、役員になることのメリット（報酬）に比較して、あまりに大きなリスクを負わせることになりかねず、その場合経営者として優秀な人材を獲得できなくなることである。会社（株主）と経営者の間の契約（経営委任契約）も、競争原理の下にある。経営者のデメリットがメリットより大きくなるような契約条件では、経営者のなり手がいなくなる。それでは会社（株主）が困ってしまうことになる。契約内容は、合理的なものでなければ、成約できないのである。したがって、合理的な範囲に役員の責任を限定する必要があるのである。

　第4に、経営に関わる事項には予見可能性がないことである。上記のとおり、情報は不完全であり、経営に関わる事項には予見可能性がないため、過失の認定が困難であるという点である。経営判断というのは、不確実かつ流動的で複雑多様な諸要素を対象にした専門的、予測的、政策的な判断能力を必要とする総合的判断である。それらはいずれも将来の予測にわたる問題で

あり、不確実で流動的な事象に関する判断であるから、ある選択肢を取った場合の結果を確実に予見することは不可能である。確実な予見可能性がない以上、過失責任を問うことはできない。

　さらに第 5 として、「後知恵のバイアス」ということが言われている。役員の責任の有無が問題となるのは、必ず失敗した後である。結果的に失敗したことを知りながら、その原因となった経営判断が正しかったか、このように失敗することが予見不可能であったか、ということを考えれば、多くの者は経営判断が正しくはなかったという判断に傾斜してしまう。それは実験心理学で検証されている（メルビン・A・アイゼンバーグ（松尾健一訳）「アメリカ会社法における注意義務(2)」商事法務 1713 号（2004 年）4 頁）。もちろん「だから裁判所は後知恵になってはいけない」、というように戒めるという発想もある。しかし実験心理学でそのような傾向があるということが客観的に判明しているのであれば、単純な戒めでは足りないはずである。客観的な心理的傾向の問題であるとすれば、それは無意識の中の心理的傾向の問題であり、意識の世界で戒めても効果は限られる。その場合、本来義務違反ではないとされるべき事案で、義務違反であるという誤った判断がなされる確率が高いということであるから、その誤った判断から役員を保護する必要がある。そこでその公正な判断を確保するためにも、義務違反の認定には慎重でなければならないのである。

5　最新の株主代表訴訟の傾向

　ここまで経営判断の原則を中心に説明をした。従来、役員の責任が追及されるのは、個別の不祥事が発生したとか、個別の投資が失敗したなどという、個別の案件にかかる責任ばかりだったからである。

　しかし最近の株主代表訴訟等を見ると、新しい視点で責任を追及する訴訟が増加している。ガバナンス関係の訴訟である。

　例えば、セイクレスト事件（大阪高判平成 27 年 5 月 21 日判時 2279 号 96 頁）は、「甲の一連の行為は、甲が破産会社の代表取締役として不適格であることを示すものであることは明らかであるから、監査役として取締役の職務の執行を監査すべき立場にある控訴人としては、破産会社の取締役ら又は取締役会に対し、甲を代表取締役から解職すべきである旨を助言又は勧告すべきであった」

とし、それをしなかったことが義務違反だと断定した。監査役が代表取締役の解職の勧告をしないと義務違反になる、というのは、初めての判例である。

　次にユーシン事件（東京高判平成30年9月26日資料版商事法務416号120頁）では、株主総会で決議された報酬の上限枠の中で、取締役会が社長に一任して決定した報酬の額が不合理であり、取締役としての善管注意義務に違反するとして争われた。判決は、義務違反なしとした。しかし判決では、報酬決定の諸事情について詳細な事実認定をして不合理かどうかを判断している。そこまで裁判所が介入している。

　新銀行東京事件（東京地判平成27年3月26日判時2271号121頁）は、銀行において、金融商品の与信審査システムが不適切であるとし、代表執行役はその商品の販売を中止する議案を取締役会に提案すべきだったという主張がなされた（判決は、無責）。これも判決は詳細な事実関係を認定した上で判断をしているが、取締役会に特定の議題を提案すべき義務が争われた事例である。

　これらはガバナンスのあり方や運営方法に関する問題であり、従前このような事案の提訴がなされたことはなかったと思われる。しかし今や、ガバナンスの視点は一般の株主にも浸透しており、それが裁判で争われる時代となったのである。しかも裁判所も、有責と判断したり、無責と判断してもその内容にかなりの程度介入して判断をしており、ガバナンス関係だからまさか義務違反と言われることはなかろうと高をくくってはいけないことが分かる。

　これらはいわゆる営業上の判断ではないから、経営判断の原則の問題とも異なる面があるだろう。その義務のあり方など、実務としては判断の基準と必要な要件を明確にしていくことが必要だ。

Ⅲ　監視義務

1　監視義務違反は過失責任

　取締役の監視義務違反というのは、会社の他の役職員が違法行為をしたときに、自分は責任を問われるのかという問題である。

　監視義務違反もあくまでも任務懈怠の責任であり、債務不履行であるから、結果責任ではない。あくまでも過失責任であるから、その取締役に帰責事由

がない限り、責任は負担しない。

　その帰責事由というのは、

「その者の職務を誠実に行っていれば、当該違法行為を事前に差し止めることができたかどうか」

ということである。したがって、「予見可能性」と「結果回避可能性」が必要であり、またそれがその者の職務と言えるかどうかということである。

　判断の順序としては、まず、①なすべき職務を検討し、②その職務をしていた場合に違法行為を知ることができたかどうかを判断する、ということになる。

2　職務の内容と知り得る契機

　まず取締役としては、取締役会に出席することが主たる職務であるから、その取締役会において違法行為の予兆を知り、または知り得べきときは、その違法行為を差し止めるための努力をすべきであり、それを怠れば、義務違反となる。

　また取締役会以外の場においても、違法行為を知りまたは知り得べき場合には、監視義務の責任を負うことがある（最判昭和48年5月22日民集27巻5号655頁）。ただし、これは、日常的に不断に社内を監視する義務があるという意味ではなく、違法行為が行われようとしていることを知り、もしくは容易に知り得るような特段の事情がある場合である^(注)。そのような場合には、必要な調査をし、違法行為の差止めのために努力せよということである。

　大企業においては、通常の職務の中で他の取締役・従業員の違法行為を事前に察知できる場合というのは少ないであろう（参考：日本航空電子工業事件・東京地判平成8年6月20日判時1572号27頁、雪印・牛肉偽装事件・東京地判平成17年2月10日判時1887号135頁、AIJ事件・東京地判平成28年7月14日判時2351号69頁等）。これから違法行為をするという者が、それを外部に漏らすわけがない。

> （注）　淺沼組事件決定（大阪地決平成8年8月28日判時1597号137頁）も、従業員による贈賄という違法行為についての役員の責任に関し、「具体的に贈賄を予測することが可能な事情がないにもかかわらず被申立人の主張する監視義務を認めると、取締役としては密行して行われることが多い贈賄を従業員が行うことのないように個々の従業員の行動を四六時中逐一監視しなければならないことになり、……その組織は大規模かつ多岐にわたっており、日常的な業務は圧倒的多数の従業員によっ

て遂行されていることが一応認められる淺沼組の取締役に対して不可能を強いることになり、被申立人の右主張は到底取ることができない」としている。

3　部下に対する監督義務

　監視義務とは別に、監督義務というものがある。これは、例えば営業部門担当の取締役の場合、その取締役は、営業部門に所属する従業員達を監督する職務も負っているのが通例である。具体的には、種々の業務の報告をさせたり、書類のチェック、業績の把握や不祥事・違法行為のチェック、問題があった場合の対応など、日常的に様々な監督行為を行っているであろう。そのように自分の管掌する組織、部門については、担当外の取締役とは異なる監督の職務を負担している。これを監視義務とは区別して、監督義務と呼んでいる。

　したがって、自分の部下が違法行為を犯した場合には、どのような監督を行うべきであったか、その監督行為を通じて事前に違法行為を知り得たのではないか、ということが問われる。当然、担当外の取締役よりは義務違反が認定される範囲が広くなることになる。代表取締役もライン上にあるから、監督の職務を負っていることは否定できない。その場合、どのような監督をするか、具体的に報告基準であるとか、決裁基準等、管理体制をきちんと構築しておくべきである。そうでないと大和銀行事件（大阪地判平成12年9月20日判時1721号3頁）のように、ライン上にあるということで結果責任のような判断をされるおそれがある。ただし、通常は、構築された管理体制に従って、報告を受けたり、会議でチェックをするなどしていれば、そこで発見できないものについては善管注意義務違反はないとされる（ヤクルト事件・東京高判平成20年5月21日金判1293号12頁）。

4　差止策として何をすべきか

　違法行為の予兆を知りまたは知り得た場合、取締役はどこまで努力をすれば義務を尽くしたことになるのか、これは明確でない。

　意外なことかも知れないが、個々の取締役は、会社の帳簿などを独自に調査すべき権限は有していない（東京地判平成23年10月18日金判1421号60頁）。したがって、ここにおいても、独自の調査権がないことが前提となる。

　まずは問題の兆候を認識した取締役は、

① 取締役会の招集を請求し（会社法366条2項）、取締役会で調査（質問
や報告要求）、指揮命令（違法行為の差止めを命ずる）、人事異動（代表者
の解職や担当業務の変更）などを行って対処するか、

② 監査役に違法行為を報告して対処してもらうことになる（なお、著し
い損害の報告義務はある。会社法357条）。

個々の取締役に調査権限がない以上、取締役会を通じた調査をするほかな
いのである。また取締役個人として違法行為の差止請求権等があるわけでも
ない。

このようなことをしても止まらない場合、それ以上に何らかの対応が必要
なのか、実はよく分からない。参考事例としては、ダスキン事件（大阪高判
平成18年6月9日判時1979号115頁。違法行為を知った役員らが調査委員会を
設置させてその解明と処分を行ったが、それでも公表しなかったことから義務違
反とされた）や三菱石油事件（東京高判平成14年4月25日判時1791号148頁。
不審に気がついた取締役が常務取締役に報告して一定の改善がなされたケースで、
義務違反が否定されている）が参考になる。取締役は監査役と違って独自に取
り得る手段が非常に限られているのである。

実務的には、違法行為の指摘をしても是正されない場合、結局、取締役を
辞任しない限り、リスクは残る。

5　認定プロセス

この過失の有無の判定プロセスには、2つの方法がある。これは重要であ
る。

不正行為が発生した場合、その不正行為が発生してしまった原因を解明す
る。そしてその原因を事前に知り得たかどうかを判定する。そして知り得る
ならば、義務違反であったとする。これが多くの法律家が無意識のうちに考
えてしまうプロセスである。

しかしこの「原因から遡っていく考え方」は、多くの場合、適切でない。
いかなる原因であっても、事件が起こってから、その原因を知り得る余地が
あったかと言えば、それはいくらでもある。「ああすれば分かった、こうす
れば分かった」などということは山ほど指摘することができる。したがって、
この判定プロセスでは、不当に義務違反が拡大してしまう。

他方、当時一般論として取締役としてはどういう職務をすべきであったか、

やっていた職務が通常要求されるレベルであったかどうかを先に考え、それが通常のレベルであれば、そのレベルの職務遂行で不正が発見できない原因であれば、それは過失がない、というプロセスで判定する方法がある。これはあるべき職務の水準から考え始めるもので、こちらの方が適切な判断ができる。日本システム技術事件で、地裁と高裁の判決は、前者のプロセスを取り、最高裁は、後者のプロセスを取っている（東京地判平成 19 年 11 月 26 日判時 1998 号 141 頁、東京高判平成 20 年 6 月 19 日金判 1321 号 42 頁、最判平成 21 年 7 月 9 日判時 2055 号 147 頁）。その後の判例は、この最判に従っている（例えば日経新聞事件・東京地判平成 21 年 10 月 22 日判時 2064 号 139 頁）。

6　監視義務違反を問われやすい類型

　監視義務違反というのは、個々の不正行為に着目して、それを事前に知り得たかどうか、という発想であるから、大企業では、個々の役職員がこれから不正行為をするかどうかなど、役員が察知できるとは考えにくい。

　しかし監視義務違反が問われやすい類型もある。

　例えば、継続的に行われる不正行為である。架空取引などの粉飾やトレーディング業務での簿外取引、カルテル等の独占禁止法違反などである。

　これらの場合、不正行為が行われているどこかの期間で、例えば内部監査をきちんとしていれば発見できたのではないかとか、人事異動があれば発見できたのではないかとか、いろいろな発見のきっかけがあり得る。もしその時点で発見して差し止めていれば、その時点以降の損害は発生しなかったはずだ、ということで、発見可能時点以降に発生した損害に関しては、義務違反を認定されることがある。

　もう 1 つは、一度発生した不正行為が再発した場合である。

　一度不正行為が発生したとき、最初は、そのようなことが起きるとは誰も予想していなかったかも知れない。しかし一度起きた時点で、現在の会社の体制ではそのようなことが起き得るのだ、という可能性をみんなが認識したことになる。それにもかかわらず、改善策を施さず、再度同種の不正行為が発生した場合には、それは予見可能であり、差し止めるための対策を取るべきであった、として義務違反を認定される可能性がある。したがって、一度不正行為が発生したら、その原因究明と改善策の実施は、絶対に必須なのである。

Ⅳ 内部統制システム構築義務

1 役員の責任と内部統制

役員の責任の4つ目の類型が内部統制システム構築義務違反である。

会社の他の役職員が違法行為をした場合、上記のとおり監視義務違反の有無が問題となるのであるが、上場大企業では、そうそう簡単に役員の過失が認められるわけではない。個々の違反行為など、事前に察知するのは至難の業だ。

それは逆に言うと、大企業になればなるほど、会社で何が起きても経営トップは責任を取らない、ということになりかねないということである。

そこで最近では、

「個々の違法行為を事前に察知して差し止める」

という原始的な監視義務の形態ではなく、

「そもそも会社の経営者は、違法行為が起きないような組織を構築する責任がある」

という考え方がとられている（最初の判決例は、有名な大和銀行事件である。大阪地判平成12年9月20日判時1721号3頁）。これが内部統制システム構築義務である。

そこで、最近の株主代表訴訟では、会社で何か不祥事がある度に、株主からは「内部統制システム構築義務違反だ」という主張がなされることになっている。

2 内部統制システムの由来

今、日本で内部統制と言われているものの起源は、3つある。

1つは、会社法上の役員の責任という議論からの発展である。上記のとおり、会社の取締役は、企業価値向上や法令の遵守のため、監視義務を尽くす必要がある。役職員にも法令を遵守した事業活動をさせるよう配慮する義務がある。すると大会社の取締役は、個々の違法行為を事前に察知してそれを差し止めるという発想ではなく、そもそも違法行為が生じないような組織を構築すべき責任があるのではないか、と考えられる（神崎克郎「会社の法令遵守と取締役の責任」曹時34巻4号（1982年）1頁）。

　この考え方は、違法行為に対する対処の問題であり、経営の効率性は対象とはなっていない。また、役員の責任という切り口である。

　2つ目の起源は、監査論のリスク・アプローチの考え方である。

　監査においては、すべての会計事項の適正性を1個ずつ全数検査することはできないので、その会社の内部統制を評価し、そのリスクに応じてサンプリング調査の精粗を決めるというのがリスク・アプローチである。ここで内部統制という考え方が生まれた。日本においても、2002年1月の改訂監査基準でリスク・アプローチが採用されたことが、内部統制が世の中に広まったきっかけとなっている。

　内部統制の3つ目の起源は、COSO（「こーそー」と呼んでいる）を中心としたアメリカの動きである。アメリカにおいては、1980年代のS&L等の大量倒産事件を受けて、原因究明のためトレッドウェイ委員会が設置され、1992年に内部統制のフレームワーク（COSO）が作られた。それが1999年には日本の金融検査マニュアルにも導入され、その後エンロン事件等を受けてSOX法の制定となり、日本にも金商法の内部統制報告書という形で導入されることとなった。

　この3つ目の起源は、内部統制を経営トップの義務とすることに主眼がある。コーポレート・ガバナンスの問題にしたということである。また財務報告の信用性という投資家の視点と、企業価値の維持・向上の視点がある。

3　内部統制とは、リスク管理責任

　会社法上は、「内部統制」という言葉はない。「株式会社の業務の適正を確保するために必要な体制」という言い方をしているだけである（会社法362条4項6号）。

　分かりやすく言うならば、今一般に内部統制と言われているものの中身は、「リスク管理体制」である。

　会社は、常時、様々なリスクに晒されている。リスク管理というのは、そのリスクをきちんと把握し、リスクを低減させるものは低減させ、そのまま受け入れるものは受け入れるという、リスクのコントロールをすることである。そのリスクの中には、例えば、為替レートが変動して損失を被るリスクもあれば、製品に瑕疵が発生して損害賠償請求を受けるリスクもある。その中の1つとして、役職員が不正行為などを行って会社が損失を被るリスクも

ある。役員の責任との関係で問題となるのは、この最後のコンプライアンスにかかる内部統制の問題であることが多い。

4　内部統制の目的と企業価値

内部統制には、①企業価値向上という視点、②財務情報の信頼性という視点、③法令遵守という視点、の３つがある。

まず内部統制システムを整備して、企業価値を向上させるという目的がある。

これは２つの意味がある。１つは、重大な不祥事で企業価値が毀損することを避けるという意味である。

もう１つは、仮に重大な不祥事が今起きていなくても、内部統制を整備することで、恒常的な企業価値向上に繋がるという考え方である。

例えばA社は、現在の企業価値が1000億円あるが、実は内部統制ができていなくて、巨大な不祥事を起こして会社が倒産する可能性が10年で10％あるとしよう。そうすると、本来その企業価値は、10年以内に10％の確率でゼロになるのだから、現在価値は、その確率分を差し引いて900億円しかないことになる。もしその会社が内部統制システムを構築してその確率が5％に低下したとすると、企業価値は950億円となり、50億円の企業価値の向上が得られたということになる。

次に財務報告の信頼性の向上であるが、これは投資家のためである。例えば客観的な株式価値が1株1万円の会社があったとする。しかしその会社が情報をきちんと開示していなかったら、投資家はその会社の内容が分からないから、その株を1万円で買うようなことはしない。その分価格は下がってしまう。情報を開示はしているがその情報が信頼できないものである場合も同様で、間違っている可能性の分だけ価格を割り引かなければならない。例えばリスクが50％あると思えば、5000円の対価しか払わないということになる。しかし内部統制によって財務報告の信頼性が高まれば、その分株価は向上する。

3つ目の法令遵守は、会社の役職員が違法行為を起こさないようにするための体制整備である。

このように考えると、基本的には企業価値の向上が目的であり、内部統制もその範囲で行うべきものである。したがって、どの程度のものを構築する

かは、コスト・パフォーマンス次第ということになる。ただし、最低限の法令遵守体制は必要だから、それを整備したら赤字になってしまうような事業は、止めるほかなかろう。

5　組織管理体制の基本

さて、役員の責任の視点から、あるべき内部統制の仕組みを考えると、組織管理の基本は以下のとおりである。

① まず仕事のルールを作成する。（仕事の手順や禁止事項など）
② そのルールをきちんと役職員に周知する。
③ 役職員は仕事をし、やった仕事の内容を記録に残す。
④ その後に第三者がその記録をチェックする。ルール違反があれば、処分・改善等をする。

というサイクルである。

まず、守るべき手順や、やってはいけないことなどをきちんと決めなければいけない。「適宜よきにはからえ」では組織管理はできない。

その作成したルールはきちんと周知する。研修であったり、マニュアルの作成・交付であったり、相談カウンターの設置であったりする。

そして記録を残させる。記録が残らないと、違反のチェックができない。

最後に違反の有無のチェックを必ずする。違反があれば処分や改善を行う。

以上が組織管理の基本である。

6　COSO

有名な内部統制のモデルにCOSOがある。

COSOは、S&L等の多数の破綻事例からその原因を抽出し、グループ分けしたものである。したがって、理論的な網羅性、体系性はないが、実務的に起きやすい問題、注意すべきことがらをまとめたものである[注]。

COSOは、①統制環境（企業風土）、②リスク評価、③統制活動、④情報と伝達、⑤モニタリングの5つで構成されている。

「統制環境」というのは、かみ砕いて言うと、その企業の役職員の人たちが、本気でルールを守ろうとしているか、そういう環境が整っているか、ということである。企業風土のことである。例えば、売上げを上げるためなら、少々ルール違反をしてもよいとか、問題が起きたらフタをして隠ぺいしてし

まわないかとか、そういうものである。これが一番重要なポイントである。

「リスク評価」というのは、リスクを洗い出し、重要なものから順位を付け、認識する作業である。リスクの評価から、物事は始まるのである。

「統制活動」というのは、その洗い出したリスクに対して、あるべき手続を定め、それを実践するプロセスである。経営者の命令が実行されているとの保証を与えるのに資する方針と手続、などと言われる。リスクに対応した、業務の手順や、報告ルール、財務報告の作成手順、権限の分配等が含まれる。

「情報と伝達」というのは、組織内の情報伝達の仕組みであり、経営者が必要な情報を入手し、必要な命令を伝達するほか、組織の各員が、それぞれ自己の責任を果たし得るような形とタイミングで情報が識別、伝達されているかということである。

最後に「モニタリング」というのは、監視活動であり、日常の業務の中での監視と、独立した監視機構による監視の双方がある。

日本の会社法では、特定の内部統制モデルを採用しているわけではないが、どういう要素が必要かは参考になる。

(注)　現在は改訂版 COSO ERM（全社的リスクマネジメント）フレームワーク（2017年）にバージョンアップされている。ここでは基本的な説明であるため、COSO の要素を説明している。

7　内部監査と内部通報の重要性と今後

基本的には内部統制システムを構築するのは、取締役会である。基本方針を定める。

取締役は、内部統制システムを構築すると、その後、そのシステムがうまく機能しているか、どうやって確信するのであろうか。取締役は、取締役会に出席しているだけでは、会社の末端で何が起きているか認識しようがない。特に社外取締役の場合はそうである。確信する根拠がなければ、きちんと内部統制システムを構築してそれを信頼していたと言っても、無過失と言えないかも知れない。

そのとき重要なのは、「何か問題が起きれば、それは取締役会まで情報が上がってくるはずだ」、という体制を作ることである。

内部監査と内部通報は、その仕組みなのである。

内部監査部門を設けて、適宜現場を監査し、問題がないかチェックする。

また現場の役職員が問題を発見すれば、内部通報でしかるべき部署に連絡をする。そのようなルートがきちんと機能していることで、合理的に、現在の内部統制システムがきちんと機能しているはずだと確信する正当な根拠となるのである。

　ただし、最近では、内部通報制度も内部監査制度も採用しているのに、相変わらず不祥事が絶えない。これだけでは足らないのである。内部通報制度も、利用しやすいように改善を重ねていく必要がある。また内部監査制度も、しっかりリスクに応じた監査ができるよう、丁寧なリスクアセスメントをし続ける必要がある。それ以外にも、取締役会としては、様々な情報入手手段を構築していく必要がある。例えば顧客や取引先など外部からの通報を報告する仕組みとか、新しい事件や法律の改正などのリスクの変化を察知して報告する体制、取締役が社内の重要な情報にアクセスできる仕組み（例えば重要な会議の資料や議事録、決裁書類、報告書類等）などのほか、定期的に企業風土やリスクの状況についてのアセスメントを取締役会自体が外部の専門家に依頼するなどすることが考えられる。日々、PDCA を回していくほかない。

8　内部統制システム構築義務の法的根拠

　内部統制に関しては、会社法と金商法に規定がある。

　会社法は、内部統制に関しては、2 つのことを定めている。まず、内部統制の基本方針は、取締役会で決議しなければならない（専決事項。会社法 362 条 4 項）。代表取締役らに委任することはできない。

　もう 1 つ会社法が定めているのは、大会社については、この内部統制に関する決議をしなければならないことである（会社法 362 条 5 項）。

　具体的な項目は、会社法施行規則 100 条が定めている。12 項目あるが、適宜要約すると、①情報の保存管理体制、②リスク管理体制、③効率性確保体制、④コンプライアンス体制、⑤監査役の体制、⑥企業グループの体制である。この決議というのは、基本方針、大綱のようなものとされており、詳細な内部統制システムまで決議する必要はない。

　法文上はあくまでも決議義務であって、構築義務ではない。構築義務は判例で認められている。

　金商法上は、内部統制に関して、内部統制報告書とその監査の制度が設けられている（金商法 24 条の 4 の 4 第 1 項・193 条の 2 第 2 項）。これはあくまで

も開示制度の一部である。開示制度であるから、内部統制システムの構築義務を定めているのではない。あくまで財務報告の内部統制を自ら評価し、それを監査して、その情報を投資家向けに開示しているだけである。

　このように会社法も金商法も、内部統制システムの構築を義務づけたわけではないから、内部統制システム構築義務の根拠は、あくまでも善管注意義務、ということになる。どのような体制を構築するかは、一義的には決まっていないのである。

9　会社法の内部統制決議義務の意味は何か？

　会社法は、構築義務は定めずに、決議義務だけ定めたのであるが、その意味はどこにあるのであろうか。決議さえすれば中身は何でもよいのであろうか。それで意味があるのであろうか。

　取締役会が12項目の決議をするにあたっては、その前提として、会社の状況を精査しないといけない。例えばコンプライアンスであれば、当社にはどういうコンプライアンス・リスクがあり、それに対してどういう体制を構築することが望ましいのか、といったことを調査・検討することになる。その上で、決議する。十分な情報に基づく決定が必要だ。

　これは重要である。もし不祥事が発生したとき、適切な内部統制の決議をしていたかが問題となるが、決議にあたってきちんとリスク評価をしたかということになる。きちんと調査していてもそのリスクを知り得ないときはしようがないが、調査していれば知り得たということになれば、義務違反の可能性が出てくる。もちろん調査をしなければ、それ自体が義務違反となりかねない。つまり決議義務を設けるだけでも、その決議のために必要な調査の義務というものが出てくるのである。

　また内部統制の決議は、取締役会の専決事項とされている。取締役会の決議事項であるから、もしその決議に問題があれば、すべての取締役および監査役に義務違反が及ぶ可能性がある。つまり役員全員の職務、責任だぞということである。

　構築義務とせずに、決議義務とした理由は、もともと内部統制のあり方は、経営判断の問題であり広い裁量がある上、時の流れにつれてどんどん進化していく性質のものであるから、特定の内部統制システムの構築を義務づけることができないというやむを得ない理由もあるのだが、決議義務だけでも十

分効果が生じるということもあったのだと思われる。

10　誰が何をすべきか

内部統制システムは、誰がどう構築すべきなのであろうか。

まず取締役には取締役会の構成員という職務がある。したがって、取締役会決議事項とされている内部統制の12項目の決議については、取締役会においてそれを適切に行う注意義務がある。もしその決議の過程・内容に著しい不合理があれば、善管注意義務違反に問われる可能性がある。

次に代表取締役は、取締役会の内部統制の決議に基づき、具体的な内部統制の仕組みを構築する職務がある。ただし、権限分配規程・職務分掌規程などに基づき、部下の業務執行取締役や従業員にその職務を分担することができる。

さらに代表取締役から業務の分担を受けた業務執行取締役は、自己の管掌業務に関してより具体的な内部統制を構築する職務を分担する。それをさらに下位の従業員などに分担させることもあり得る。

このように内部統制の構築に関しては、取締役各人ごとに担当すべき職務の内容が異なっているので、各人ごとにそのなすべき職務に懈怠がないかどうかを判断していくことになる（前掲ヤクルト事件）。

11　構築と運用、定期的な見直し

内部統制システムを構築する義務は、運用する義務でもある。

内部統制システムというのは、もともと完璧なシステムというものがあるものではなく、経済社会情勢に応じて、また不祥事等の経験に基づいて、日々変化、進展していくものである。

したがって、取締役としても、会社の事業内容の変化や新しい内部統制に関する知見などをもとに、あるべき内部統制システムの見直しをしていかなければならない。PDCAのサイクルをきちんと回していくということである。

会社法362条の決議義務という視点から見ても、一度決議すればそれでおしまいということにはならない。抽象的な決議義務があるということになれば、一度決議をしたとしても、その後の状況の変化に応じて、決議を修正すべき状況になれば、再度決議をし直すべきだということになる。

そこで、各社は、定期的に、例えば年に一度くらいは、現在の自社の状況

がどうなっているのか、それをチェックして、内部統制の決議をし直す必要がないかどうかを取締役会で議論すべきであろう。具体的には、当年度に生じた不祥事や過誤の状況、内部通報の状況、法令等の改正や新しい事業におけるリスクの状況、他社の不祥事事案、コンプライアンス・プログラムの進捗状況などに照らして、見直しの要否を判断する。

　要するに、内部統制というのは「リスク」の「管理体制」であるから、リスクの状況が変われば内部統制も変更する必要があるし、またリスク制御のノウハウや技術が変われば、やはり内部統制の仕方も変えなければならないのである。そのリスクとリスク制御技術の変化を注視する組織やシステムを構築するのである。

12　総論と各論

　コンプライアンスにかかる内部統制のうち、いわゆる総論部分については、整備が進んでいる。

　例えば企業行動憲章を定めてコンプライアンス重視の姿勢を明確にするとか、コンプライアンス担当役員や担当部署の設置、コンプライアンス・マニュアルの作成、研修、内部通報制度の創設、内部監査部門の設置等である。

　現在重要になっているのは、グローバルな個別の規制法規の遵守の体制整備である。各国の、独占禁止法・競争法や個人情報保護法、労働法、環境法、製造物責任法、外国公務員への贈賄の禁止、知的財産法その他の個別法規である。

　これらは、規定の内容が自明ではない上、頻繁に変更されるから、きちんとこれを役職員に周知させる必要がある。独占禁止法違反のように、営業マンの業務日報や同業者との接触ルールなど、事務処理フローや遵守規定の整備、担当職員の配置、電子メールの検証体制など、組織的対応が必要な場合も多い。

　また最近は、多くの不祥事件が発覚している。日産自動車事件や神戸製鋼所事件などの品質保証関連の多数の事案やスルガ銀行事件のような極端な事案も発生している。他社も、このような事案を参照し、自社にとってどのような教訓となるか、検討する必要がある。今後は、組織の心理学などの知見を活用したり、AIやIoTなどの技術を利用したコンプライアンス体制の構築など、すべきことはたくさんある。

　したがって、各社が自社の晒されているリスクを認識し、それに応じて必要な体制を整備する必要がある。

13　構築すべき水準

(1)　経営判断の原則の適用はあるか

　内部統制システムというのは、リスク管理のあり方の問題であり、経営判断そのものである。そこで、判例も、いかなる内部統制システムを構築するかについては、経営判断の原則の適用があり、取締役の広い裁量があるとしている（前掲大和銀行事件判決、ヤクルト事件高裁判決等）。学説も同様である。ただし、最低限の統制は必要であるという学説はある。

(2)　内部統制の水準はどうあるべきか？

　経営判断の原則の適用があり、取締役に広い裁量があるとして、より具体的にどの程度の水準の体制を整えておくべきか。

　画一的な基準はないが、多くの判決例は、少なくとも他社並み程度のものを備えていないと義務違反にあたるとしているようである。

　例えば、日本ケミファ・日本ワイス事件判決は、「一般的な製薬会社の組織として、控訴人会社の当時の新薬開発管理の体制がねつ造等防止の点で同業の他社に比べて特に劣っていたと認めるに足りる証拠はない」として義務違反を否定している（東京高判平成 3 年 11 月 28 日判時 1409 号 62 頁）。

　前掲ヤクルト事件高裁判決も、「他の事業会社において採られていたリスク管理体制に劣るようなものではなかった」としている。

　したがって、実務的には、同業他社並みの水準は整備していくべきであろう。

　また、担当者が架空売上げの計上をした前掲日本システム技術事件で、最高裁は、

　　「上告人は、通常想定される架空売上げの計上等の不正行為を防止し得る
　　程度の管理体制は整えていたということができる」

として、義務違反を否定している。したがって、およそすべてのリスクを排除しなければならないものではなく、通常想定されるリスクを回避すればよいものと思われる。

Ⅴ　信頼の原則

1　信頼の原則とは何か？

　役員の責任を考える上で重要なのが、「信頼の権利」とか「信頼の原則」などと呼ばれる考え方である。

　信頼の原則というのは、

「取締役は、他の関係者が、それぞれ誠実に職務を遂行していると信頼して自己の職務を遂行すればよい」

というものである。

　アメリカ法律協会の「コーポレート・ガバナンス原則」は、

「取締役又は役員は、その職務（監視に係るものを含む）を遂行するに当たり、第4.02条及び第4.03条（取締役、役員、使用人、専門家、その他の者及び取締役会の委員会に対する信頼）に従い、資料及び他の者を信頼することができる」

と定めている（第4.01条(a)(2)）。

　信頼の原則というのは、会社法的にはどういう意味なのであろうか。

　例えば取締役として取締役会に出席すると、議案書が提出される。それが他社に対する投資の案件であったとする。議案書にはその投資先企業の概要や株式の評価額などいろいろな情報が記載されている。取締役はその資料を見て、その投資の可否を判断することになる。しかし後になってそこに記載されている情報は間違っていたとか、記載されていない全然別の事情があったなどということが分かって、その投資は損失になったとしよう。そのとき取締役は義務違反となるのであろうか。

　大会社では、各部署、各人で、仕事を分担している。上記の例では、投資の担当部があり、そこの係員や課長、部長などがその案件の情報を収集し、検討、交渉している。そして提案しようということになると取締役会向けの資料を作成する。その資料を見せられた取締役は、その資料に記載されていることが正しいものと信頼して検討を行う。もし後日それに記載されていることが事実に反することが判明したら義務違反であるとなると、取締役は、提出された資料の真実性を、いちから自分で確認する職務を負担していたということになる。例えば自分でその会社の現地調査に行って買収監査をした

り、自分で専門家に依頼してフェアバリューを算定してもらったりしなけれ
ばならないことになる。しかしそれでは担当部や取締役が同じことを何度も
繰り返すことになってしまい、まったくもって非効率である。そのような仕
事は取締役に求められていないというほかない。

　つまり取締役の職務として、他の役職員が行った職務は誠実に行われてい
ると信頼した上で、自分の職務を行うことが予定されているというべきであ
る。

　言い換えれば、ある議案の資料を提出されたとき、取締役の職務として、
その資料に記載してあることがいちいち真実かどうかをいちから調べ直すべ
き職務は負担していない、ということである。

　さらに、専門的、技術的事項の場合には、専門家の判断に対する信頼も広
く認められる（札幌地決昭和54年5月8日判タ397号145頁）。

　この信頼の原則というのは、特別な原則ではなく、委任契約の内容の合理
的な解釈の問題である。委任契約の内容として、どういう仕事をすることが
取締役に求められているのか、ということを解明している作業である。

　信頼の原則は、判例上も認められている。例えば長銀初島事件判決（東京
地判平成14年4月25日判時1793号140頁）は、

　「取締役の行なった情報収集・分析、検討などに不足や不備がなかったか
どうかについては、分業と権限の委任により広汎かつ専門的な業務の効率
的な遂行を可能とする大規模組織における意思決定の特質が考慮に入れら
れるべきであり、下部組織が求める決裁について、意思決定権者が、自ら
新たに情報を収集・分析し、その内容をはじめから検討し直すことは現実
的でなく、下部組織の行った情報収集・分析、検討を基礎として自らの判
断を行なうことが許されるべきである。特に原告のように専門知識と能力
を有する行員を配置し、融資に際して、営業部店、審査部、営業企画部な
どがそれぞれの立場から重畳的に情報収集、分析及び検討を加える手続が
整備された大銀行においては、取締役は、特段の事情のない限り、各部署
において期待された水準の情報収集・分析、検討が誠実になされたとの前
提に立って自らの意思決定をすることが許されるというべきである。そし
て、上記のような組織における意思決定の在り方に照らすと、特段の事情
の有無は、当該取締役の知識・経験・担当職務、案件との関わり等を前提
に、当該状況に置かれた取締役がこれらに依拠して意思決定を行なうこと

に当然に躊躇を覚えるような不備・不足があったか否かにより判断すべきである」

としている。

　この長銀初島事件判決は、「特段の事情」がある場合は、部下のした調査・検討に依拠できないことがあるとしている。これはどういう場合であろうか。

　例えば、稟議決裁の場合に、上がってきた稟議書やその添付資料に、一見しておかしいと思われるような不備、例えば、必要とされている添付資料がないとか、記載内容が矛盾しているとか、判断のために必要な情報が欠けているとか、常識的におかしな数字が並んでいるなどといった事情である。つまり、その稟議書自体から、外形的に不自然、矛盾を感じさせる場合である（日債銀プレビア事件・東京地判平成 16 年 3 月 26 日判時 1863 号 128 頁。稟議書に不審な点がなかった事例として、つくば銀行事件・水戸地下妻支判平成 15 年 2 月 5 日判時 1816 号 141 頁）。

　そのような場合には、作成した担当部署に確認するとか、再度調査をさせるとか、何らかの対応を取るべきであって、そのまま稟議を決裁してはいけない（第一住金事件・東京地判平成 13 年 11 月 5 日判時 1779 号 108 頁）。

　また信頼できるのは、誠実な職務をしてその情報を提出してきたという点であって、その情報をもとにその案件を可とするか、否とするかを決めるのは取締役自身である。その判断は、決裁権者とされている以上、部下の判断に依拠したという理由で責任を免れるものではない（なみはや銀行事件・大阪地判平成 14 年 10 月 16 日判タ 1134 号 248 頁）。

　なお、信頼の原則というのは、自分の仕事はきちんとやっている場合の話である。例えば、取締役が代表取締役に職務を任せて、まったく何らの監視行為もしない場合などは信頼の原則とは言わない（非上場会社やオーナー系企業などには散見される）。信頼の原則というのは、そのような無責任行為を許すための議論ではない。また会社が倒産に瀕しているなど、危機的状況で特に違法行為等が発生する可能性が高い状況の場合も、信頼の原則がそのまま適用されるわけではなかろう（前橋地高崎支判昭和 49 年 12 月 26 日判時 780 号 96 頁）。

2　監視義務・内部統制システム構築義務と信頼の原則

　監視義務や内部統制システムの構築義務にあたっても、信頼の原則は適用される。

　例えば、前掲大和銀行事件判決は、

　「財務省証券の保管残高の確認については、これを担当する検査部、ニューヨーク支店が設けられており、この両部門を担当する業務担当取締役がその責任において適切な業務執行を行うことを予定して組織が構成されているのであって、頭取あるいは副頭取は、各業務担当取締役にその担当業務の遂行を委ねることが許され、各業務担当取締役の業務執行の内容につき疑念を差し挟むべき特段の事情がない限り、監督義務懈怠の責を負うことはない」

としている。また、担当外取締役についても、

　「検査部及びニューヨーク支店の指揮系統に属さない取締役……は、取締役会上程事項以外の事項についても、監視義務を負うのであり、リスク管理体制の構築についても、それが適正に行われているか監視する義務がある。……検査業務については、検査部という専門の部署が設けられていたこと、検査の専門の部署が、財務省証券の保管残高を確認するに当たり、……保管残高明細書を直接入手するという正に必要欠くべからざる手順をとらず……基本的な過誤を犯すことを想定することは困難であること等の諸事情によれば、ニューヨーク支店における財務省証券の保管残高の確認方法について疑念を差し挟むべき特段の事情がない限り、不適切な検査方法を採用したことについて、取締役としての監視義務違反を認めることはできない」

と判示した。

　これは、担当者に対する上司の取締役の信頼の原則と、担当外取締役の担当取締役に対する信頼の原則を、それぞれ判示したものである。

　前掲ヤクルト事件高裁判決も、

　「③会社の業務執行を全般的に統括する責務を負う代表取締役や個別取引報告書を確認し事後チェックの任務を有する経理担当の取締役については、デリバティブ取引が会社の定めたリスク管理の方針、管理体制に沿って実施されているかどうか等を監視する責務を負うものであるが、ヤクルト本社ほどの規模の事業会社の役員は、広範な職掌事務を有しており、かつ、

　必ずしも金融取引の専門家でもないのであるから、自らが、個別取引の詳細を一から精査することまでは求められておらず、<u>下部組織……が適正に職務を遂行していることを前提とし、そこから挙がってくる報告に明らかに不備、不足があり、これに依拠することに躊躇を覚えるというような特段の事情のない限り、その報告等を基に調査、確認すれば、その注意義務を尽くしたものというべきである</u>……④その他の取締役については、相応のリスク管理体制に基づいて職務執行に対する監督が行われている以上、<u>特に担当取締役の職務執行が違法であることを疑わせる特段の事情が存在しない限り、担当取締役の職務執行が適法であると信頼することには正当性が認められる</u>」

と判示した。

3　監査役と信頼の原則

　監査役と信頼の原則の関係は、あまり明確ではない。

　前掲ヤクルト事件高裁判決は、「監査役は、……リスク管理体制の構築及びこれに基づく監視の状況について監査すべき義務を負っていると解されるが、③と同様、監査役自らが、個別取引の詳細を一から精査することまでは求められておらず、下部組織等……が適正に職務を遂行していることを前提として、そこから挙がってくる報告等を前提に調査、確認すれば、その注意義務を尽くしたことになる」と述べてこれを認めている。

　監査役の場合、監査役の注意義務の限界という意味で、信頼の原則は必要になるのではないかと思われる。

　職務を分担した監査役相互間の信頼の原則や会計監査人の監査方法に対する監査役の信頼については、これは保護されるものと考えられる（森本滋・判評 508 号（2001 年）45 頁）。

4　信頼の原則の重要性

　いずれにしろ、信頼の原則は、役員の責任において非常に重要である。経営判断の原則と同程度に重要である。その根拠は、組織内での「職務の分担」であり、留意すべきなのは、提出された稟議書や取締役会資料などで、不審に思う点を見逃さないことである。

Ⅵ　役員の責任と実務上の留意点

1　総　論

これまで役員の責任を4つの類型に分け、それぞれ留意すべきポイントを述べてきた。

すなわち、

① 具体的な法令違反については、義務違反の可能性が高いので絶対してはならないこと、

② 経営判断については、4つの要件を守ること、

③ 監視義務違反については、不審な情報を得たらきちんと対処すること、

④ 内部統制システムについては、少なくとも同業他社並みの仕組みは整備すること、

である。

実際の取締役会に出席したり、役員の責任が問題となった判例などを見ると、こういう事例が危ない、というものがある。

まず取締役会で注意すべき議案・事項というのは、筆者の体験からは、実はそれほど多くはない。例えば、会社の組織変更や人事などは、どう決めたからといって責任の発生のしようがない。また社債、借入れその他の資金調達についても、会社にお金が入る行為であるから役員の責任が発生することは考えにくい。月次あるいは四半期などの業績報告も同様である。その意思決定によって、会社に損失が発生する可能性がある議案というのは、新規の設備投資、企業買収、経営不振の関連会社の救済などである。

また、裁判例では、実務で失敗しそうな事例がだんだん分かってきた。

以下では、それを解説する。

2　不祥事が発覚した場合

まず不祥事を社内で発見した場合の対応である。

重大な不祥事が発生した場合には、直ちに公表し、原因の究明および善後策の策定をしなければならない。これに関しては、判例上、あまり裁量の余地が認められていない。

前掲ダスキン事件は、ミスタードーナツというファストフード店で未認可

の添加物が使用されていたことが発覚した事例であるが、それを公表せず、さらにそれを知った関係者に金銭を脅し取られた、という事案である。その後社内ではそれが発覚して調査委員会を立ち上げて調査をし、関係者の処分もしたが、結局世の中に対して公表はしなかった。それに対して、裁判所は、

「現に行われてしまった重大な違法行為によってＡ社が受ける企業としての信頼喪失の損害を最小限度に止める方策を積極的に検討することこそが、このとき経営者に求められていたことは明らかである。……被告らはそのための方策を取締役会で明示的に議論することもなく、『自ら積極的には公表しない』などというあいまいで、成り行き任せの方針を、手続き的にもあいまいなままに黙示的に事実上承認したのである。それは、到底、『経営判断』というに値しない」

と判示して、公表しなかったことが義務違反にあたると判示した。

　日本企業は、不祥事の公表が苦手である。

　社内で不祥事が発覚すれば、何とかフタをしようとしたり、「とりあえず事実関係を調査してから」とか「善後策を策定してから」などといって、開示を先延ばしにする。発覚したのにきちんと開示しないで同じ違法状態を続けていれば、知った役員は皆共犯である。

　また、不祥事を隠して結局マスコミ等にばれましたということになれば、より会社の損害を拡大するだけであって、そのような選択肢は取締役の義務違反である。

　さらに会社の統制環境（企業風土）の醸成という観点からすると、不祥事を起こした場合、直ちにそれを公表し、関係者を処分し、善後策を取ると、社内の従業員に対しても「本当に違法行為はしてはいけないんだ」ということを身をもって知らしめることになり、コンプライアンスが重要だという企業風土を根付かせることになる。逆に、不祥事を隠蔽して、関係者の処分などもしないでフタをすれば、社員達も「なんだかんだいって、やっぱりコンプライアンスより会社の評判・我が身の方が大事なんだな」と認識するようになり、コンプライアンスは疎かになる。これでは、また不祥事が再発する。不祥事の公表によって一時的に会社の評判が低下することより、しっかりコンプライアンスの重要性を認識させて、不祥事が再発しない企業風土を作る方が重要なのである。一度は恥をかけ、ということである。

　したがって、重大な不祥事が発覚した場合は、まずは現時点の情報を公表

してしまうことである。そうしないと、全員が義務違反となりかねない。

　また開示する情報は、分かっていること全部である。日本の企業は、しば
しば悪い点を小出しにする。都合のよい部分だけ開示したり、たくさんある
違法行為のうち少しだけ開示する、などというのは、マスコミの格好の餌食
になる。毎日会社非難キャンペーンが行われる。そうなったら、会社の信用
はさらに低下する。開示するときは、分かっていること全部を正直に開示す
ることである。

　なぜ日本企業が不祥事の公表が苦手かというと、終身雇用制があるからで
ある。日本の役職員は、その会社で定年まで勤めることが多い。もし会社が
傾くほどの不祥事が発覚すると、重大な利害関係者になる。もし会社が破綻
したり、他社に救済合併でもされれば、自分も仕事を失うことになる。だか
ら、重大な不祥事であればあるほど、それを隠したくなるのである。全員共
通の利害である。抜け駆けすれば、裏切り者と言われかねない。

　そういう環境になることを認識していれば、公表の有無は、危機が発生し
てから判断したのではいけないことが分かる。公表のルールは、予め、社内
の情報開示規程などで定めておく。どの程度以上のものは開示するとか、発
覚後24時間以内に開示するとか、調査途中であっても、現時点で判明して
いることを開示することなどである。「重要性」の判断基準もできる限り明
確にしておく。また、情報のレポーティング・ラインは、複数にしておく。
担当者とその上司という通常のレポーティング・ラインだけであれば、彼ら
は談合して隠蔽するおそれがある。不祥事のレポーティング・ラインは、担
当者から上司への通常のラインのほかに、広報や企画、監査役などの他のラ
インにも同時に報告されるようにしておく。そうすれば、隠そうなどという
発想にならなくなる。

　重大な不祥事は直ちに公表するほかない、ということは十分認識しておく
必要がある。

3　バラ色の事業計画

　次に実務でしばしばあるものに「バラ色の事業計画」の問題がある。
　例えば経営不振に陥った関連会社を救済する議案のとき、救済すればこの
会社の業績は右肩上がりで上がっていきますから、といったバラ色の収益予
測がついていたりする。また企業買収の議案で、この会社の業績はこれから

右肩上がりで上がりますよ、といったバラ色の事業計画がついていたりする。

実際にはそんなすばらしい業績になることは滅多にない。

どうも議案を上げてくる担当部は、バラ色の事業計画を添付してやらないと、取締役も賛成のしようがないだろう、と思って善意でつけているようである。

しかしこれは大変危険である。

事業計画は、将来の予測であるから、はずれても直ちに過失とは言えない。しかしあまりにも現実と違いすぎると、「もともとの事業計画が全然おかしかったのではないか」と見られてしまう。そもそもバラ色の事業計画をと思って作成しているなら、大した根拠もない数字に違いない。

経営判断の原則においては、判断の前提となった事実の認識に重要かつ不注意な誤りがあれば、それは義務違反となる。あまりにかけ離れた計画であれば、それは重要かつ不注意な誤りということで義務違反になるおそれが出てくる。

他方、事業計画をまじめに作成し、ベストシナリオ、ミドルシナリオ、ワーストシナリオを提示し、「うまくいかなければこういう結果になってしまいます、しかしそれでもこの会社は救済した方が当社にとって有利です」ということでその議案を可決していれば、「判断の前提事実の認識」に誤りはない。救済した方がよいかどうかは、著しく不合理でなければ義務違反にはならない。こちらは広い裁量がある。

つまり正直によいシナリオと悪いシナリオをきちんと提示して、その上で経営判断した方が安全なのである。晶屓の引き倒しにならないようにすべきである。

4　十分な情報とシミュレーション

経営判断の要件として、十分な情報を収集したことは重要である。

実務では、時折、この情報が不十分であることがある。

例えば、その会社、その業界の人にとっては常識的なことは、書かれていないことが多い。しかし裁判となったとき、裁判官はそのようなことは分からないから、必要な情報が抜けていると感じるかも知れない。また最近は社外役員も多く、彼らはそのような業界の常識を有していない。したがって、議案や資料を作成するとき、いかなる意思決定のためにいかなる情報が必要

なのか、部外者の立場で考えてみる必要がある。

　裁判所は、問題に直面したとき、取り得る選択肢のシミュレーションを求めることが多い。例えば幸福銀行事件（大阪地判平成 16 年 7 月 28 日判タ 1167号 208 頁）では、A 社を再建するのか整理するのか、再建する場合の事業のあり方や不足資金とその調達方法、整理する場合の手続、負担額、それらのスケジュールなどを検討すべきだとする。

　また日債銀ノンバンク事件（東京地判平成 16 年 5 月 25 日金判 1195 号 37 頁。ほかにも前掲長銀初島事件や、なみはや銀行事件・大阪地判平成 14 年 3 月 27 日判タ 1119 号 194 頁なども同様）でも、上記のとおり「本件支援計画を策定することは、これを前提に本件各融資を実行した場合と実行しなかった場合との利害得失を比較して、前者の方が銀行にとってより大きい利益が得られると判断され」る場合でない限り許されないと述べている。

　問題に直面したとき、取り得る選択肢のシミュレーションをするというのは、法律家にとっては非常に論理的であって自然な発想である。しかし実務家としては盲点になりやすい。何らかの経営判断をするとき、担当部署は最善と思う提案を上げてくるのであって、あり得る選択肢を平等に並べてシミュレーションしてみるような資料は作らない。また銀行のノンバンク救済事案で、裁判所はシミュレーションをしろというのであるが、銀行の経営者にとっては関連ノンバンクを救済しなければ本体の銀行が取り付け騒ぎに遭って破綻することは当たり前のことであって、そのようなことをいちいちシミュレーションするという発想が湧かない。しかし裁判では、きちんと資料の形にして各選択肢のメリット・デメリットを比較しておかないと、検討しなかったと認定されかねない。

　したがって、各選択肢のシミュレーションは非常に重要である。

5　問題の先送りと「不誠実な行為」

　裁判所が最も嫌うのは、判断の「先送り」だと思われる。例えば前掲幸福銀行事件は、グループ会社の支援融資を行った事案であるが、裁判所は「A 社に対する融資を決裁するに当たり、A 社の処理方針について具体的な検討をして経営判断をしたものではなく……ただ A 社の破綻による銀行の信用失墜を恐れ、2 年 4 か月もの長期間にわたって、本件 A 社融資を継続したものであるから……意思決定の過程、内容が銀行の取締役として特に不合理、

不適切なものであったといわざるを得ない」とし、「具体的な検討をして経営判断をした」ものではないと判示している。

前掲日債銀ノンバンク事件においても、系列ノンバンクへの支援計画について、「支援計画は……不良債権の処理等の抜本的解決を図るものとは認められず、将来の地価の上昇による貸付先企業の業績回復を期待して策定されたにすぎないのであって、A 社及び B 社の再建見通しがあったとも認められない」とされており、これは実質的には判断の先送りと見られたものと思われる。

また前掲ダスキン事件では、肉まんへの未認可添加物の混入事件について、その公表を含めた善後策につき、「そのための方策を取締役会で明示的に議論することもなく、『自ら積極的には公表しない』などというあいまいで、成り行き任せの方針を、手続き的にもあいまいなままに黙示的に事実上承認したのである。それは、到底、『経営判断』というに値しないものというしかない」と判示している（その他に、前掲なみはや銀行事件判決は、ずばり判断の先送りであるとして責任を認めている。小沢征行「追加融資について取締役の責任が認められた事例」金法 1649 号（2002 年）4 頁）。

一方、コスモ証券事件（大阪地判平成 14 年 2 月 20 日判タ 1109 号 226 頁）は、グループ会社の整理について弁護士や学者等に意見照会するなどして取り組んだ事案について、役員の責任を否定している。またロイヤルホテル事件（大阪地判平成 14 年 1 月 30 日金判 1144 号 21 頁）も、利益相反取引に係る無過失責任という論点があったにもかかわらず、社内にプロジェクトチームを作り外部の専門家等も多数交えてグループ会社支援の 3 か年計画を策定しそれに従って債権放棄等の支援策を実行した事案について、役員の責任を否定している。

困難な問題があるときには、取締役は正面からその問題に取り組み、検討を行って経営判断をすべきであるというのが裁判所の姿勢である。裁判官は潔い人たちであり、問題があればそれから逃げ隠れするなどということは絶対しない。民間の場合には、会社の業績や人事、自分の任期なども頭にちらつき、嫌な問題から目をそらしたいという衝動もある。しかし目の前の問題から逃避することは「不誠実な行為」であり、保身であって、それ自体が義務違反とされる可能性が高い。しかも問題の先送りは、先送りであって、何らの判断をしていない。そのような「判断」に経営の萎縮の問題や、政策的

な裁量や、情報の不完全性などを配慮する必要はない。そもそも「経営判断とは言えない」とされてしまえば、経営判断の原則の適用もなく、広い裁量もなくなる。実務的にはありがちな話なので、十分注意する必要がある。

6　ルールの逸脱・便法・虚偽

　次に、裁判所が問題とする点に、社内ルールの逸脱がある。例えば、前掲日債銀ノンバンク事件では、支援計画に基づく融資が「貸出規定に反しかつ回収見込みのない融資であることを認識していた」にもかかわらず、「重要財産の処分にあたることを前提とした取締役会決議がされていない……ことから明らかなように、回収を見込まずにされた救済融資ではなく、回収を見込んだ通常の融資による方法によっており」、合理性が認められないとして、通常の融資と仮装したことにつき役員の責任を認めている。

　長銀日本リース事件（東京地判平成16年3月25日判時1851号21頁）では、受皿会社に時価を上回る簿価で担保資産と貸付金を移管したことについて、「本件融資①は稟議書にいわば虚偽の記載をし、償還可能性を偽り、しかもそのことを関係者が承知の上で稟議が行われたものであり、まさに自らの依拠するシステムの信頼を傷つけるものであった」として稟議書に虚偽の記載をしたことについて役員の責任を認めている。

　両事案とも当該融資をすることは実質的に経営トップレベルで判断されており、社内ルールがあるので形式的に稟議書を作成して決裁も行ったのであって、担当者にしてみれば形を整えるため通常の融資の如く「虚偽」の記載をしたと思われる。つまりみんな分かっていたことであるし、実質的な不当性があるとは認識していなかった。しかし、裁判所は明らかな違法行為として厳しく責任を追及している。このような便法は許されないのである。

　なぜ裁判所は、このように厳しいのであろうと考えると、裁判所の中では、このような嘘や便法など、絶対に許されないし、当然してもいない。だからこのような民間の企業ではありがちな便法は、まったく理解できないのだと思われる。裁判所の常識をしっかりわきまえる必要がある。裁判官も人間であるから、自分の経験に基づく常識をもとに判断しているのである。

7　追い貸し

　次にいわゆる「追い貸し」については、裁判所は非常に態度が厳しい。例

えば、東京地判平成 17 年 3 月 24 日 LEX/DB28102019 は、「追加融資分につ
いて確実な担保がある場合、又は新規取引により追加融資分の返済が確保さ
れる確実な手段が講じられている場合か、新規取引により追加融資分のみな
らず既存融資分の返済を可能とする事業計画の実現について相当高度の蓋然
性が客観的に確保されるような特段の事情のない限り、融資を差し控えるべ
きである」とする。つまり原則として義務違反ということである。拓銀カブ
トデコム事件（最判平成 20 年 1 月 28 日判時 1997 号 148 頁）も、エイペックス
事業が完成した後に独立して採算が得られる見込みが十分あったわけではな
いとして、追加融資を違法と判断している。前掲日債銀ノンバンク事件も、
支援計画について、「各融資を実行した場合と実行しなかった場合との利害
得失を比較して、前者の方が銀行にとってより大きい利益が得られると判断
され、その判断に合理的理由があるなどの特段の事情が認められない限り、
取締役としての善管注意義務違反等の違反の責めを免れない」として、追加
融資には特段の事情が必要であるとしている。

　本当は、追加融資であっても、経営判断の原則の適用はあるはずであるし、
回収可能性と融資によるメリットの比較考量の問題であるから、原則違法な
どという判断基準による必要はないはずである。なぜ裁判所はこんなに追い
貸しを嫌うのであろうか。思うに、裁判所が見聞きしている追い貸しの事例
というのは、特別背任事件のような場合ばかりだからかも知れない。

　いずれにしても裁判所は、経営不振先への追加融資については極めて厳し
い態度であり、それが合理的であることを立証できる場合（特段の事情があ
る場合）以外は、義務違反とされることを覚悟するほかない。

8　聖域となっているところ

　社内で聖域となっている部署の問題も気をつけなければならない。

　例えば、社長が発案して始めた事業部門であるとか、人事権を持つ有力な
役員が担当している事業部門であるなど、他の部門から意見を言いにくい部
門がある。また、いくつかある事業部門のうち、多くの利益を稼ぎ出してい
る部門には、問題の予兆があって他の部署の役員がそれを指摘しても、「誰
のおかげで飯が食えるんだ」などと言われて追い返されてしまったりする。

　誰も意見を言いにくい状況になると、問題が起き、あるいは看過される危
険が高くなる。そうと分かっていながら、見て見ぬふりをしていると、監視

義務違反と言われる。

　監査役にとっても、こういった聖域は、重要な監査ポイントであるとされている。

9　破綻事例

　その他、判例を見ると、その会社が破綻している場合には、破綻していない場合に比較して、役員の責任が容易に認定されているようだ。例えば住友信託事件（大阪地判平成14年3月13日判時1792号137頁）と前掲長銀初島事件は、いずれも同じ時期に同じようにリゾート開発が途中で不振となり銀行が追加融資をしたというケースであるが、長銀初島事件は有責となり、住友信託事件は無責となっている。住友信託事件判決を見ると、「本件融資を回収できる見込みがあるとの判断には、それが平成4年6月の時点における判断であることを考慮すれば、一応の合理性が認められる」と述べ、「現時点における貸出業務等の与信業務の水準、殊に、いわゆるプロジェクト・ファイナンスにおけるリスク管理の観点から判断して、住友信託銀行が本件リゾート開発事業に関して行った融資全般がどのような評価を受けるかはともかく、」義務違反があるとは言えないと判示している。「一応」の合理性と言ってみたり、後段のような断り書きがついていることなど、本判決は、本当はこの経営判断を是としていない空気が読み取れる。しかし結論は無責である。一方、長銀初島事件では、前述のとおりシミュレーションが足りないなどの理由により有責とされたのであるが、どこか付け足しの理由のように感じられる（挙げている事情は結果論ばかりだ）。何が両者の結論を分けたのか推測するならば、やはり長銀は破綻し、住友信託は破綻しなかったということがあるようにも思われる。

　裁判官も人の子であるから、破綻して世間から厳しい目で見られている者に対しては、結果責任を追及したくなるのかも知れない。

Ⅶ　連結経営の盲点

　次に連結経営と取締役の義務のあり方について考えてみよう。

　最近、グループ経営が拡大している。企業グループになると、グループ全体の価値の最大化が判断基準、目標になる。グループ価値最大化のためには、

個別の企業にとってマイナスとなる行為も行われる。

　しかし、日本の会社法は、あくまでも単体ベースである。

　取締役は、自分が取締役をしている会社と委任契約を締結しているのであり、その会社のために忠実義務、善管注意義務を負担する。あくまでもその会社（単体）の利益を図るのが義務であって、他社（親会社とか兄弟会社）の利益を図るのは忠実義務違反である。グループ全体の利益を図るというのでは義務違反である（これは学説上、太古の昔からそう言われている）。

　会社法の中に連結ベースの規定も散見されるが、例えば、連結計算書類を作成するという規定（会社法444条）は、たんに参考のために交付を要求しているに過ぎず、連結経営をせよという意味ではない。事業報告の中にも、連結ベースの記載事項があるが（会社法施行規則120条2項等）、これも情報開示の手法に過ぎない。

　経営判断の原則の中に、「あくまでも会社のため」という要件があった。

　皆さんはまさか自分がこれに反することがあるなどとは思っていないであろう。長い会社人生の中、会社一筋にやってきたのであるから。

　しかし連結ベースではなく、あくまでも単体主義であるとすると、これはかなり危険が高い。

　例えば、親会社から、有力な新規事業を親会社に譲渡するよう迫られた場合、どうするか。あるいはグループ他社の余剰人員の受け入れを親会社から命ぜられた場合はどうするか。親会社との取引の条件を一方的に変更させられた場合はどうするか。取締役を兼務している子会社の業績が不振になった場合、親会社として支援するか。

　実に多くの事例で、自社と、他のグループ会社の利益が反することが生じる。今、自分はどの会社の取締役として、どの会社の利益のために経営判断をしようとしているのか、絶えず自問自答しないと、忠実義務違反になってしまう。

　もちろんグループ全体の利益になることが、自社の利益にもなるというのであれば問題はない。

　心配があれば、100％子会社化するなど、グループ全体で利害共通にするのが一番である。

Ⅷ　子会社管理責任

1　親会社の子会社管理責任

　親会社の取締役は、例えば子会社で不祥事が発生したときや投資に失敗したとき、法的責任を問われることがあるのだろうか。

　過去長い間、子会社管理責任の有無が学説や実務で争われてきた。しかし最近では、「あるかないか」という切り口の議論はほぼ終息したといってよい。

　順を追って説明すると、まず子会社の経営判断は子会社の取締役がしている。それが職務である。株主ではない。その経営判断に誤りがあって、子会社に損失が出た場合、その責任を負う可能性があるのは、その意思決定をした子会社の取締役である。親会社とその取締役は、子会社の取締役ではないから、その意思決定をする機関でもなければ、権限もない。権限がないところに法的責任は発生し得ない。権限がないのにそれを行使する義務が発生することはあり得ないのである。

　内部統制についても、その基本方針を決めるのは子会社の取締役会である。親会社は株主であるが、内部統制を決定する権限は有していない。株主としての義務は有限責任であり、経営上の責任は負っていない。したがって、子会社で不祥事が発生し、内部統制の基本方針に不備があったとしても、その義務違反の責任を負うのは子会社の取締役である。

　したがって、まず子会社のそのような業務執行や不祥事について、直接かつ一般的に親会社ひいては親会社の取締役が法的責任を負うことはない。

　かつて野村證券事件（東京地判平成13年1月25日判時1760号144頁）は、「親会社と子会社（孫会社も含む）は別個独立の法人であって、子会社（孫会社）について法人格否認の法理を適用すべき場合の他は、財産の帰属関係も別異に観念され、それぞれ独自の業務執行機関と監査機関も存することから、子会社の経営についての決定、業務執行は子会社の取締役（親会社の取締役が子会社の取締役を兼ねている場合は勿論その者も含めて）が行うものであり、<u>親会社の取締役は、特段の事情のない限り、子会社の取締役の業務執行の結果子会社に損害が生じ、さらに親会社に損害を与えた場合であっても、直ちに親会社に対し任務懈怠の責任を負うものではない。</u>

　もっとも、親会社と子会社の特殊な資本関係に鑑み、親会社の取締役が子会社に指図をするなど、実質的に子会社の意思決定を支配したと評価しうる場合であって、かつ、親会社の取締役の右指図が親会社に対する善管注意義務や法令に違反するような場合には、右特段の事情があるとして、親会社について生じた損害について、親会社の取締役に損害賠償責任が肯定されると解される」

と判示して、特段の事情がない限り、親会社取締役に責任は発生しないとした。

　その後、平成26年会社法改正の際、法制審議会で子会社管理責任の有無についての議論は収束せず、それを設ける規定も置かれなかったが、最後の会合で岩原紳作部会長がその締めくくりとして「そのような監督の職務があることについての解釈上の疑義は、相当程度払拭された」と述べて、この言葉を法務省の解説でも引用している（坂本三郎編著『一問一答平成26年改正会社法〔第2版〕』（商事法務、2015年）239頁以下）。そのため、子会社管理責任があるようなムードになっているというのが現状である[注]。そうなると実務は、子会社管理責任があることを前提に行動しないわけにはいかない。

　その理屈の1つは、親会社は子会社株式を保有しているので、その価値が向上することあるいは減損しないことが親会社にとっても利益であり、したがって親会社取締役としては適切な子会社管理をすべきだということである。

　[注]　この時の会社法改正と同規則の改正で、企業グループの定義から「親会社」という文言が削除され、文言上の疑義も取り除かれている。

2　子会社管理責任があるケース

　今は、個別にどういう場合に親会社の子会社管理責任が発生するか検討していった方が話が早い。

(1)　純粋持株会社

　まず純粋持株会社は、子会社を管理する責任がある。なぜならば、純粋持株会社の定款の事業目的には、株式の保有と子会社の経営管理というものが掲げられているのが通例だからである。まさに子会社の管理が純粋持株会社の事業なのである。

　銀行持株会社などでは、銀行法に特別の規定があり、「銀行持株会社は、当該銀行持株会社の属する銀行持株会社グループの経営管理を行わなければ

ならない」（銀行法52条の21）とされている。

事業持株会社であっても、例えば中核事業を完全子会社化している等、事実上純粋持株会社と同様の実態であれば、子会社の管理が親会社の事業でないとは言えないだろう。

ただし、この場合、どの程度の管理をすればよいのかは、親会社にとっての経営判断事項であり、裁量が認められるはずであるから、一般的な管理義務があるからといって、何か問題が起きたときに法的責任が直ちに発生するということではない。

さらに付言すると、学説的には、子会社管理行為を2種類に分類し、①意思決定のコントロールと、②内部統制のモニタリングに分けている。前者の意思決定のコントロールの仕方は、それぞれ企業グループの価値最大化のため、子会社に独立性を付与した方がいいのか、親会社が細部にわたるまで指示して一体経営をした方がいいのか、それは広い裁量があるとされている。逆に、後者の最低限の内部統制が整っているかどうかは、親会社にとっても企業価値の保存にとって重要であり、また子会社取締役としても最低限の内部統制システムを構築する義務はあるから、これはそれほど裁量の幅は広くないとされる。これを参考にすると、親会社としては、最低限の内部統制の仕組みについては、一定のガイドラインを設けて指導するとか、それが整備されていることを確認する等の手続をした方がよさそうである。

(2) 親会社が子会社の意思決定を支配している場合等

上記野村證券事件判決も指摘しているが、親会社が子会社に指揮命令等をして何らかの経営判断をさせているような場合には、その経営判断について、親会社取締役として親会社に対して責任が発生する可能性がある。その指揮命令が親会社取締役として善管注意義務に違反するとなれば、その点で親会社取締役は親会社に対して法的責任を負う。過去に子会社に脱法的な自己株式取得をさせたことで責任を認められた事例がある（三井鉱山事件・最判平成5年9月9日判時1474号17頁、片倉工業事件・東京地判平成3年4月18日判時1395号144頁）。

支配とまでは言えなくても、親会社が子会社の経営判断に何らかの関与をしているとき、それに際してそれなりの善管注意義務を負担する可能性もある。ユーシン事件（東京地判平成23年11月24日判時2153号109頁）は、子会社による土地取得に親会社も関与していた事案につき、

「本件不動産の取得の是非がＡの取締役会に付議されていたこと、Ｙ自身が現地視察を行ったり、取締役会において自ら作成した資料を用いて本件不動産を取得する必要性や財務上の負担について説明するなどして積極的に本件不動産の取得に係る意思形成に関与していたことからすると、本件不動産において工場を稼働させることがＢのみならずＡグループ全体に大きな利害関係があると認められ、<u>Ｙに関しても、Ａの完全子会社であるＢが契約主体となった本件不動産の購入に先立つ調査について善管注意義務違反が問題となり得るというべきである</u>」

として、親会社取締役に一定の注意義務が発生し得るとしている（結論は義務違反なし）。

　これは実務的には重要である。どこの企業グループでも、グループ会社の管理規程を設け、グループ会社の管理の担当部署も設置して、一定の意思決定に事前承認制とか、報告制などを取っているはずだ。その場合、その承認等は親会社としての業務の一部であるから、当然親会社がその承認等の関与をするに際して、親会社取締役はそれなりの善管注意義務を負担する。

　この場合、子会社の取締役と同等の無制限な義務を負担してしまうと、親会社の取締役は大変だ。ユーシン事件は、工場用地を購入したら、条例で工場が建てられないことが後で分かったという事案である。子会社の担当者や担当取締役らは、そのような行政規制の有無も調査する注意義務があったかも知れない。しかし親会社の取締役も同様に取得土地の行政規制の有無などを独自に調査する義務があるのか？　それはおかしいだろう。なぜ親会社が子会社の経営判断に関与するかと言えば、企業グループ全体の経営方針の中で、それに適合しない経営をしていないかとか、全体のリスク状況の把握であるとか、そういうグループ大での経営のモニタリングのためであろう。だとすると、子会社の経営判断に関与する職務というのは、そのようなグループ全体での関心事をチェックすることであり、上記事例で言えば、グループ全体の生産網のあり方と矛盾しないかとか、全体の生産能力や販売計画、財務的な課題の有無等、そういったことをチェックすればよいはずである。購入しようとしている不動産の行政規制やその他の詳細な点は子会社側がチェックすれば足りることである。親会社としては、そのような問題については、基本的に子会社から提供された資料を信頼する権利があるというべきである。仮にその資料に不審な点があれば、子会社に問い合わせをしたり、

追加の調査を指示するなどすればよい。

　このように親会社のグループ会社管理部門としては、管理規程の中で、どういう事項をチェックするのか、またそのための資料は原則として子会社から提供させそれに不審な点がある場合に追加の資料提供や調査の指示をすればよい（信頼の原則）という建て付けにしておくとよい。そうすれば親会社側の職務の内容が明確になる。

⑶　子会社の問題またはその兆候を知ったときの対応

　次に親会社取締役の責任が問われ得るのは、子会社で問題があることを知り、またはその兆候を知ったときの対応である。

　福岡魚市場事件（福岡地判平成 23 年 1 月 26 日金判 1367 号 41 頁）は、不適正な取引が繰り返されていた事案で、

　「このように、被告らは、X 及び Y において従前から問題とされてきた在庫の増加について、取締役会等における指摘及び指導にもかかわらずこれが改善されないことを認識していたのであるから、X の代表取締役又は取締役として、遅くとも上記 A 公認会計士からの指摘を受けた平成 14 年 11 月 18 日の時点で、X の取締役として、X 及び子会社である Y の在庫の増加の原因を解明すべく、従前のような一般的な指示をするだけでなく、自ら、あるいは、X の取締役会を通じ、さらには、Y の取締役等に働きかけるなどして、個別の契約書面等の確認、在庫の検品や担当者からの聴き取り等のより具体的かつ詳細な調査をし、又はこれを命ずべき義務があったといえる」

として、親会社取締役としての義務も認めている（X が親会社、Y が子会社）。この事案は役員の兼務があり、また別途親子間の信用取引もあった事例であるから、やや特殊な事案ではある。

　しかしながら、子会社で不正等の兆候があれば、親会社としては、株主権の行使や経営管理契約上の手段、あるいは事実上の影響力の行使などを通じて、事実関係の調査や不正の差止等適切な対処をすべく努力する義務がある（東京地判令和 2 年 2 月 13 日金判 1600 号 48 頁）。

⑷　グループ内部統制の決議

　次に、上場会社は皆内部統制の 12 項目の決議をしているはずだ。その中で、企業グループ全体の内部統制についても、その整備・運用について決議をしている。これは取締役会決議で定めているはずだ。法的な意味では子会

社管理責任があるかどうかは明確でない部分があるものの、取締役会の決議
として、グループの内部統制や管理体制をきちんと整備すると決議したとし
たら、それは当然その会社の取締役としては、その取締役会決議に従う善管
注意義務がある。

　そうであれば、自ら定めたグループの内部統制はきちんと構築しなければ
ならないし、その運用状況の監視もしなければならない。これはすなわち子
会社管理でもある。例えばグループの企業行動原則を定め、グループでコン
プライアンス研修をし、親会社の内部監査部門が子会社の監査もし、一定の
子会社の意思決定のコントロールなどもすると決議していれば、それらはき
ちんと実施しなければならない。

　つまり法律論はともあれ、現実にはこのグループ内部統制の決議によって、
相当程度の内部統制の整備が親会社の責任となっているのである。

　その具体的な内容は、その決議の内容による。

3　子会社の管理はどの程度すべきか

⑴　経営判断の原則

　親会社が子会社を管理すべき責任があるとして、どこまで何をすべき義務
があるのであろうか。

　すでに前項で、①意思決定のコントロールと内部統制のモニタリングで裁
量の幅に違いがありそうなこと、②グループ会社管理規程で定めたことはし
なければならないこと、③内部統制の12項目の決議で定めたグループ内部
統制の整備はしなければならないこと、などは説明した。

　まず総論的に言うと、グループ管理をするとしても、どういう管理をする
か、厚い管理をするか、各社の独自性に任せるか、それは経営判断の問題で
ある。それは広い取締役の裁量の範囲である。一義的に、強くグリップする
方がよいとか、放任した方がよいとか、そういう結論は出ない。政策的な判
断である。カンパニー制に関して、同様のことを述べている判決例もある
（前掲ダスキン事件）。

　したがって、著しく不合理な体制でなければ義務違反とはならない。

⑵　具体的にすべき事項

　子会社の管理としては、どういう項目が考えられるのか。

　まず会社法施行規則100条は、企業グループの内部統制に関して、

「次に掲げる体制その他の当該株式会社並びにその親会社及び子会社から
成る企業集団における業務の適正を確保するための体制

　　イ　当該株式会社の子会社の取締役、執行役、業務を執行する社員、法
　　　　第598条第1項の職務を行うべき者その他これらの者に相当する者
　　　　（ハ及びニにおいて「取締役等」という。）の職務の執行に係る事項の当
　　　　該株式会社への<u>報告に関する体制</u>

　　ロ　当該株式会社の子会社の損失の<u>危険の管理</u>に関する規程その他の体
　　　　制

　　ハ　当該株式会社の子会社の取締役等の職務の執行が<u>効率的</u>に行われる
　　　　ことを確保するための体制

　　ニ　当該株式会社の子会社の取締役等及び使用人の職務の執行が<u>法令及
　　　　び定款に適合</u>することを確保するための体制」

と定めている。要するに、①親会社への情報伝達体制、②リスク管理体制、
③効率性体制、④コンプライアンス体制の基本方針である。

　次に、金融庁の「金融持株会社に係る検査マニュアル」（ただし、マニュア
ル自体は令和元年12月に廃止されている）と「主要行等向けの総合的な監督指
針」Ⅳ銀行持株会社によると次のようなことが定められている。

　大雑把に言うと、まず経営方針や経営計画、戦略目標は、持株会社が定め
てグループ内各社に周知させるべきとしている。また「内部管理基本方針」、
「法令等遵守方針」、「リスク管理方針」などの重要な方針については、持株
会社が呈示し、それをグループ会社に周知させていくこととしている。

　そして持株会社の位置づけについては、

「取締役会は、グループ内会社の業務運営にどの程度関与するか、どのよ
　うに関与するか等、グループにおける銀行持株会社の役割及び責任を明確
　化する観点から、グループの経営方針等を踏まえ、銀行持株会社が行う
　『経営管理及びこれに附帯する業務』の範囲及び内容を明確に定め、役職
　員及びグループ内会社に周知させているか」

とし、各グループ会社の位置づけについても、

「取締役会は、グループ全体の戦略目標、法令等遵守態勢及びリスク管理
　態勢等における各グループ内会社の位置付け、役割及び責任を明確化し、
　それらに応じたグループの管理態勢を整備しているか。また、各グループ
　内会社の位置付け、役割及び責任が達成されているかについて、モニタリ

　ングする態勢を整備しているか」
としている。
　つまり、持株会社自身が「経営管理業務の範囲および内容」を明確に定めることとしており、これは各社の裁量だということである。
　銀行持株会社のように、子銀行の経営管理が銀行法によってその職務とされているケースについてもそうであるならば、事業会社においては、なおさら経営判断の原則に従って、経営管理のあり方は広い裁量によって定めればよいものと思われる。
　そうすると、重要なのは、その管理する範囲を明確に定めることである。
　親会社としては、どこまで管理をするのか、例えば
① 　各種基本方針の提示、
② 　親会社の事前あるいは事後承諾を要する事項の定め、
③ 　報告を要する事項の定め、
④ 　緊急事態の場合の指揮命令のあり方、
⑤ 　内部監査を親会社が実施・支援するかどうか、
⑥ 　コンプライアンスの体制の支援（研修やマニュアルの整備等）
などについて、関係会社管理規程や子会社との経営管理契約で明確にしておくのがよいであろう。
　もちろん広い裁量であるから、子会社ごとに、強く管理する会社と独自性を認める会社といろいろあってよい。子会社管理責任があるから、一方的に管理を強めなければいけないということでもない。

Ⅸ　役員の責任の免除

1　責任免除の制度はなぜあるか？

　会社法上、役員の責任に関しては、その一部を免除する制度が設けられている。これはどういう趣旨であろうか。
　しばしば、大和銀行事件など巨額の責任を認めた判決が出され、それに悲鳴を上げた経営者・経済界から、その免除をお願いして認めてもらった、というような理解がなされている。しかしこれは必ずしも正しくない。責任限定の制度は、役員にとっても利益であるが、株主にとっても利益がある制度だから、導入されたのである。

　取締役の責任制度のあり方は、株主と経営者の利害を一致させ、果敢な経営判断を容易にして企業価値を高めるために設計されるべきと言われている（エージェンシー・コストの理論）。

　経営者からすると、あるビジネス・チャンスに投資をするかどうか検討する場合、成功した場合と失敗した場合の損得を考える。その場合、成功した場合にその恩恵に与れるか（業績連動型報酬となっているか）、また失敗した場合に個人責任を追及されるリスクがどれだけあるか、ということを考慮する。

　あまりに重い責任を負わせれば、結局経営者は果敢な経営判断をしなくなり、期待利益の良好なビジネス・チャンスも逃すことになる。それは株主にとっても不利益である。特に株主代表訴訟のように株を購入すれば誰でも起こせるという経営者にとってリスクの高い形での責任追及制度を用意すれば、萎縮効果は大きい。

　そこで現在では、重い責任を課せば課すほど会社の経営はうまくいくという考え方は後退し、責任制度のあり方は経営者を合理的な投資判断に向かわせるようなレベルのものがよいと考えられている。役員報酬制度と一体になって、より企業価値を向上させるような取締役の執務環境を構築するという考えである。

2　責任免除制度の概要

　役員等の会社に対する責任は、総株主の同意がなければ免除できないのが原則である（会社法424条）が、会社法は、いくつかの責任免除の手続を設けている。株主総会決議による免責、取締役会決議に基づく免責、責任限定契約に基づく免責である。これ以外に、実務上は、訴訟上の和解で免責を行うことが多い。

(1)　株主総会決議による免除

　まず株主総会決議による免責であるが、任務懈怠の責任は、役員等が職務を行うにつき善意でかつ重大な過失がなかったときは、株主総会の決議をもって、その責任の一部を免除することができる（会社法425条1項）。

　最低責任限度額は、年俸の各年数分である。代表取締役・代表執行役については6年分、業務執行取締役・執行役については4年分、非業務執行取締役については2年分である。年俸の計算方法は詳細に定めている（会社法施

行規則113条）。退職慰労金については、その額を就任期間または役位に応じて定められた数で割り算する。ストック・オプションを付与されていた場合の算定方法も定められている（同規則114条）。

　善意で無重過失が要件であるから、具体的な法令違反のケースや忠実義務違反のケースでは、免責が困難なことが多いと思われる。しかし、監視義務違反や内部統制システム構築義務違反、あるいは不十分な情報で経営判断をしたというようなケースでは、免責が認められやすいものと思われる。

　年俸の6年分というと、所得税等を考慮すると極めて厳しい金額であろう。実務の例を見れば、多くの場合上場会社の代表取締役はサラリーマン社長であるから、結局財産のすべてを失うことになりかねない。これでは積極的な経営へのインセンティブにはならない。

　株主総会に責任の一部免除の議案を上程するためには、各監査役、各監査等委員または各監査委員の同意を得なければならない（会社法425条3項）。

　その株主総会において、取締役は、責任の原因となった事実、賠償の責任を負う額、免除することができる額の限度額とその算定の根拠、および責任を免除すべき理由と免除額を開示しなければならない（同条2項）。

　免除の決議があった後にその役員等に対して退職慰労金その他の法務省令で定める財産上の利益を与えるときおよびストック・オプションの行使または譲渡をするときには、株主総会の承認が必要になる（同条4項）。そのために免責を受けた役員等は、ストック・オプションにかかる新株予約権証券を会社に預託する（同条5項）。

　実際にこの株主総会決議が利用されるのは、小規模会社ではないかと思われる（事例としては、大阪高判平成11年3月26日金判1065号8頁、神戸地尼崎支判平成10年8月21日判タ1009号250頁等）。派閥争いで、少数派が代表訴訟を起こしたのに対して多数派が免責の決議をしてしまうというパターンである（これは立法趣旨からははずれるのだが）。

　上場会社あるいは大会社では、株主代表訴訟で係争中に議案を上程するわけにもいかず（裁判では責任がないと言っているのだ）、なかなか利用しにくいであろう。

(2)　取締役会決議による免除

　定款に定めがある場合、当該役員等に善意でかつ重大な過失がなく、かつ責任の原因となった事実の内容、当該役員等の職務の執行状況その他の事情

を勘案して特に必要があると認めるときは、前項の場合と同じ限度額で、取締役会の決議により、その責任を免除することができる。

　免除の議案を取締役会に提出するには、各監査役、各監査等委員または各監査委員の同意を得なければならない（会社法426条2項・425条3項）。この定款の規定を置く定款変更議案を株主総会に提出するについても同様である。

　取締役会で免除の決議があったときは、取締役は、遅滞なく、責任の原因となった事実、賠償の責任を負う額、免除することができる額の限度額とその算定の根拠、および責任を免除すべき理由と免除額ならびに免除に異議がある場合には一定の期間内に異議を述べるべき旨を公告し、または株主に通知しなければならない（会社法426条3項）。この期間は1か月を下ることはできない。非公開会社の場合には株主への通知による（同条4項）。

　この結果、総株主の議決権の3％以上の議決権を有する株主が異議を述べたときは、免除はできなくなる（同条7項）。総株主には、免責を受ける取締役の議決権数は算入しない。この議決権割合は定款で引き下げることができる。

(3)　非業務執行取締役・監査役の責任限定契約

　株主総会決議による免責および取締役会決議による免責とも、事後の免責の手続である。株主総会で免責の決議がなされるか、取締役会で免責の決議がなされてかつ株主の異議が3％未満となるかは、やってみなければ分からない。確実な免責の約束ではない。

　これに対して、非業務執行取締役・監査役については、定款に定めることにより、会社法423条1項の責任について、当該取締役・監査役が善意でかつ重過失がないときは、一定の金額に責任が限定される旨の契約を締結することができる。一定の金額は、同法425条1項に定める最低責任限度額か、定款で定めた金額の範囲内で予め会社が定めた額のいずれか高い額である。もとは社外役員向けの規定であったが、平成26年会社法改正で非業務執行役員に拡大された[注]。

　この場合、事前に、一定の要件を満たせば一定の額まで免責されることが約束される。社外役員等であるから、最低責任限度額は年俸の2年分であり、それほど大きな金額にはならないと思われる。

　社外役員については、本来本業を有しているのであり、それにもかかわら

ず、他の上場会社等に社外役員として招聘し、株主の代わりに監督してほしいと依頼するのである。それによって人生が破壊されるような大きなリスクを伴うのであれば、そのようなことを引き受けてくれるはずがない。本業の方がより大切である。また非常勤の社外役員が会社の不祥事を率先して発見できるはずもないし、そのようなことを期待して招聘するのでもない。したがって、もともと社外役員には過大な責任は無用というべきなのである。

　なお、非業務執行取締役は非常勤であり、担当業務を持っていないから、取締役会に上程された事項に任務懈怠行為が存在することは通常考えにくいし、仮に任務懈怠行為であったとしても、当人に悪意または重過失があるとは思われないので、この責任限定契約はそれなりの効果が期待できよう。

　(注)　社外役員の要件が厳格化されたことに伴い、従前社外役員であった者にも適用できるようにするためである。

Ⅹ　株主代表訴訟の手続

1　株主代表訴訟制度とはどのような制度か

(1)　代表訴訟とは？

　株主代表訴訟とは、役員等が会社に対して何らかの責任を負っているのに、会社がその責任を追及しない場合、株主が所定の手続を経た上、会社に代わってその役員等の責任を追及する訴訟を提起することができる制度のことをいう（会社法847条）。

　したがって、株主がこの代表訴訟制度によって行使する権利は、会社の役員等に対する権利である。例えば、株主は「被告（取締役）Aは○○株式会社に対し金○○円を支払え」という請求を裁判所に申し立てる。

(2)　代表訴訟制度が設けられた理由

　会社は、代表取締役をはじめとする取締役がその経営にあたっており、自社の取締役または監査役、その他の役員等に対する責任追及は、いわば身内の問題であるから、自然に怠りがちになってしまう。そのため役員等に対する責任追及がおろそかになった場合に備えて、会社の実質的な所有者である株主が会社に代わってその責任を追及する制度として設けられた。

　会社の取締役に対する責任追及訴訟については、公正のため、監査役設置会社では、監査役が会社を代表することとしている（会社法386条1項）。し

かしそれでも現実的には役員の責任追及を怠る可能性があり得ると考えられたのである。

このように従来、株主代表訴訟制度が設けられた理由については、「提訴懈怠可能性」とされてきた。しかし最近は、エージェンシー・コストの理論に基づいて、適切なインセンティブ構造の構築と考える説もある。

2 対象となる責任

代表訴訟の対象となる者は、取締役、会計参与、監査役、執行役、会計監査人、発起人、設立時取締役・監査役、清算人である。いわゆる執行役員は、対象とされていない。

すでに退任していても、対象となる。子会社の役員等は、原則として、親会社の株主からの代表訴訟の対象とはならない。ただし、後述の会社法 847条の2に基づく株式交換等完全子会社の旧株主による責任追及訴訟、847条の3に基づく多重代表訴訟、851条の場合は別である。合併がなされた場合に、合併消滅会社の役員等で合併存続会社の役員等にならなかった者は、対象とならないと解される（存続会社の役員等ではない）。

会社法 847 条の対象となる訴えは、①責任を追及する訴え、②株主に対する利益供与の返還を求める訴え、③募集株式・新株予約権を不公正な払込金額で引き受けた者に支払いを求める訴え、④払込み等を仮装した者に支払いを求める訴えである。

「責任」は、会社法 423 条 1 項に定める責任に限定されるか、それともそれ以外の債務も含まれるか、争いがある。最高裁は、任務懈怠に基づく責任だけでなく、「会社との取引によって負担することになった債務」も含まれるとする（最判平成 21 年 3 月 10 日民集 63 巻 3 号 361 頁）。

使用人兼務取締役の場合に、使用人としての職務に基づいて行った行為による責任は、代表訴訟の対象になると解されている（ハザマ事件・東京地判平成 6 年 12 月 22 日判時 1518 号 3 頁）。

役員等の責任は、一般の債権として、平成 29 年改正民法 166 条により、「権利を行使できることを知った時から 5 年」、または「権利を行使できる時から 10 年」の消滅時効にかかる。

債務が相続された場合には、相続人も代表訴訟の対象になるとされている。

3　提訴手続

⑴　原告適格

　株主代表訴訟を提起できる者は、公開会社の場合、6か月前から引き続き株式を所有している株主である。株主名簿に記載されていることが必要である。ただし、上場会社の場合、株券が電子化されているため、6か月の保有要件は、個別株主通知に記載されている増加減少の記録によって判断する。

　保有株式数は1株でよい。ただし、単元未満株主については、定款で、代表訴訟提起権を排除している場合には（会社法189条2項）、提起できないことになる。

　議決権のない株主も代表訴訟は提起できる。

　問題となる行為を知った後に株式を取得した株主でも代表訴訟は提起できる。ただし濫用目的などの場合は、提訴請求ができなかったり（会社法847条1項ただし書）、担保提供を命じられることはある（同法847条の4第2項・3項）。

　株主資格は、代表訴訟が係属している期間中（口頭弁論終結時まで）、維持される必要がある。保有している株式は、同じ株式である必要はない。

　代表訴訟が提起された後、会社が株式交換または株式移転を行うと、原告株主は、当該会社の株主ではなくなる。その場合であっても、すでに係属中の代表訴訟の原告・共同訴訟参加人株主については、その株式交換・株式移転により当該会社の完全親会社の株式を取得したときには、代表訴訟を継続できる（会社法851条1項1号）。

　また代表訴訟が提起された後、会社が合併によって消滅した場合、株主が合併存続会社または合併新設会社もしくはその完全親会社の株式を取得したときには、同様に代表訴訟を継続することができる（同項2号）。

　会社が破産した場合には、代表訴訟は提起できず、係属中の代表訴訟は破産管財人において受継することができる。会社更生手続の開始決定がなされた場合も同様である。

　民事再生手続が開始されたときは、原則として代表訴訟には影響がないが、管理命令（民事再生法64条1項）が発せられたときは、管財人が管理処分権を有することとなるので、代表訴訟は提起できず、係属中の代表訴訟は管財人がこれを受継できることとなる。

　代表訴訟係属後、会社が対象となる債権（取締役の責任）を第三者に譲渡

した場合、代表訴訟は棄却されることとなる。しかし、代表訴訟を回避する目的であるときは、会社法の責任免除規定の潜脱として、その譲渡は無効となる（日本新都市開発事件・東京地判平成 17 年 5 月 12 日金法 1757 号 46 頁等）。

(2)　提訴請求

　株主は、代表訴訟を提起しようとするときは、まず会社に対して提訴請求を行う（会社法 847 条 1 項）。これは本来会社が有する債権であるから、会社自らが提訴するかどうか判断すべきだからである。

　上場会社の場合、株主は、この提訴請求にあたって個別株主通知を行い、その有効期間（4 週間。社振法施行令 40 条）中に、請求を行う必要がある（社振法 154 条）。

　株主が、当該株主もしくは第三者の不正な利益を図りまたは当該株式会社に損害を与えることを目的とする場合は、この提訴請求をすることができない。

　提訴請求は、書面または電磁的方法による。電磁的方法とは、電子メールを送信する方法や CD-ROM などを交付する方法がある。書面等には、被告となるべき者と、請求の趣旨および請求を特定するのに必要な事実を記載する（会社法施行規則 217 条 1 号・2 号）。「請求の趣旨」は、例えば、「取締役○○は会社に対して金○○万円を支払えという請求をする訴訟を提起せよ」ということである。「請求を特定するのに必要な事実」は、訴訟物の特定や発生原因事実をさす。ただし、請求原因事実をすべて漏らさず記載する必要はなく、いかなる事実について責任追及が求められているか分かる程度に特定されていればよいとされている。提訴請求書に記載されていない責任を代表訴訟で追及することはできない。

　提訴請求の宛先は、取締役の責任を追及する場合には、監査役設置会社では監査役宛てであり（会社法 386 条 2 項 1 号）、それ以外の役員等の責任を追及する場合には、代表取締役宛てである。監査等委員会設置会社の場合は、監査等委員でない取締役の責任を追及する場合は監査等委員宛てであり（同法 399 条の 7 第 5 項）、監査等委員の責任を追及する場合においては、当該監査等委員はその請求を受けることができず、他の監査等委員宛てとなる。指名委員会等設置会社の場合には、取締役または執行役の責任を追及する場合には、監査委員宛てであり（同法 408 条 5 項）、ただし当該監査委員の責任を追及する場合には、他の監査委員宛てである（他の監査委員がなければ代表執

行役)。

　宛先を間違った場合、正しい宛先が請求内容を認識して提訴をすべきかどうか自ら判断をする機会があったときは、提訴は不適法とならない（最判平成 21 年 3 月 31 日民集 63 巻 3 号 472 頁）。

⑶　待機期間と提訴

　提訴請求をした株主は、提訴請求をした日から 60 日以内に会社が責任追及訴訟を提起しないときは、株主代表訴訟を提起することができる。なお、この 60 日の期間の経過により、会社に回復することができない損害が発生するおそれがあるときは、株主は、直ちに株主代表訴訟を提起することができる。回復不能の損害というのは、例えば消滅時効期間が経過してしまう場合や、役員等が資産の隠匿を図る場合などを言うものとされている。

　提訴する際、裁判所は本店所在地の地方裁判所である。代表訴訟は、財産権上の請求でない請求に係る訴えとされる。そのため、訴額は 160 万円、貼用印紙額は 1 万 3000 円となる。

　株主は、提訴したときは、遅滞なく、会社に対して訴訟告知を行う（会社法 849 条 4 項）。

　会社は、自ら責任追及等の訴訟を提起したとき、または上記の訴訟告知を受けたときは、遅滞なく、その旨を株主に通知し、または公告する。

⑷　不提訴理由の通知

　会社は、提訴請求の日から 60 日以内に提訴しない場合において、提訴請求をした株主、または役員等、発起人、設立時取締役・監査役、清算人から請求を受けたときは、遅滞なく、提訴しない理由を書面または電磁的方法により通知しなければならない（会社法 847 条 4 項、同法施行規則 218 条）。

　具体的には、

① 　株式会社が行った調査の内容（②の判断の基礎とした資料を含む）
② 　請求対象者の責任または義務の有無についての判断およびその理由
③ 　請求対象者に責任または義務があると判断した場合において、責任追及等の訴えを提起しないときは、その理由

を記載する。

　通知するのは、提訴するか否かの判断権限を有する者である。例えば、監査役設置会社においては、取締役の責任については監査役、それ以外の役員等の責任については代表取締役である。

4 監査役らの対応

監査役設置会社において、取締役の責任を追及することを求める請求書が到着した場合、監査役は責任の有無や提訴の是非を調査、検討することになる。その他の機関設計の会社の場合も、それぞれ提訴の是非を判断する機関が調査、検討する。

事実関係の認定と法律の当てはめにより、各取締役にはいかなる職務があり、その職務の懈怠があったかどうか、それと損害との因果関係があるかどうか、などを判断する。

極めて高度な法律判断であるから、これは当然弁護士などの専門家の助言を受ける必要がある。外部の専門家による調査委員会等を組成して、そこから答申を得ることも考えられる。

この調査結果は、提訴することとなった場合には、勝訴するための重要な証拠であるし、提訴しないこととなった場合には、株主からの不提訴理由通知請求の回答の内容となるものであって、いずれにしても重要な資料となる。訴訟において提出されれば、重要な証拠となる。この調査結果を見れば、監査役がどれだけ誠実に調査、判断したかが一目瞭然となる。

監査役は独任制であるから、各人が提訴の是非について判断を下すことになる。もちろん監査役会で協議して、意見を交換して1つの結論に達するのであればそれも可能である。1人でも提訴すべしとの結論に至れば、その監査役が会社を代表して取締役に対して責任追及訴訟を提起することができる。

判断の内容としては、義務違反の有無や損害、因果関係の有無などを判断することになるが、それは確実に白か黒かの判断ではなく、最終的には訴訟となった場合の勝訴の見込みの評価、予測ということになる。さらに加えて、回収可能性・回収見込額や提訴にかかる費用なども考慮する。提訴することによって会社の信用が低下することなどの政策的要素を勘案してよいかについては説が分かれているが、この提訴の是非の判断は、会社の利益のために行われるものであるから、除外すべきではなかろう。東芝事件（東京地判平成28年7月28日金判1506号44頁）は、監査委員のこの判断につき、

「監査委員の善管注意義務・忠実義務の違反の有無は、当該判断・決定時に監査委員が合理的に知り得た情報を基礎として、同訴えを提起するか否かの判断・決定権を会社のために最善となるよう行使したか否かによって決するのが相当であるが、少なくとも、責任追及の訴えを提起した場合の

　勝訴の可能性が非常に低い場合には、会社がコストを負担してまで同訴え
を提起することが会社のために最善であるとは解されないから、監査委員
が同訴えを提起しないと判断・決定したことをもって、当該監査委員に善
管注意義務・忠実義務の違反があるとはいえない」
としている。

5　提訴された役員の対応

(1)　弁護士の選任

　代表訴訟を提起された役員は、まず弁護士を選任する必要がある。代表訴
訟の場合、事前に会社に提訴請求書が到達し、その段階で代表訴訟の提起お
よびその内容が予測されるから、その時点で弁護士に依頼するのが適切であ
る。

　弁護士の選任にあたって、会社の顧問弁護士を選任することは通常は回避
している。同時に提訴された他の役員と利害関係が異なっている場合は、別
個の弁護士を依頼することが考えられる。実務的にはいずれも依頼予定の弁
護士と協議して依頼のあり方を決めている。

(2)　費用等の負担

　株主代表訴訟を提起された場合、被告とされた役員には、多かれ少なかれ
弁護士報酬などの費用がかかってしまう。その負担について、勝訴した場合
には、委任契約に基づく費用ないし損害賠償（民法650条1項・3項）として、
会社に請求することができると解されている（吉戒修一『平成五年・六年改正
商法』（商事法務研究会、1996年）171頁以下）。

　またこの民法に基づく請求権の他に、令和元年会社法改正により、補償契
約を締結したり、役員賠償保険契約を締結して、それらにより補填する方法
がある（112頁）。

6　担保提供の申立て

　株主が提起した代表訴訟が「悪意」に基づくものである場合、被告役員等
は担保提供命令の申立てをすることができる（会社法847条の4第2項・3項）。

　これは昭和26年商法改正で、会社荒らしによる提訴を防止するために設
けられた制度である。担保の提供が命じられると、原告株主は所定の期間内
にその担保を提供しなければ、代表訴訟が却下される。

　「悪意」の意義は主に2つの場合に分けられる。原告株主に「不当な目的」がある類型と、役員に「責任がない」類型である。「不当な目的」というのは、代表訴訟を提起するぞと脅かして金品を要求するような場合である。

　当初、この「悪意」の解釈については、蛇の目基準と呼ばれる東京地裁の基準が広く支持されていた（蛇の目事件・東京地決平成6年7月22日判時1504号132頁）。この蛇の目基準は、「不当目的」の場合と、「責任がない」場合の双方について、それぞれ「悪意」を認めた。そして「責任がない」類型について、責任がないことを株主が知っていなくとも、そのような勝訴できない事情を認識していれば（つまり過失）、それで「悪意」になるとした。広く担保提供を認めたのである。

　しかし、その後ミドリ十字事件の大阪高裁決定（大阪高決平成9年8月26日判時1631号140頁）が、役員の責任がない類型について、「代表訴訟の提起が不法行為となる場合のうち過失によるものを除き、故意による悪質な訴権濫用に当たるものだけを取り上げ、担保提供の対象としたものである」として、過失による場合を排除する旨判示した。そしてこのミドリ十字事件および大和銀行一次事件（大阪高決平成9年12月8日資料版商事法務166号145頁）、同二次事件（大阪高決平成9年11月18日判時1628号133頁）で、相次いで担保提供を命じた地裁の決定が破棄されたことから、それ以降担保提供を認める決定は大幅に減少した。

　「不当目的」は、たんに株主権行使以外の個人的意図、感情があるというだけでは足らない。したがって、内紛に伴う代表訴訟であるとか、元社員の株主が何らかの個人的な悪感情を有しているというだけでは「悪意」とは認められない。そのため、この不当目的は、金品の要求をしたなど不法な利益を要求した場合か、脅迫など違法な態様で何らかの要求・嫌がらせをした場合などに限定される。実務ではこの不当目的が認定されることは稀である（廣済堂事件・東京地決平成24年7月27日資料版商事法務347号19頁）。

　ただしその後、原告株主が、請求原因事実の立証の見込みが低いと予測すべき顕著な事由が存する旨の事情を認識していたものと認められるとして、担保提供が認められた事案が生じた（京浜急行事件・東京地決平成14年11月29日判時1865号131頁）。そのため、現在は、請求に理由がない類型（過失類型）でも担保提供の申立てが認められる余地はあるとされている（東京地方裁判所商事研究会編『類型別会社訴訟I〔第3版〕』（判例タイムズ社、2011年）

300頁）。実務的には最近はこの申立てはあまりなされていない。

7　会社による支援

　株主代表訴訟を提起された役員に対し、会社が何らかの支援ができるかどうかについては、以前はこのような協力は一切できないという考え方もあった。

　しかし現在では、会社法が役員側に補助参加することも明文で認めており、一般的に支援が違法になるとは言えない。役員等に責任がないと考えられ、会社の利益のために必要性があるということであれば、役員等に対して支援をすることも考えられる。実務的には、弁護士の紹介や証拠等の貸与、情報の収集、被告役員の弁護団の事務局などの支援は行われている。

8　会社の訴訟参加

　会社は、共同訴訟人として、または当事者の一方を補助するため、代表訴訟に参加することができる（会社法849条1項）。ただし、役員等を補助するために参加する場合には、監査役設置会社にあっては全監査役、監査等委員会設置会社にあっては全監査等委員、指名委員会等設置会社にあっては全監査委員の同意が必要である（同条3項）。監査役会を設置する会社であっても、監査役会の決議ではなく、個別の同意でよい。特に補助参加の利益は必要としない。

9　和　解

　株主代表訴訟において、和解をすることができる。

　裁判上の和解をする場合には、責任の免除の規制は適用されない（会社法850条4項）。したがって、総株主の同意がなくても、免責することができる。

　和解の手続であるが、会社が和解の当事者である場合には、そのまま和解をすることができる。会社が和解の当事者でない場合には、裁判所は、会社に対して和解の内容を通知して、当該和解に異議があるときは2週間以内に異議を述べるべきことを催告する（同条2項）。この期間内に会社が書面により異議を述べなかったときには、会社はその通知の内容で株主が和解することを承認したものとみなされる（同条3項）。その場合、和解の効力は会社にも及ぶことになる（同条1項、民事訴訟法267条）。

10　判決の効果等

株主代表訴訟の判決の効果は、会社にも及ぶ（民事訴訟法115条1項2号）。

株主が敗訴した場合、悪意があったとき以外は、株主は責任を負担しない（会社法852条2項）。株主が勝訴した場合、当該訴訟に関し、必要な費用を支出したときまたは弁護士に報酬を支払うべきときは、その費用の額の範囲内またはその報酬の範囲内で相当と認められる額の支払いを請求することができる（同条1項）。

11　多重代表訴訟等

平成26年会社法改正で、多重代表訴訟の制度が導入された。

ある会社Aの最終完全親会社Bの議決権または発行済株式総数の100分の1以上の数の株式を有する株主は、A社に対し、「特定責任」にかかる責任追及の訴えの提起を請求することができる（会社法847条の3第1項）。「特定責任」というのは、責任原因となった事実が生じた日において最終完全親会社等およびその完全子会社等における当該株式会社の株式の帳簿価額が当該最終完全親会社等の総資産額（省令で定める）の5分の1超の場合の役員の責任を言う（同条4項）。要するに、行為の時点で、子会社株式の簿価が、親会社の資産の中で2割超を占める重要な子会社の場合ということである。

主に持株会社の中核子会社の役員を想定したものである。それが代表訴訟によるチェックを免れるのは不当であろうということである。

ただし、1%以上の保有要件があるから、大規模な会社の場合には、一般株主にはなかなか提起できないと思われる。

平成26年会社法改正では、このほか、株式交換・株式移転で完全親会社の株式を取得した者等（旧株主）は、その完全子会社となった会社に対して、その株式交換等の効力発生前に原因が生じた完全子会社の役員の責任について、その追及の訴えの提起を請求することができることとされた（847条の2第1項）。これは、株式交換等で既存株主を完全親会社の株主に振り替えてしまえば、代表訴訟を提起できなくなるという問題に対処したものである。

第 7 章

株主総会

I　株主総会の最近の状況——コロナ禍以前

1　株主総会の多様化

2015年6月にCGコードが施行されて以来、総会のあり方は大きく変わってきた。

以前は、招集通知等では法律で定められた事項の開示だけを行い、定型的な雛形どおりのものばかりであった。しかしCGコードの施行以来、各社とも任意の情報をたくさん記載するようになった。例えば経営方針であるとか、社外役員の独立性の基準、中期経営計画などである。

これは各社の総会に対する姿勢が変わったことを意味している。

今は株主がどういう情報を必要としているかということを考え、その会社ごとに必要な情報を拾って積極的に開示していこうとしているのである。その結果、それぞれの会社ごとに重要な情報は異なっているから、各社の招集通知等も多様化するのである。

2　株主満足度の向上

また各社とも、来場する株主に満足して頂けるよういろいろな施策を取っている。

例えばスライドを使用して中期経営計画を説明したり、受付で式次第や発言の仕方、会場設営の案内等を記載したパンフレットを配布するなどしている。審議に際しては、出されそうな質問に対しては説明用のスライドを用意していたり、他の株主から不満の多い個人的なトラブルについての発言を抑制するなどしている。

　何より、議長や答弁をする役員なども、紋切り型の公式見解を朗読すると
いった来場株主を小馬鹿にしたような対応は取らないようになってきている。
きちんと会話が成立し、かみ合う言葉で対話をしている。木で鼻を括ったよ
うな答弁とか、すれ違いの答弁などはしない。株主を警戒しないで身内と思
う姿勢である。特に難しいことではなく、投資家やアナリストとのスモー
ル・ミーティングと同じ対応をすればよいというだけのことだ。これは株主
にとっても来た甲斐があったと思わせる一番重要なポイントである。

3　株主総会の構図の変化

　株主総会の構図も変わってきた。昔は、役員全員が一丸というイメージで
あったが、今は経営陣は、経営を担当する執行側役員、その監督をする社外
取締役（ガバナンス担当）、さらに違法性等のチェックをする監査役等といっ
た異なる役割、立場があることを反映して、それぞれが自分の立場で対応す
るようになった。例えば社外取締役がガバナンスの状況を報告したり、指名
委員会委員が指名の理由を説明したり、報酬委員会委員が報酬設計思想を説
明したりする。執行側が全部をコントロールするわけではなくなった。モニ
タリングにかかる事項は、社外役員が説明しないとおかしいのだ。

4　株主総会は実質的にも機能し始めている

　これは総会の運営が実質化してきたということである。従前の総会は初め
からシナリオありきのお芝居であった。しかしそれはそもそもおかしなこと
である。審議次第で柔軟に動的に変化するのが会議だ。
　機関投資家の議決権行使行動も活発化し、取締役会提案への反対も増えて
いる。可決できても相当数の反対が集まれば何らかの対応は必要とされる
（CGコード補充原則1-1①）。会社側もしっかり反論をし、株主を説得しな
ければならない。例えば社外役員の独立性に関して、会社側が議決権行使助
言会社の助言（反対推奨）に対して必死に反論を試みる事例も生じている。
ここで本当の「議論」が始まりつつある。これがまさに「会議」としての実
質化である。

5　変化の背景

　このような最近の株主総会をめぐる変化の真の原因は、

① CG コードで経営陣の選任手続やモニタリングの仕組み、報酬制度の設計等、種々の制度が整備され、その結果多くのガバナンス情報が生成されたことがあり、

② その背景には、高度なガバナンス体制が企業価値に大きな影響を与えるという認識が投資家・経営者に広まってきたこと、

③ ガバナンス体制は各社によって高度に多様化し、積極的な開示をしなければ投資家の理解と支持を得られないという一連の構造変化があること、

④ CG コード施行の結果、社外取締役が普及・増加して、役員陣が執行サイドとモニタリングサイドに分化したこと、

⑤ スチュワードシップ・コードに起因して投資家との対話が進み、総会の場を越えて真剣な議論が始まったこと、

などであると思われる。

6　総会の運営の視点

　こうなると総会の運営の方法も全面的に見直す必要がある。判断の物差しが違ってきているのである。従前は、適法な総会を運営することが目的であったから、法律の規制どおりの招集通知を作成し、総会で説明義務を尽くし、採決する、という「法律どおり」であることが意思決定の物差しであった。

　しかし総会が実質化し、真の会議体となるとすれば、そのような形式的な枠組みではダメである。総会においては、「本当に必要な情報とは何か？」という問いを自ら考える。

　当社の業績はどうか、どういうリスクがあるのか、ビジネス・モデルの要諦はどこにあるのか、取締役の構成はこれでよいのか、監査役は有効に働いているのか、当社の事業特性に照らして役員の報酬体系は適切か、配当はなぜ今の水準なのか、中期経営計画の指標はなぜ ROE なのかなど、株主が当社について知るべき重要情報はたくさんある。

　これからの経営は合理的な経営である必要がある。株主への説明も経営の合理性の説明である。総会の運営も、真っ当な説明や議論をする場にならないといけない。

Ⅱ　コロナ禍後の株主総会の変化

1　コロナ禍とバーチャル総会

前項に 2020 年のコロナ禍前までの総会の最新の状況について述べた。

しかし、2020 年年初からのコロナ禍によって、株主総会は一気に次のステージに移り変わってきた。

コロナ禍により、現実の総会場に多数の株主を集めて長時間会議を開催するというのは、困難となった。その代わり、ウェブを利用したバーチャル総会が注目されることとなった。バーチャル総会には、3 種類ある。

① 　参加型（傍聴型）

インターネットで総会の様子を視聴することができる方法（議決権行使はできない）

② 　出席型（議決権行使型）

インターネットで議決権の行使もできる方法

③ 　バーチャルオンリー型

現実の総会場を設定せず、バーチャルによる出席しか認めない方法

2　参加型

参加型は、基本的にはインターネットで傍聴させるだけのことであり、法的には特段問題はないし、議決権行使ができないので、通信障害などがあっても問題はない。動議なども出せないし、賛成・反対の議決権行使もできないので、その数の勘定の問題もない。すでに多くの企業が実施している。

3　出席型

インターネットで出席して、議決権行使ができる方法である。この場合、株主の本人確認、発言希望者の指名方法、動議が出た場合の採決方法（どうやって賛否の数を確認するか等）、通信障害で回線が途切れてしまったときの対応／適法性、などいくつかの心配事がある。これについては、経産省が実施のガイドラインを公表している（「ハイブリッド型バーチャル株主総会の実施ガイド」（2020 年 2 月 26 日））。

4　バーチャルオンリー型

　現行の会社法では、株主総会の開催をするためには、「場所」を設ける必要があるため（298条1項1号）、リアルの場所がないバーチャルオンリー総会は不適法だと解されてきた。そこで政府は、2021年6月に産業競争力強化法を改正して、一定の要件を満たせば、その「場所」のない総会を開催できることとした。その要件というのは、①場所の定めがない株主総会を開催できる旨定款で定めること、②場所の定めのない株主総会とすることが株主の利益の確保に配慮しつつ産業競争力を強化することに資する場合として省令で定める要件に該当することにつき、経済産業大臣・法務大臣の確認を受けること（①の定款変更の要件）、である。

　①については、改正法施行後、2年間は、その定款の定めがあるものとみなしてバーチャルオンリー総会ができる（産業競争力強化法等の一部を改正する等の法律附則3条）。また②の要件は、ⅰ通信事務に関する責任者を置くこと、ⅱ通信障害対策の方針を定めること、ⅲデジタルデバイドの配慮方針を定めていること、ⅳ株主名簿上の株主数が100名以上であること、である。その審査基準も定められている。2021年の株主総会で定款変更をしてバーチャルオンリー総会も実施できるようにした会社がいくつかある。

5　コロナ禍後の総会のあり方

　コロナ禍によって、総会は、短時間、少人数（出席しない要請）という緊急対応になった。それはバーチャル総会をする／しないに関わらない。それらの会社では、総会のあり方が大きく変容した。それは、総会の情報提供の方法である。総会への現実出席を謝絶する以上、総会以外の場での情報提供が重要になった。また短時間で終了させるため、従前行っていた報告事項の報告などを省略し、それを前もってビデオや資料の形でホームページで開示するなどの工夫がなされた。株主の質問についても、事前にホームページで受付をしたり、随時ホームページで回答をしたり、総会場で質疑をしないで済む方法に変わった。

　一言で言うと、総会は、従前、総会日の一発勝負であったのが、決算発表後、総会までの期間にわたって、順次情報を提供し、株主とやり取りをするという、「期間」の対応になったのである。これは使いようによっては、株主に対して丁寧な情報提供がなされる長所がある。ただし、役員の側も、現

実の総会での質疑という緊張感から少し解放されることがあり、これは経済界側にとってはうれしいが、問題がある会社の総会などでは、責任を果たさないと言われるおそれがある。

　またバーチャル総会では、総会のやり取りを見ているのは、現実出席株主だけでなく、インターネットの向こうにいる株主達もいる。現実の総会に来場する者達は、何らかの意図がある者達も多く、一般株主とは異なる点もあるが、バーチャルで見ている者達は、一般の株主であることが多いだろう。そういうネットの向こうにいる株主も意識して総会を企画しないといけない。またバーチャルにすることで、海外投資家なども参加が容易になる。

　コロナ禍が終息したあとに、この変化がどれだけ残るのかは定かではないが、このように1日限りの総会ではなく、一定期間にわたって情報提供やコミュニケーションをするというスタイルは、継続するのではないかと思われる。

6　バーチャルオンリー総会

　さらにバーチャルオンリー総会が普及するかどうかというのは、実務の関心事である。すでに世界的には許容されている方法であり、DXの時代にそれを忌避するのは、時代の流れを止めるものであろう。

　ただし、2021年の総会を見ても分かるとおり、一部の投資家などは、バーチャルオンリー総会に懸念を持っている。例えば、質問の受付方法について、どうしてもテキストによる発言申し出になってしまうが、そうすると、内容を見て、経営者が都合のよい質問だけを受け付けるのではないか、といった不安がある。また大きな不祥事があったときに、総会での追及を恐れた経営者が、バーチャルオンリー総会で楽をしようとするのではないかとか、委任状合戦等賛否が拮抗する総会でバーチャルオンリー総会とするのは不適切ではないか、といった問題である。要するに、経営者が下心を持ってバーチャルオンリー総会を悪用するな、ということである。

　そのため、バーチャルオンリー総会は、まず上記のようなケースには利用しないことが必要である。

　質問の受付方法についても、中立性を確保し、チェリー・ピッキングとならない客観的な方法を明示的に採用すべきである。例えば、質問の数の多い順に上位から指名するとか、パソコンを使ってまったくランダムに指名する

などである。また他人の名誉を毀損するような内容や議案に関係のない質問は採用しないというルールも必要だ。さらにその透明性を確保するために、提出されていた発言希望の内容を、総会後にすべて開示して、チェリー・ピッキングをしていないことの確認ができるようにすることも必要だ。

　そのような全体としてのあるべき姿について、会社側・株主側のだいたいのコンセンサスができたら、バーチャルオンリー総会も有用である。

7　新しい総会の傾向——ESG

　もう1つ、2020年頃からの新しい傾向として、株主総会での質問や株主提案にESG関連が急増していることが挙げられる。日本では未だ数えるほどだが、欧米では質疑の主流になっている。今後日本でも、ガソリン車の販売禁止やその他の脱炭素が本格化すると、ESG関連が最も重要なテーマになるであろう。

　またこの環境問題等があり、もともと同じグループでもない株主達が、同じ議決権行使行動に出る事例が現れている。例えばエクソン・モービルでは、わずかしか株式を持たない投資家が社外取締役の選任提案をしたところ、多数の投資家の賛同を得て、可決に至った。日本では、東芝で会社法316条2項に基づく調査者選任の提案が可決された。その後開かれた株主総会では一部の社外取締役の再任議案が否決されている。従来、アクティビストとの戦いは、高額配当等の株主利益のみの追求提案が主戦場であったが、ESGがテーマになると、それ以外の一般の投資家の賛同も集めるのである。持合株式もどんどん減少している今、世の中の価値観に抗うことは困難になってきた。そもそも会社側としても、今後そういうESG関連の株主提案に、反対し続けられるかどうか、疑問になってきた。アクティビスト達との関係性も、変わってきたのである。

Ⅲ　株主総会とは何か？

以下では株主総会の基本的な位置づけなどを説明する。基礎知識である。

1　総会の位置づけ

株主総会は、法律または定款に定められたことだけをする機関である。限

定列挙である。しばしば「総会はオールマイティ」などと言うが、それは間違いである。限られたことだけを総会が担当し、業務執行関係は、すべて取締役会が決める。その方が専門的で、迅速な経営ができるからである。総会は、取締役の人事権を有している。もし経営に文句があれば、取締役を交代させなさい、ということである。

2　総会は何をするところか

株主総会というのは、

① 決議事項について採決をすること、

② 報告事項について報告をすること、

という2つだけが仕事である。

それが終われば会議としての株主総会は終わりである。

よく「株主総会は株主とのコミュニケーションの場である」と言われるが、法的にはあくまでも総会の目的事項と定められた事項について、決議をし、報告をすることだけが仕事である。

また、会社法は株主総会を「会議」の形式で行いなさいと定めている。例えば衆議院議員選挙のように投票だけで物事を決めるわけではない。

それは「会議」でいろいろ議論した上で結論を決める方がよりよいだろうということである。

「会議」であることのエッセンスは「皆で相談して決めた」ということである。言い換えれば、「発言の機会」がきちんとあることである。

したがって、総会運営の一番の基本は、株主に発言の機会をしっかり与えることである。

総会は何をするところか、という点と、会議として開催せよ、という点が、一番重要なポイントである。

3　総会運営の獲得目標

総会の準備にあたっては、総会運営の獲得目標を明確にすることが重要である。その目標のために、様々な意思決定をしていくからである。総会場の設営や答弁の仕方、議長のしぶり等を決めていくのである。

総会運営の獲得目標は、

① 適法に運営すること、

② レピュテーション・株主満足度の向上

である。

　総会の決議に瑕疵があるといって取消しになってしまったら、会社は大変である。だから、適法な総会運営は必須である。また折角多数の株主が来場するのであるから、株主が満足して会社の評判が向上する方がうれしい。この2つのために総会の準備をしているのである。

　なお、会社によっては、③取締役会提案の可決や、④問題株主に蹂躙されないこと、が目標であることもある。

Ⅳ　総会の仕組み

1　一括上程方式と個別上程方式
　議案の上程の仕方には「一括上程方式」と「個別上程方式」の2通りがある。

　議案を1つずつ上程し、審議し、採決をしていくのが、個別上程方式である。一方、全議案を一緒に上程し、一括して審議の後、採決だけ順次していくのが一括上程方式である。

　大規模な総会や、問題株主が来る場合には、一括上程の方がよい。どの議案についてでも発言できる方がわかりやすいし、所要時間のコントロールもしやすいからである。質疑を打ち切るときのリスクも小さい。

2　総会の流れ
　総会では、冒頭に議長の就任宣言から、計算書類の説明、議案の説明などが行われる。それが終わると、質疑応答が始まる。

　ほどほどの時間が経過すると、採決をして終了である。

　総会はそれだけの場である。

　シナリオの骨子とその意味は以下のとおりである。

［図表7-1］

01	おはようございます。	
02	議長就任宣言	議長就任宣言には法的な意味はない。
03	開会宣言	この開会宣言からが総会である。
04	欠席役員の報告	欠席者があることの報告は法的には意味がない。しなくてもよい。
05	発言時期の指定 「株主様のご発言は報告事項ならびに決議事項の議案の説明が終了した後にお願いいたします」	株主の発言を議案の説明の後に指定する議長の議事整理権の行使。これは重要。この議事整理権の行使をしているから、株主の不規則発言も制御できる。
06	株主の出席状況の報告	出席状況の報告は、法的には必須ではないが、質問されれば答えなければいけない事項。定足数の有無などを確認するもの。ただし、本当は定足数は採決をする時点で必要である。
07	定足数充足宣言	定足数がある議案は、合併等の特別決議事項と役員選任議案。通常は3分の1。
08	監査報告	監査報告はしなくてもよい。違法意見がある場合には必須。
09	計算書類等の説明	説明は必要であるが、必ずしも書類を朗読する必要はない。最近はビデオなどが使われている。
10	全決議事項の説明	一括上程の場合にはまとめて議案の説明をする。
11	一括上程方式によることの了承 「この後の審議の方法ですが、報告事項およびすべての決議事項について株主の皆様から質問、意見、動議を含めた一切のご発言をお受けし、そののち決議事項について採決のみ行いたいと思いますが、よろしいでしょうか」	一括上程によることは議長の議事整理権の範囲内だが、念のため株主の同意を得ておく。 「動議」については採決段階でも提出できるのではないかという意見が以前あったため、念のため動議もここでしか提出できないことを明示している。
12	発言の受付 「質疑を打ち切りました後はご発言をお受けできませんので、ご発言を希望される株主様は、どの議案に関するご発言でも結構ですので、すべてこの機会にお申し出下さい」 　　（質疑応答）	株主に、発言の機会はここしかないこと、どの議案についてでもよいことを明示する。

13	質疑打切りの採決 「それでは十分質疑を尽くしましたのでここで質疑を打ち切り採決に移りたいと思いますが、よろしいでしょうか」	質疑打切りは議長の議事整理権の範囲内であるが、念のため株主の同意を得ておく。
14	第1号議案採決 第2号議案採決 　　　…… 　　　……	この段階では、発言希望があっても受け付けないのが原則。ただし、発言希望の少ない会社などでは、ここで発言希望があれば受けてもよい。 採決は、可決否決の別が分かればよい。詳細な議決権数の確認は不要。
15	閉会宣言	これで総会は終了。
16	新任役員の紹介	任意。

Ⅴ　適法な総会のためのポイント

1　役員の方々に注意して欲しい箇所

総会の獲得目標の第1は、適法な総会である。

適法な総会のためにしなければならないことは山ほどあるが、役員の方に注意して欲しい点は、以下の3点である。

①　説明義務を尽くすこと

②　動議の処理を適切にすること

③　質疑打切りのタイミングを適切にすること

なぜこの3つかというと、総会の決議の瑕疵には、「議案の違法」、「招集手続の違法」、「決議方法の違法」の3種類があるのであるが、まず「議案の違法」と「招集手続の違法」については、これは総会事務局がきちんとやっているので、役員の方にご心配頂く必要はない。役員の総会当日のしぶりによって違法になり得るのは「決議方法の違法」だけであるが、過去の上場会社の判例を見ると、「説明義務を尽くさなかった場合」、「動議の処理を誤った場合」、「質疑打切りのタイミングが早すぎた場合」の3つしか、問題になっていない。

したがって、この3つをしっかりやって頂ければ、ほぼ100％「適法」な総会が開催できるのである。

2　説明義務を尽くす

(1)　説明義務の考え方

まず説明義務を尽くすことが重要である。

説明義務違反というのはどういうことか、というと、株主から、説明義務がある質問が出されたのに、きちんと回答しなかった、という場合である。

そこで説明義務の範囲を認識しておくことが必要になる。

株主総会というのは、予定された会議の目的事項を審議することだけが仕事である。

その総会で、株主からの質問に回答せよ、というのはどういうことかというと、「その会議の目的事項の審議に必要な場合に、その範囲で説明せよ」ということである。必要性がなければ、総会でやるべき仕事ではない。

したがって、総会での質問というのは、「およそ会社に関することなら何でも回答しなければならない」というものではない。あくまでも議題の審議に必要なことだけ回答すればよい。

それでは何が「必要なこと」なのであろうか。

総会の議題は、決議事項と報告事項がある。以下分けて説明する。

(2)　決議事項についての説明義務の範囲

決議事項については、審議の上、採決することが目的である。

決議事項についての「審議」は、「採決」のための「準備」である。採決をするためには、個々の出席株主に、その議案についての賛成・反対の意思決定を心の中でしてもらう必要がある。個々の株主が賛成・反対の意思決定をしたところで、初めて採決ができるからである。「ああ、こういうことなら、自分は賛成しよう」とか、「そういうことなら自分は反対だ」などと内心で決める。それを踏まえて、「それではみなさん採決しますよ。賛成の人、（は〜い）、反対の人、（は〜い）、それでは賛成多数で可決されました」という形で採決ができるのである。

したがって、「審議」というのは、個々の出席株主に自分はこの議案に賛成するか、反対するかを意思決定してもらうために、必要な情報の提供をし、意見の交換をしてもらっているのである。

したがって、決議事項の説明義務の範囲は、「賛否の意思決定をするために必要な情報の範囲」ということになる。

より具体的に、「賛否の意思決定をするために必要な情報」とは何かと言

うと、これは原則として、

「株主総会参考書類に記載すべき事項」

である。

なぜかと言うと、参考書類の制度は、議決権行使書の制度とワンセットになった制度であるからである。

議決権行使書の制度というのは、株主は、総会に出席しなくても、事前に会社に議決権行使書を返送しておけば、それで賛成・反対の投票ができるという制度である。大変便利な制度である。

しかし、事前に投票する株主は、株主総会に出席しないから、株主総会でいろいろな説明を聞くことができない。何も説明されずに投票だけはしてもよいと言われても、株主は困ってしまう。そこで、賛成・反対の意思決定に必要な情報を、事前に招集通知に添付して伝えることになった。これが参考書類の制度である。

逆に言うと、参考書類というのは、原則として、それを見れば、一応議案についての賛否の意思決定ができるはずの情報だということになる。

したがって、まさにこれが「賛否の意思決定をするために必要な情報」となる。

ただし、参考書類の制度があっても、それで総会での説明義務がまったくゼロになるわけではない。総会はあるし、そこでの説明義務も一応定められている。

そこで説明義務の範囲としては、これを補足する程度のことくらいは説明した方がよいということになる。

結局、決議事項についての説明義務の範囲は、

「原則　参考書類の記載事項、プラスそれを補足する程度の情報」

ということになる。

なお、参考書類にはどういう事項が記載されているのかというと、「議案の内容」と「提案の理由」、そして「判断の基礎情報」である。議案の内容が分からなければ、賛成してよいのか分からないし、提案の理由を聞いてみないと、賛成するかどうか決めがたい。また取締役選任議案の候補者の略歴など、判断の基礎情報くらい聞いてみないと判断がつかない、ということである。

原則として参考書類の記載事項の範囲が説明義務の範囲である、というこ

とになると、総会の受付で招集通知を配布しているから、説明すべき事項はすべて書面で渡し済み、ということになる。すなわち説明済みであって、説明義務違反などにはならないはずである。

なお注意を要する議案は、取締役選任議案である。これは再任候補者の場合、従前の業務の執行状況について聞かれたら、一応の回答をしなければならないので、その点は注意が必要である。その部分は、参考書類の記載からはみ出している。もちろん詳細にわたる説明まで要するものではない。

最後に、なぜ決議事項について、取締役が説明義務を負担するのか、というと、取締役が、その議案の提案者だからである。提案者なのだから、なぜ賛成しろと言うのか、その理由は説明しなさい、というのが会議体の基本原則なのである。例えば、株主提案の場合は、その提案理由などについて、取締役は説明義務を負担しない。それは自分が提案したものではないからである。

(3)　計算書類等の報告事項の説明義務

次に報告事項について「審議に必要なこと」とは何であろうか。

報告事項は、決議事項と違って採決はしない。

採決はしないのに何のために審議をしているかというと、その報告事項を理解するためである。法が、せっかく報告事項としたのに、説明を聞いても何のことだかさっぱり分からなかった、というのでは、法の目的は達せられない。説明を聞いて、「ああ、そうか」と思ってもらうことが重要である。したがって、報告事項については、それを報告する趣旨が満たされる程度に説明することが必要である。

報告事項の中でも、計算書類等の報告の説明義務の範囲はどこまでか。

計算書類等を報告させる目的は、株主から経営を任された取締役として、１年間経営してきた結果を報告する、ということと、それを株主がチェックする、というところにある（受任者の報告義務という）。

これは特に難しいことではない。皆さんが部下に仕事を命じたら、部下は仕事を終えると、「こうなりました」と仕事の結果を報告してくるであろう。そして皆さんは、ちゃんと仕事をしたか確認するであろう。それが受任者の報告義務である。

したがって、必要なことは、

①　仕事の結果、すなわち会社がどうなったか「会社の概況」を知らせる

こと、

②　違法行為のチェックをすること、

である。それが計算書類等を報告させる目的であるから、言い換えれば、それが説明義務の範囲でもある。

会社の概況を知るためには、貸借対照表、損益計算書、株主資本等変動計算書、個別注記表および事業報告を報告すれば、だいたい会社の状況は分かる。なぜなら、

①　貸借対照表を見れば、会社の財産の状況が分かる。

②　損益計算書を見れば、会社の損益の状況が分かる。

③　株主資本等変動計算書を見れば、純資産の変動状況が分かる。

④　個別注記表を見れば、それらの重要な注記事項が分かる。そして、

⑤　事業報告を見れば、「その他の会社の現況に関する重要な事項」が分かる

からである。

この5つの書類でだいたい会社の状況が分かるのであれば、会社の概況を知るための説明義務の範囲としては、せいぜいこの計算書類・事業報告を「補足する程度の情報」を提供すれば十分であろうと考えられる。

そこでその「補足する情報の範囲」というのは何かと考えると、実は、それらの附属明細書ということになる。

なぜならば、法律がそう決めているからである。

会社法施行規則128条1項は、事業報告の附属明細書につき、

「附属明細書は、事業報告の内容を補足する重要な事項をその内容とするものでなければならない」とし、

会社計算規則117条は、計算書類の附属明細書につき、

「附属明細書には、〔計算書類の〕……内容を補足する重要な事項を表示しなければならない」

と定めている。

つまり、補足する情報は、両附属明細書が網羅している、というのが法律の建前なのである。

したがって、原則として、2つの附属明細書の記載事項の範囲で説明しておけば、会社の概況は理解できるはずだということになる。

例えば会計帳簿・書類を見なければ分からないような詳細な事項は説明義

務の範囲外である。会社の概況を知るのにそこまで必要がないし、会計帳簿は、企業秘密の観点から、3％以上の株主でないと見られない仕組みとなっている。もし誰でも出席できる株主総会で会計帳簿の記載事項も開示が必要だということになれば、この制約が無意味になってしまう。

　このとおり、原則は、両附属明細書の記載事項の範囲であるが、両規則は、すべての会社に共通の重要事項を定めたものである。だから個別の会社にとって、会社の概況を知るために重要な事項が欠落することはある。その部分は説明をしなければならない。

　例えば例年と比較して大幅に変動した勘定科目であるとか、特別損失・特別利益、大きな事件・事故や不祥事など、当期の会社の概況を把握するのに重要な事項である。「個別の特殊事情」である。言い換えれば、普通の株主なら誰でも関心を持つようなことは説明した方がよい。これは常識で考えればよい。

　この「個別の特殊事情」のほか、先の5書類の記載自体の内容・意味を聞く質問に対しては説明しなければならない。例えば事業報告の「事業の経過及び成果」に記載してある「言葉の意味」を聞くとか、「記載の趣旨」を聞くとか、「記載・算定の前提条件、単位」を聞くなど、そういう種類の質問である。これらは記載自体の意味内容を理解するために必要な情報である。なぜかというと、5書類を報告する以上、その書類の記載自体の意味が分からないのでは、報告事項を「理解」できないからである。

　有価証券報告書や取引所の適時開示書類、コーポレート・ガバナンス報告書などの記載事項は、総会での説明義務の範囲とはならない。これは金商法や取引所規則で定められた開示情報であって、会社法の説明義務とは関係がなく、それが説明義務の範囲となることはないのである（判例も同様である。日本交通事件・松江地判平成6年3月30日資料版商事法務134号101頁、広島高松江支判平成8年9月27日資料版商事法務155号48頁）。

　以上が会社の概況を知らせるための説明義務の範囲である。

　次に、「違法行為のチェック」のための説明義務の範囲であるが、基本的には、違法行為があるかどうかは、取締役会や、監査役、会計監査人などの監督機関があって、専門家である彼らがチェックする仕組みとなっている。計算書類等については、4週間も5週間もかけて会計監査人と監査役がチェックすることになっている。その結果、適法意見があって総会を開催し

ているのであるから、総会の場で、株主が、個々の取引の適法性を1個1個チェックする必要はまったくない。

　したがって個々の行為の適法性をチェックするための質問というのは、原則として説明義務はない。

　違法行為のチェックとして説明義務が生じるのは、特段の事情がある場合、すなわち「相当な根拠をもって、違法ではないか」と指摘された場合だけである。

　したがって、取締役の違法行為、重大な不祥事が発生した会社などでは、そのことについては、それなりの説明をすべきである。

　以上が計算書類等（単体）の報告事項の説明義務の範囲である。

(4)　連結計算書類の報告事項についての説明義務の範囲

　次に、連結計算書類の報告事項に関する説明義務の範囲であるが、個別の計算書類の説明義務の範囲とはまったく異なっている。

　ほとんど説明義務はないのである。

　そもそも連結計算書類は、なぜ、報告事項とされているのか。

　個別の計算書類は、取締役が株主から経営を任されたので、その「受任者の報告義務」が根拠であった。

　しかし、連結計算書類はそのようにはいかない。会社法上は、あくまでも取締役が委任されたのは、個別のその会社の経営だけである。連結ベースでは、その連結子会社にはそれぞれの取締役がおり、その子会社の経営はその取締役に任せられている。親会社として連結子会社に指示をすることはあるが、それは、会社法上は、事実上行っているだけであって、親会社の取締役が子会社の経営をしているわけではない。

　したがって、子会社について、あるいは連結グループについて、「受任者」としての報告義務はないのである。すると受任者の報告義務の目的である、仕事の結果を報告するとか、違法行為のチェックという目的は、連結計算書類の報告事項にはないことになる。

　それではなぜ連結計算書類を報告するのかというと、株主に対する「情報の提供」という趣旨で導入されたに過ぎないのである。サービスである。だから基本的には提供しておしまいである。

　そうすると、その説明義務の範囲はどうなるかというと、もちろん、報告事項ではあるから、説明義務はある（会社法444条7項・314条）。

　しかしその説明は、その意味が分かればよいだけである。例えば、連結計算書類の用語の意味であるとか、記載・算定の前提条件であるとか、そういった事項である。また前年度と大幅な変動があった科目など、「あれっ」と思うような事項である。もちろん連結計算書類には附属明細書などないし、違法行為のチェックなどということもない。

　そのように考えると、現実の株主総会では、すべて連結ベースで質問も回答も行われており、最も主要な質疑対象になっているのであるが、実はそれは会社法上は、非常に希薄な位置づけでしかないのである。会社法は、まだ単体主義のままなのである。

　以上が理屈に従った説明である。しかし少し注意を喚起しておくと、前項(3)で事業報告については説明義務があると述べた。その事業報告の内容として、最近は連結ベースの事実を記載する項目が多くなっている。さらに内部統制の決議の概要やその運用状況の概要についても記載する必要がある。この内部統制決議と運用の概要は、大半の会社で連結ベースになっている。したがって、これらの記載の範囲では、連結ベースの情報についても説明義務が生じ得る。特に持株会社などは、子会社の管理が親会社の職務であるから、連結ベースの情報について説明義務が生じることは当然である。またESGでは、サプライチェーンなど企業グループ全体の行動が関心事であるから、連結ベースの説明の必要性は高まっている。

(5)　監査役の説明義務の範囲

　監査役の説明義務の範囲は取締役とはまったく異なる。

　まず決議事項について言えば、監査役は、議案の提案者ではない。提案者は取締役である。だから監査役には、提案者としての説明義務はない。

　また計算書類・事業報告の報告事項についても、監査役は経営の受託者ではない。だから受託者としての説明義務はない。連結計算書類はなおさらである。

　監査役が負う説明義務は、監査役が受任した仕事についての説明である。

　監査役が株主に説明すべき事項は、監査報告の記載事項として法定されている。その中で、「監査の結果」や「監査の方法の内容」などが報告される。

　すると原則として、監査業務についての報告としては、この監査報告の内容を報告すれば足りるものと考えられる。

　それについての説明義務の範囲というのも、監査報告の記載を補足する程

度で十分ということになる。

　具体的には、例えば監査報告には、「監査役会で定めた監査の方針」など
という記載や、「重要な会議に出席し」などという記載があるが、株主から
「監査の方針とは何か」とか、「重要な会議とは何か」と聞かれたら、その程
度は回答するということである。いわば監査報告のコンメンタールである。

　また、決議事項については、監査役は、法令・定款違反または著しく不当
な内容であった場合にのみ、そのことを総会に報告すれば足りる（会社法
384条）。それ以上の説明義務はない。

　なお当然のことであるが、取締役に違法行為があった場合および相当な根
拠をもって違法と指摘された場合には、監査役の報告義務、説明義務が生じ
る。その違法行為の概要など、または違法でないならその理由等については
説明しなければならない。なぜなら、まさにそれが監査役の仕事だからであ
る。

　さらに監査役は、内部統制の決議と運用状況に関して、それが相当である
かどうかの監査をする（会社法施行規則129条1項5号）。そのため、相当で
あるかどうかについても意見を述べることになるし、それは先述のとおり多
くの会社では連結ベースである。グループ内に不祥事等が発生した場合には、
何らかの説明義務が生じることは考えられる。また内部統制決議の中にはリ
スク管理体制も含まれるので、ESGに関わるリスクへの対応もその範疇に
なる。

(6)　監査等委員会設置会社、指名委員会等設置会社の説明義務の範囲について

　次に、監査等委員会設置会社、指名委員会等設置会社の場合の、取締役、
各種委員、執行役の説明義務であるが、同様に各自が受任した仕事の内容に
ついて、説明する義務がある。

　まず両モデルの取締役会は、その職務について質問があれば説明すべきで
ある。経営方針や経営計画に関する事項、経営者の監督に関する事項、内部
統制に関する事項などである。また業務執行の決定の一部は執行側に委任し
ていることがあるが、それについても監督はすべき立場であるので、監督者
としての説明は必要だ。

　代表取締役や執行役は、自分が担当した職務について説明義務を負う。

　各種委員については、監査等委員は、その職務について説明義務を負う。
例えば監査にかかる事項とか、取締役の指名・報酬に関する事項などである

204

（意見陳述権があるから）。

　指名委員会等設置会社の指名委員会委員は、指名委員会の運営、決定に関する質問には自ら回答すべきである。例えば、取締役選任議案に関する選任基準・理由とか、選任プロセス等についての質問である。監査委員会委員は、監査に係る質問に対して説明する。報酬委員会委員は、報酬決定の方針など取締役・執行役の報酬に関する質問に回答すべきである。

　要するに、それぞれ各自の職務について説明責任を負うということである。

　以上は、「誰が回答するか」という問題であるが、「説明する範囲」の方は、基本的に考え方は監査役設置会社と同じであり、報告事項については附属明細書等の範囲、決議事項については参考書類の記載事項の範囲が原則である。

(7)　説明義務がない場合

会社法314条、同法施行規則71条は、

① 株主総会の目的事項に関しないものである場合
② 説明をすることにより株主共同の利益を著しく害するものである場合
③ その他正当な理由がある場合として法務省令で定める場合（以下の4項目）
　　ⅰ 調査をすることが必要である場合
　　ⅱ 説明することにより会社その他の者の権利を侵害することとなる場合
　　ⅲ 実質的に同一の事項について繰り返して説明を求める場合
　　ⅳ 以上の他正当な理由がある場合

には、説明をしないことができるとされている。

　まず①の「株主総会の目的事項に関しない」というのは、説明義務がないのは当然である。その目的事項を審議するのに必要な情報だけが説明義務の対象になるからである。

　②の「株主共同の利益を著しく害する」というのは、企業秘密などの場合であるが、製品の原価や製造上のノウハウなどは、もともと非常に詳細な情報であって、会計帳簿やそれより詳しい書類を見なければ分からないことであるから、もともと説明義務は生じないものが大半であろう。

　③のⅰは、手元に数字がない場合などのことである。調査が必要な場合には説明をしなくてよいとされている。ただし、相当の期間前に事前質問状が来ている場合は、それを理由として拒否することができない（会社法施行規

則71条1号）。

　事前質問状というのは、いつまでに出さなければいけないというルールはない。その事項を調査するために必要な時間だけ以前に出されていたか、という問題である。

　事前質問状というのは、それを出せば、総会で質問をしたことになるわけではない。あくまでも予告に過ぎないので、現実に総会で指名され、口頭で質問をして、初めて説明義務が生じ得る。

　事前質問状は、経営者からすると、なんとなく宣戦布告のような感じを受け、気味の悪いものである。しかし実際は、これはありがたいものである。

　すなわち、事前質問状が来れば、その株主が質問する事項が分かるので、その中で説明義務が生じる事項などを、一括回答で回答しておけばよい。そうすれば、当日の質疑において説明義務違反になる余地がなくなる。

　また大体、事前質問状を出してくる株主は、問題株主が多いのであるが、そのような株主の質問に対する答弁は、細心の注意を要するものである。しかし一括回答をしておけば、再度質問があったとしても、「先ほど一括回答でご説明したとおりです」という回答ができる。答弁担当役員はとても楽である。

　③のⅱは、他の者の権利を害する場合というのは、プライバシーの侵害になるとか、秘密の暴露になるとか、名誉毀損になるとか、いろいろなことがあるであろう。

　③のⅲは、もともと列挙しなくても、すでに説明済みの事項について再度問われても説明義務は生じないのは当然のことである。

　③のⅳとして、包括条項が定められている。

　これらの拒否事由は、むしろもともと説明義務が生じていない場合が大半であろう。

3　動議の処理を適切にする

　次に動議の処理である。

　「動議」と言われてもよく分からないであろう。しかしポイントは、簡単である。

　動議の処理を間違って、決議取消しになるのは、

　「議場に諮るべき動議を議場に諮らなかった場合」

だけである。

　動議の中には、議長が自分で判断してよいものと、株主に諮ってその多数決に委ねないといけないものがある。その株主に諮るべき動議が出たのに、議長が勝手に却下したり、無視したりすると、決議取消しとなってしまう。

　したがって、ポイントは、議場に諮らなければいけない動議が出たら、議場に諮る、ということである。

　では議場に諮らないといけない動議というのは何かというと、次の５つである。

①　調査者選任動議（会社法316条）

②　会計監査人出席要求動議（同法398条2項）

③　延期・続行の動議（同法317条）

④　議長不信任動議

⑤　議案の修正動議

　なぜ株主に諮らねばならないかというと、①から③は、法文上、総会が決めると書いてあるからである。④は、条文はないが、議長不信任動議を議長自身が自分で決めてよいとなったら、意味がないからである。⑤の議案の修正動議は、決議の内容は、株主が議決権の多数決で決めることだから、議長が勝手に決めてはいけないのである。

　この５つの動議については、必ず議場に諮って決定することである。それを守っていれば、適法な処理ができる。

　次に具体的な動議の処理方法であるが、動議が提出されたかどうかの判断は、実際には難しい場合もあるので、慎重に事務局と打ち合わせればよい。

　「動議かな」と議長が思ったら、「ちょっとお待ち下さい」と議場に言って、事務局を振り返って「今のはどうしようか？」、「動議として処理しましょう」、「それじゃそうしよう」などと相談をする。その上で議長席に戻り、

　「お待たせしました。それではただいまのご発言ですが、動議を提出されるということでよろしいでしょうか。……」

などとすればよい。

　動議かどうか曖昧な場合は、

　「ただいまの株主様のご発言は、動議を提出されるというご趣旨でしょうか」

などと言って、確認する。

　なお、「動議」と「意見」の違いは、「その内容を採決して欲しい」という意思があるのが動議で、ないものが意見である。例えば、「自分は配当は1株100円がいいと思うから、その提案をみんなに諮ってくれ」というのが動議であり、「自分は1株100円がいいと思うが、その意見を皆さんに聞いて頂ければそれでいいので、採決まですする必要はない」というのが意見である。

　具体的な処理方法としては、まず①から④の議事進行上の動議の場合は、直ちに取り上げて否決すればよい。

　⑤の議案の修正動議の場合には、先に修正動議の審議および採決をしてしまう方法と、原案と一括して審議し、後でまとめて採決する方法がある。

　修正動議を先に審議・採決してしまうシナリオは、次のとおりである。

　［修正動議を先に審議・採決する方法］

ただいま株主様から修正動議が提出されました。
この修正動議につきましては、直ちに取り上げて審議の上、株主の皆様にお諮りしたいと思いますが、よろしゅうございますか。
　　　（株主　異議なし、了解）
それではただいまの動議をお諮りしますが、何かご発言ございますか。

　　　・・・・・　審　議　・・・・・

それでは、ご発言もないようですので
　　　（十分審議を尽くしましたので）
ただいまの動議を採決いたしたいと思いますが、よろしゅうございますか。
　　　（株主　異議なし、了解）
それではただいまの動議を採決いたします。
ただいまの動議に賛成の方は、挙手を願います。
　　　（提案株主　賛成）
それではそれ以外の方は修正動議に反対ということでご異議ございませんか。
　　　（株主　異議なし）
ありがとうございました。反対過半数ですのでただいまの動議は否決されました。
それでは先ほどの原案の審議に戻ります。
株主様何かご発言はございますか。

　一方原案と一括審議する方法のシナリオは、次のとおりである。

［原案と一括審議する方法］

［提出時］

> ただいま株主様から、修正動議が提出されました。
> この修正動議につきましては、原案と一括して審議の上、後ほど原案とともに採決いたしたいと存じますが、よろしゅうございますか。
> 　　　（株主　異議なし、了解）
> それではそのようにいたします。

［採決時］　下線部分を挿入する。

> それでは十分質疑を尽くしましたので、ここで質疑を打ち切り、採決に移りたいと存じますが、よろしゅうございますか。
> 　　　（株主　異議なし、了解）
> また先ほど修正動議が提出されていますが、原案を先にお諮りすることでよろしゅうございますか。
> 　　　（株主　異議なし、了解）
> それでは第一号議案利益処分案承認の件を採決いたします。
> 　　　　　　…
> 　　　　　　…
> ありがとうございました。賛成過半数ですので、本議案は原案どおり承認可決されました。
> なおいずれも原案が承認可決されましたので、先ほどの修正動議につきましては否決されたものといたします。
> 以上をもちまして本日の会議の目的事項はすべて終了いたしました。これをもちまして本総会を閉会いたします。
> ありがとうございました。

　動議処理の方法をどちらにするかは、各社の事情でいずれにするか決めればよい。

4　質疑打切りのタイミングを適切にする

　3つ目の適法な総会のポイントは、質疑打切りのタイミングである。

　まだたくさん発言希望者がいるのに、あまりに早く質疑を打ち切って採決してしまうと、裁判所で「もう少ししっかり審議したらよかったのではないか」と言われてしまう。「発言の機会」が十分でなかったということである。

　そこで発言希望者がいる場合は、しっかり審議しようということである。

　もちろん発言希望者がいなくなった場合は、そこで採決して構わない。

　「十分審議を尽くした」というのは、どういう場合を言うのであろうか。

　理屈の上では、株主が、報告事項を理解し、合理的に賛否の意思決定ができる程度に質疑がなされた状況ということである。

　しかしこのような判断基準では、抽象的過ぎて、実務的には判定困難である。そこで実務的には、やむを得ないので外形的な事情で判断している。ポイントは3つである。

　まず第1に審議した時間である。

　事例で言えば、

　中部電力事件では、審議時間50分（一括回答1時間）、

　北海道電力事件では、同44分（同20分）、

　九州電力事件では、同30分（同37分）

で、いずれも適法とされている。

　高島屋事件や東京電力事件は、開会から閉会までが約2時間の事例であるが、これも適法とされている。

　そこで、実務では、2時間くらいを目途にしている。

　午前10時に開会して、午後0時を回ったらそろそろ質疑の打切りを考えるという程度である。

　なお、これは一括上程方式の場合である。個別上程方式の場合、質疑を尽くしたかどうかは、個別の議案の審議ごとに判断することになる。例えば、報告事項の審議を3時間もやったとしても、その後の議案の審議を10分しかしなければ、それはその議案については審議不十分と言われてしまう。したがって、質疑打切りをしなければならないような大規模会社では、一括上程にした方がリスクが低い。

　第2は、現在行われている質問が、よい質問かどうかである。よい質問とは、要するに「説明義務が生じる質問」ということである。説明義務がある、ということは、審議に必要な情報のやり取りだった、ということである。

　現在の質問が説明義務のある質問であれば、裁判所も「もう1問質問させれば、また説明義務のあるいい質問が出たかも知れない」と思う。そうすると、「質疑打切りはもう少し待つべきだった」などと言われてしまう。

　だからこのような場合には質疑の打切りは少し待つのが賢明である。

　第3は、なるべく発言者の頭数を多くすることである。特定の株主にマイクを占拠されて長時間を経過し、しかし他の発言希望者の発言は聞いていないというのでは、質疑打切りをするのは躊躇される。

やはりできる限りたくさんの株主の発言を聞くのがよい。最近では、質問者が多数の会社では1人あたりの質問数を、1問とか、2問に限定する会社が大半である。

質疑打切りのタイミングは事務局と打ち合わせて決める。

議長と事務局は、答弁担当役員が答弁をしている最中に、メモあるいは振り返っての会話等で、そろそろ打切りをすることの確認をする。

議長は、答弁担当役員の回答が終わったところで、「それでは十分質疑を尽くしたと思いますので質疑を打ち切り、採決に入りたいと思いますが、よろしゅうございますか。……」というようにシナリオを朗読して質疑の打切りをする。

最近は、議長が「ずいぶん時間も経過しましたので、ご発言を頂くのはあとお2人様といたしたいと思います。それではそちらの株主様、どうぞ」などと言い、1人目に次いで、2人目も指名すると、議場の株主は、皆、「これで質疑は終わった」と認識して、挙げていた手を下ろすことが多い。そうすると、円満に、質疑の打切りができる。

5　結　論

以上の3点を確保して頂ければ、適法な総会を開催することができる。

あとは、いかに説得力のある回答をして、株主からの評価を上げることができるか、というレピュテーションの課題である。

Ⅵ　議長はどうすればよいか

1　議長の仕事

株主総会の議長とは、何をするのが仕事なのか？

議長というのは、会議の「進行役」である。

会議の進行役の仕事は、次の3つである。

①　適法に審議を進めること、

②　効率的に、合理的な時間内で必要な審議を行うこと、

③　総会の秩序を保つこと、

である。

議長は、まず第1に、適法に総会が行われるよう、議事を進めなければな

らない。これが一番重要な仕事である。具体的には、株主の発言の機会を確保したり、動議の処理を適切にしたり、説明義務のある質問には適切に説明するようにするなどの仕事である。

　第2に、効率的に、合理的な時間内で必要な審議が行えるよう、議事整理をすることである。無意味な発言で長時間総会となったら、出席している株主は迷惑である。したがって、議案に関係のない無意味な発言は整理して効率的に進めなければならない。最近、個人的なクレーマーや運動株主、労働組合などが、総会に関係のないことを発言することに対して、一般の株主の不満はかなり昂じている。その点を配慮する会社も増加している。

　第3に、議場の秩序維持も議長の仕事である。暴力を働いたり、議長の指示を聞かずに議事を混乱させる者を制止し、退場させるなどして、きちんと議事が運営できるようにする仕事である。

2　議長の権限

　それではその仕事をするために、議長にはどういう権限があるのであろうか。

　議長には、議事整理権と秩序維持権がある。

　議事整理権というのは、議事の進め方に関する権限である。

　誰に発言を許可するとか、誰に説明をさせるとか、どういう審議の順序にする、などといった進行方法を決める権限である。

　配当をいくらにするかとか、取締役を誰にするかという、決議の「内容」そのものを決定する権限は、株主にある。それは「議決権」の多数決によって決める。

　したがって、まず大枠として、「中身を決める権限は株主にあり、議事の進め方に関する権限は議長にある」と考えればよい。

　議長の具体的な権限は、以下に例示するとおりである。

(1)　会場設営、受付、臨場者関係等——総会の環境設営

　会場の設営は、基本的に議長の権限である。株主席や役員席の配置、マイク、机の配置、その他である。総会場での受付審査や、所持品検査、持ち込み制限、出席者の集計なども同様である。警察への臨場要請やガードマン等の配置、傍聴許可、ビデオの撮影なども議長の権限である。

(2)　**議事の進行の仕方**

　議事の進行については、開会する権限、定足数の確認、審議の順序・方法、議案の上程、株主の発言時期の指定、発言希望者の指名の順序、発言時間・質問数の制限、個別の発言者の発言制限等、みな議長の権限である。

　回答者の指名も議長の権限である。ただし、監査役の場合には、独任制との関係で、株主が特定の監査役を回答者に指名した場合には、その指名された者が回答するのがよいとされている。この点は注意が必要である。質疑打切りも原則として議長の権限である。

　以上要するに、基本的には議事進行に係る問題は議長の権限であり、議長が自分で判断してよい。

　ただし、動議だけは、前に述べたとおり、一定のルールがあるから気をつける。

　上記(1)の権限については、しばしば株主からクレームが出る。「何でビデオの撮影をしているのか」などである。それは議長の権限であることを知っていれば、「ビデオの撮影につきましては、株主総会議事録の作成のため行っておりますが、議長にお任せ頂きたいと思います」などと回答しておけば足りることが分かる。

3　議長采配の基本

　議長は、型にはまったやり方をする必要はない。

　皆さんの個性が出てよい。その方が、株主は親近感を感じて、よい総会になる。型にはまった対応というのは、株主を警戒しているということの表れであるから、彼らも敏感にそれを感じてしまうのである。

　したがって、議長は、動議の処理以外は、ほとんど何をやってもよいのであるから、心配しないで、自分流でやって頂いてよい。

　なお、議長は、困ったときは、堂々と事務局と打ち合わせをする。

　何でもかんでも１人で当意即妙に捌かなければいけない、などということはまったくない。議長は法律に関しては素人なのであるから、適法な総会をするために、必要に応じて適宜事務局と相談することは当然のことである。

　その場合、堂々と議場に向かって、

　「ちょっとお待ち下さい」

と言って、事務局を振り返る。そして事務局と口頭で打ち合わせをする。メ

モによる筆談はダメである。ちゃんと口で「どうしましょう？」、「こうしましょう」と打ち合わせる。

そこで方針が決まれば、議長席に戻って、

「お待たせいたしました。ただいまの件は、……のようにいたします」
と処理する。

議長采配の手順は、以下のとおりである。

冒頭手続では、株主の発言があっても、基本的には受けないで（「ご発言は後ほどお願いします」と言う）、議長シナリオを読み進める。ここで発言を受けても意味がないからである。

質疑に入ったら、発言させる株主を指名し、質問をメモし、質問が終わったら回答者を指名し、回答が終わったら、次の株主を指名する、という繰り返しである。

注意する点は、動議だけである。どの程度の発言があれば、動議かどうか確認するかというと、例えば株主自ら「動議」と言った場合や、提案の内容が具体化したとき（「配当10円というのは15円がいいのではないか」など）である。そうなったら動議かどうか確認する。

発言希望者がいなくなり、または2時間程度を経過したら、そろそろ質疑の打切りをする。そして採決をして終了である。

4　議長の答弁等

議長は、ある程度は自ら回答した方が、株主の受けがよい。株主は皆、議長の声を聞きたくて総会に来ているのである。だいたい質問の3分の1から半分くらい、議長が回答すると、不満が出ないようである。

議長の答弁は、①直接自分で回答する方法もあるし、②まず概略を自分で回答して詳細を担当役員に振る方法、③まず担当役員に回答させて議長が補足する方法など、いろいろある。

議長が質問を受けるとき、質問された項目や質問の概要などを簡単にまとめて「……についてご質問を頂きましたが、担当の○○取締役から回答させます」などと言うと、担当役員は対応しやすいし、聞いている一般の株主も理解しやすい。

回答の後、「ただいまのご回答でよろしいですか？」などと言うこともできる。

　もし質問が聞き取れないとか、意味が分からないとか、聞き漏らした、などというときは、再度聞き直してよい。

　議長は、発言や動作は、ゆっくり、ゆったりする方が、堂々として見えるし、聞いている株主も聞きやすい。

　問題株主がいて、何度説明しても納得しないときは、辛抱強く繰り返し回答するのではあるが、最後は「これまでのご回答でご了承下さい。他のご質問があればどうぞ」などと言って、発言を切る。

　来場する株主にアンケートを取ると、来場者の大半は、その会社、その役員のファンである。みんな味方なのである。そのことを知っておくと、非常に気が楽になる。

Ⅶ　答弁担当役員の対応

1　答弁担当役員の役割

　次に答弁担当役員の注意事項である。

　総会運営の獲得目標は、

①　適法に運営すること

②　レピュテーション・株主満足度の向上

である。

　したがって、答弁担当役員の役割もこれに対応している。

　まず第1に、説明義務違反にならないことである。

　決議が取り消されたのでは会社は困ってしまうのであって、最低限、役員は説明義務違反にならないようきちんと答弁する必要がある。

　第2は、総会当日の答弁により、レピュテーションを高めることである。総会当日の株主からの質問に対して役員がきちんと説得力のある回答をしていれば、それは株主からの評価も高まるであろうし、マスコミ等に報道される会社では、社会的にも評価が高まるであろう。

2　答弁上の留意点

(1)　基本動作

　まず答弁担当役員は、議長から指名された後に、席から立ち上がって、答弁席に移動する。

　答弁席では、まず「取締役の○○です」などと名乗り、答弁が終わったら「以上でございます」などと言って終わったことを明確にする。ただし、毎回形式的にすることはない。何度も指名されたら「引き続き私からご説明します」でよい。

　基本的には、答弁席で、議長を抜きにして、株主と直接の問答はしない。ただし簡単なやり取りであれば構わない。ここも杓子定規にしない。

　聞き漏らした質問、答弁内容が分からない場合、その他困ったら、事務局に立ち寄ってゆっくり相談してよい。その間議長から「少々お待ち下さい」などと言う。

　株主が質問している間は、質問事項をメモする。他の役員に対する質問であっても、メモをしっかりしていると、株主席から見て好感が持てる。

　答弁は、質問株主の方を見て回答する（アイコンタクト）。

　答弁のスピードは、ゆっくりの方がよい。早口だと、慌てているような印象を受ける。動作はすべてゆっくりの方が、堂々と見える。

　もし間違った答弁をしてしまったことに気付いたら、次に答弁に指名されたときに訂正するか、あるいは事務局に言って再度自分を議長に指名してもらう。ただし、数字の間違いなど、それによって決議取消しにまでなることはまずないので（だいたい報告事項についての質問であるから、決議事項には関係ない）、過剰に心配しなくてよい。

　入場時や、採決時、閉会時の礼・起立などは、タイミングを合わせる。

　総会場では不体裁な行動、仕草はしない。例えば、目をつむったり、天井を仰いだり、足を組んだり、ほおづえをついたり、椅子の背もたれに大きく寄りかかったりはしない。

　社員バッジなどは着装するなら全員で着装する。

(2)　説得力ある答弁のためにどうするか？

　まず、説得力ある答弁の必須事項は、自分の言葉で回答することである。想定問答集を朗読していたのでは、株主は失望である。そのためには、想定問答集は、事前にしっかり読み込んでおく。

　また株主の質問に対して、ピンポイントで、正面から答える。すれ違いの答弁などは厳禁である。すれ違いの答弁は、株主席から見ると、株主を馬鹿にしているように見えるのである。

　回答できない質問の場合は、正面から回答できないと答える。例えば「私

どもは、この問題については、……と考えておりますが、ご質問のこの数字につきましては、企業秘密にわたりますので、お答えはご容赦頂きたいと思います」などと言う。正面から断った方が、納得感がある。

　説得力ある回答というのは、しゃべり方の巧拙ではない。ぼくとつなしゃべり方でも、結論と理由をしっかり言うと、説得力がある。

　長い答弁は、なるべく避けて、短い簡潔な答弁にする。その方が、賢そうに見えるし、回りくどい答弁は株主がいらいらする。

　回答してはいけない事項は、①インサイダー取引規制にかかる重要事実、②企業秘密、③個別のトラブル案件などである。また、「今後はこうします」などと約束はしないのが通例である。

(3)　最近の質問の傾向

　最近の株主は、総会で聞いたことをネタに株式の売買をすることが多いようだ。そのため質問内容は、過去のことではなく、将来のことについて質問することが多い。

　例えば決算短信で開示済みの前期業績に関する質問はあまり出ない。すでに株価に織り込み済みだからである。他方、新製品の開発状況とか、M&Aに関する情報、中期経営計画の進捗状況、人材の育成システム等についてはよく質問される。

　最近はガバナンスへの関心も高く、役員関係の質問が多数出されている。役員構成に関する質問や、役員報酬制度、社外役員の活動状況などである。

　なお、株主の質問は、事前に勉強して、予め質問するつもりで作成してきた質問と、総会場に来て招集通知を見ているときにたまたま思いついた質問と、両者がある。前者は真っ当な質問で、だいたい予想どおりである。後者は、招集通知に書いてあることの質問だから、思い付きそうなことを想定問答に用意しておく。

　また、盲点となる質問に、同業他社との比較がある。投資家は、その銘柄1つだけ買うのではなく、同業他社の銘柄も持っていることが多い。彼らはそれらの業績や株価をずっと注視している。そのため「A社の株価はこれだけ上がったのに、なぜ当社は上がらないのか」などといった、比較の質問が出る。

　そのほか、お土産の質問や株主優待の質問、株主総会の運営方法・茶菓の接待についての質問などが出ている。

さらに、これからは ESG 関連の質問が増えるであろう。

Ⅷ　株主満足度向上策

以下では、最近実務で採用されている株主満足度向上対策をいくつか紹介する。

1　招集通知関係

招集通知に任意的な記載をするのはすでに常識である。具体的には、ガバナンス関係では、①個別の役員候補者の選任の理由、②経営理念・経営方針、③社外役員の独立性の基準、④役員の報酬決定の方針、⑤ガバナンスに関する基本的な考え方、⑥社外役員の活動状況、⑦役員の指名の方針・手続（指名委員会等も含む）、⑧取締役会等の役割・構成等、⑨経営トップの挨拶・インタビュー等、などがある。

見やすさのためとして、⑩当期のハイライトや、⑪今年のトピックスのような項目を記載する例もある。

事業報告の任意的な記載事項としては、上記のほか、⑫社会・環境問題に関する記載、⑬ダイバーシティに関する記載、⑭取締役会等の実効性確保に関する事項、⑮資本政策・政策保有株式に関する事項、⑯株主との対話に関する方針などがある。

議案の関係では、⑰役員選任議案に候補者の顔写真を掲載したり、⑱候補者の所信を掲載する事例が増えている。⑲役員選任議案では、取締役・監査役の選任の方針、構成の考え方、選抜の手続等を記載する例もある。改訂版CG コード対応で今後はスキル・マトリックスが必要になろう。⑳いわゆるFAQ（frequently asked questions）を掲載する事例も増えている。

2　質問事項の受付

さらに最近では、ホームページや総会の受付で質問を受け付ける会社も出ている。ホームページに来た質問に対しては、総会で回答したり、ホームページで回答したりする。「質問票」を同封して質問を受け付ける事例もある。総会当日、質問できなかった株主が、出席票の裏面に質問を書いて受付に残していく事例もある。

特に来場差し控えを要請する会社では、質問の受付は重要である。

3　総会関係ホームページの見直し

最近、株主総会専用のページを設けて、より充実した情報を提供している事例がある。

その記載事項は、総会前には、①開催日時場所・案内図、②招集通知・ウェブ開示書類、③FAQ、④総会のお土産の有無／配布のタイミング等、⑤決算短信・投資家説明会資料、⑥質問の受付コーナー、⑦議案の説明、⑧重要な経営指標の推移グラフ、⑨中期経営計画、⑩配当・株主還元方針、⑪株主総会の議事進行次第、⑫質問の仕方と注意事項（議長の指名の手順や質問事項は2問まで等）、⑬インターネットその他による議決権行使の仕方の分かりやすい説明、⑭総会に来場する場合に必要なもの（招集通知）、⑮子供同伴の可否・待機施設の有無などがある。

総会中・後には、①総会の中継（動画・テキスト）、②主な質問と回答、③決議結果、④賛成・反対投票の数、⑤決議通知・株主通信等、⑥配当の受け取りに関する事項、⑦所要時間や出席株主数などの概況、⑧総会で上映した報告ビデオなどがある。⑨昨年の総会での質問、意見への対応状況を開示することも考えられる。⑩事前質問への回答を掲載することも考えられる。⑪アンケートをしている場合には、そのアンケートの集計結果を掲載することも考えられる。

これは総会に出席できない株主への情報提供であり、地方在住者や仕事・家事の都合で出席できない人、その他への配慮である。質問事項への回答や、昨年の総会での質問・意見に対する対応をきちんと開示したら、株主としても発言した甲斐があると感じるだろう。これは双方向性の実現である。

コロナ対応で総会の短時間化をしている会社では事業報告等の説明ビデオも事前に開示して行うことが考えられる。

4　受　付

総会の受付で、「説明文書」を交付する会社も急増している。例えば議事進行の手順（式次第）や、役員の配置図・顔写真、発言の手順・注意事項、会場全体の見取り図、一般的な注意事項（録音・撮影の禁止、退場時の退場順、カメラ撮影・スクリーンへの投影・動画配信等についての説明、飲食の禁止、危

険物等の持ち込み禁止、携帯電話の着信音の対処等）等である。

5　報告事項の報告

　報告事項の報告の仕方も変わりつつある。事業報告の「事業の経過及び成果」を朗読するのではなく、株主にとって知りたいことは何かと考える。例えば、①当社のガバナンス体制、②経営方針、③中期経営計画、④当期業績とその分析、⑤来期の見通し、⑥配当政策、⑦リスク管理体制の状況など、関心の高い項目を説明する方法もある。

6　審議の方法

　審議においても、いろいろな改善策が行われている。例えばスライドを用意して、それを使用して回答する会社も多くなっている。また必要があるときは社外役員から回答するのも当然になっている。

第 8 章

監査役・監査等委員・監査委員

Ⅰ 監査とは

1 監査の起源

監査とは何であろうか。

監査というのは、ある者がなした行為や結果について、その行為者から独立した他の者が、一定の基準に基づき、その行為または結果の合理的な適正性を証拠に基づいて立証し、その結果を意見表明すること、である。

監査制度は、イギリスにおける荘園管理者に対する帳簿監査などにその起源がある。事業主が被用者による不正行為を防止するために行われた。これがドイツ、フランス法系の商法監査の系統に繋がる。

一方、アメリカにおいては、銀行のための信用監査（貸借対照表監査）の時代を経て、市場から資金を調達するための監査（財務諸表監査）として発展した。投資家のための監査である。これは一種の公的な監査であり、金商法監査の系統である。

重要なのは、いずれも自発的に監査が始まっていることである。法制化されたのは、イギリスでは 1844 年の登記法、アメリカでは 1934 年の証券取引所法が最初である。もともと監査の必要性は、経済界の側にあったのである。日本では、明治になって商法ができたときから法律が監査役を定めていたから、どうも上からのお仕着せっぽくなり、自分達経済界の側に監査に対する需要があることを看過させてしまった。

ちなみに、「監査」の定義について、会社法は特段の定めを置いていない。会社計算規則 121 条 2 項が、会計監査に限って、「公認会計士法第 2 条第 1 項に規定する監査のほか、計算関係書類に表示された情報と計算関係書類に

表示すべき情報との合致の程度を確かめ、かつ、その結果を利害関係者に伝達するための手続を含む」と定めているのみである。これは会社法による監査は非専門家による監査も含むため、広い定義をしたものである。

2　日本の監査役の歴史

　戦前の商法では、取締役と監査役があり、取締役会はなかった。明治42年に大日本製糖事件があり、監査役は取締役の一味に過ぎないなどと批判された。

　戦後昭和25年改正商法では、アメリカ法を一部承継し、監督機関として取締役会が設置された。監査役は公認会計士による証取法監査に代替される予定であり、それまでの間会計監査、適法性監査のみをする機関となった。

　しかし昭和40年前後に山陽特殊鋼事件やサンウエーブ事件など大型粉飾事件が発生し、逆に監査体制を強化すべきであるという方向に転換された。その結果、昭和49年商法改正では、商法特例法も制定され、監査役が業務監査も行うことになり、各種調査権や違法行為差止請求権等も創設された。任期は2年に伸長された。会計監査人制度も設けられた。監査報告書の記載事項も法定化され、監査の方法の概要や監査結果などを書くこととなった。

　その後も永大産業事件やロッキード事件その他の不祥事が相次ぎ、狂乱物価や公害などで、企業批判が高まり、昭和56年商法改正では、常勤監査役制度、複数監査役制度が導入された上、取締役会招集請求権が付与されたりした。

　バブル崩壊後にやはり多くの不祥事があり、平成5年商法改正で監査役会制度が導入され、3名以上の監査役設置、社外監査役の義務づけが行われた。監査役の任期も3年に伸長された。

　平成13年には、株主代表訴訟制度等の改正と併せて、監査役の任期を4年に伸長し、社外監査役の半数以上の義務づけ、監査役選任議案の同意権創設などが行われた。

　このように監査役制度の歴史は、企業の不祥事とイタチごっこであった。

　その結果、日本の会社法では、監督機関として取締役会があり、監査役があり、監査役会もあり、社外監査役もいて、さらに社外取締役もいるという、世界にも例のない極めて特殊なガバナンス形態になった。

3　最近の監査役の傾向

　最近の改正では、監査役の仕事は拡大するばかりである。株主の代替機能のようなことまで果たしている。

　監査役の本来の仕事は、取締役の職務執行の監査と計算関係書類の監査である。違法性監査である。

　しかしまず、内部統制システムの決議に関しては、監査役は、当該事項の内容が相当でないと認めるときは、監査報告にその旨および理由を記載することとされた（会社法施行規則 129 条 1 項 5 号）。ここでは「相当でない」かどうかを判断することになるから、事実上妥当性監査である。

　また買収防衛策に関しては、当該事項についての「意見」を記載する。意見であるから、会社の財務および事業の方針の決定を支配する者のあり方に関する基本方針や、それに係る取組み（会社法施行規則 118 条 3 号イ・ロ）、その法定要件への該当性に関する判断等（同号ハ）に関して、適法性にかかるものだけでなく、相当性に関することも含め、監査役の意見を述べることになる。

　親会社等との取引に関しては、当該会社の利益を害さないように留意した事項や当該取引が会社の利益を害さないかどうかの取締役の判断と理由、それについての社外取締役の意見について、やはり監査役の「意見」を述べる（会社法施行規則 129 条 1 項 6 号）。なお、令和 3 年改訂版 CG コードでは、支配株主がある会社では、過半数の独立社外取締役（プライム市場の場合）を選任するか、独立性のある者による特別委員会の設置が求められている（補充原則 4 − 8 ③）。

　会計監査人に関しては、その選任・解任・不再任に関する議案を監査役（会）が決定し（会社法 344 条）、その報酬は監査役（会）が同意権を有している（同法 399 条）。

　その他にも役員の責任の免除に関する種々の監査役の同意権などの定めがある。

　これは株主に対する情報の提供であったり、執行者でない中立者によるチェックであったり、株主の代理人的な立場であったりする。様々な問題の解決に監査役が一役買っているのである。

Ⅱ　監査役の仕事の分類と視点

1　書類の監査・人の監査

監査役は、取締役の職務の執行を監査する（会社法381条1項）。

また監査役は、計算書類や事業報告の監査もする。

前者は、取締役の職務の執行が監査対象であり、その監査すべき事項は、取締役が違法または著しく不当な行為をしていないかどうか、ということである。「人」の監査である。

一方、後者は、事業報告や計算関係書類といった「書類」が監査対象であり、監査すべき事項は、「会社の状況を正しく示しているかどうか」、「会社の財産および損益の状況をすべての重要な点において適正に表示しているかどうか」あるいは「会計監査人の監査の方法または結果を相当でないと認めたときはその旨および理由」である。

両者は監査する上で、大きな違いがある。計算関係書類等の書類の監査の場合、監査対象はそこに記載された事項だけであるから、明確であり、かつ限定的である。一方、取締役の職務の執行が監査の対象となる場合、その取締役の積極的な行為だけでなく、不作為も監査対象である。それは不断の継続した行為ないし状態の監査であって、個々の行為に特定されず、監査対象は非常に不明確である。

また計算関係書類の監査の場合、計算関係書類の記載事項は法令または公正妥当な会計の慣行（会計基準）によって定まっているから、定型的であり、監査の方法についても、いかなる監査要点について、いかなる立証手段を採用すればよいのか、かなり明確にされている（監査基準）。しかし取締役の職務の執行の監査については、定型的な監査要点などは存在しないし、監査方法としていかなる立証手段を取るべきであるかについても、具体的な基準はない。ある特定の取締役の行為が違法であるのかどうかについても、その判断は難しい。

計算関係書類の監査の場合、それらの書類は、まず事実（会計事実）が存在し、それを書類に記録する関係であるから、それらの書類の適正性の監査は、事実ないしその証拠と、書類の記載を突き合わせる方法になる。しかし取締役の職務の執行の監査は、その職務の執行の適法性を直接的、客観的に

判断するものであって、事実と記録の突き合わせではない。

　このように監査役の職務には、性格の異なる「人」の監査と「書類」の監査の双方が含まれている。

2　会計監査と業務監査

　会計書類の監査を会計監査、それ以外の監査を業務監査と呼んでいる。

　会計監査人が設置されている場合には、会計監査は第一次的には会計監査人が行う。まったく同じ作業を重複して行うことに意味はないから、監査役は外部専門家である会計監査人の監査をレビューし、その監査の方法と結果が正当であるかを調査する。監査役が会計監査をまったくしないわけではない。監査役の仕事から会計に関する監査を除外してしまうと（権限をなくしてしまうと）、業務監査の際、会計事項の調査ができなくなって不都合だからである。

　実務的には、会計監査人から、年度初めに会計監査の方針等を聴取し、中間期あるいは四半期ごとに、中間決算、四半期決算などについての監査状況を聞き、さらに期末には、期末監査の状況と結果を聞く。場合によっては常勤監査役や監査役スタッフが会計監査人の実査などに立ち会う。

　監査役は、会計監査人の職務の遂行が適正に実施されることを確保するための体制に関する事項についても、監査報告において報告しなければならない。会計監査の信頼性である。

Ⅲ　監査役の権限

　監査役の権限は、①違法行為を発見するための権限と、②違法行為を発見した場合の権限がある。

　まず監査役は、いつでも、取締役および会計参与ならびに支配人その他の使用人に対して事業の報告を求め、または会社の業務および財産の状況を調査することができる。また、その職務を行うため必要があるときは、子会社に対して事業の報告を求め、またはその子会社の業務および財産の状況を調査することができる。

　監査役は取締役会に出席する権限を有する。必要があれば意見も述べる。監査役は取締役会の構成員ではないが、監査のために出席している。

　次に違法行為を発見した場合の監査役の権限は、まず取締役が不正の行為をし、もしくはするおそれがあると認めるとき、または法令定款に違反する事実もしくは著しく不当な事実があると認めるときは、遅滞なくその旨を取締役会に報告しなければならない。必要があれば、取締役会の招集を求めることもできる。

　監査役は、取締役が目的外の行為その他法令または定款に違反する行為をし、またはこれらの行為をするおそれがある場合において、当該行為によって会社に著しい損害が生じるおそれがあるときは、当該取締役に対し、当該行為を止めることを請求することができる（差止請求権）。

　また監査役は、会社が取締役に対して訴えを提起する場合には、その訴えについて会社を代表する。

　その他、監査役は、会社設立無効の訴え、新株発行無効の訴え、株主総会決議取消訴訟等、各種会社関係訴訟を提起することができる。

　監査役は、取締役の職務の執行に違法があった場合は、監査報告に記載して株主に報告する（会社法381条1項後段）。それを見た株主が、不適格だと思えば、株主総会で解任・不再任をする。最終判断は株主である。

Ⅳ　監査の方針と監査計画

　次に監査の段取りであるが、多くの会社では、監査役監査基準を設けている。これは自主規範であり、直ちに法的規範となるものではないが、監査役の義務を認定する上で、判例上も重視されている（セイクレスト事件・大阪高判平成27年5月21日判時2279号96頁）。

　監査の手順は、この監査役監査基準をもとに構築される。

　実質的に必要な作業を説明すると、まずその会社の置かれた状況に照らして、業務監査・会計監査をする上で、どのようなリスクがあるかを調査、検討すべきである。監査役の仕事は、取締役の職務の執行の監査と計算書類等の監査であるから、そこに違法性が生じるリスクの所在や大きさを評価するわけである。そうすると、例えば意思決定がなされる重要な会議や取締役の決裁書類などをチェックすべきであるとか、内部統制で弱い部分はどこであるとか、新しい事業展開やM&Aを企図している場合にはこれに伴う新しいリスクに対処しているかどうかとか、いろいろな視点が浮き上がってくる。

　そこでそれらのリスク・アセスメントをもとに、監査の方針を立てる。今年の監査役監査は、どの点に重点を置き、どういうことを調査するかということである。そしてそれを具体的な監査計画に落とし込んでいく。

　会計監査については、会計監査人と協議して、彼らの作成する監査方針や監査計画について検討し、必要な意見を述べていく。

　これらのために必要な監査役監査の体制、例えば人員の数とか、独立性の確保とかもしっかり検討する。そして従業員らからの情報収集体制などもきちんと構築する。

　期中は、監査計画に従って、必要な書類のチェック、往査、会計監査人や内部監査部門との協議、社長面談や社外取締役との連携、企業グループの内部統制の状況のチェックなどを行う。個々の監査業務ごとに、監査調書を作成し、きちんと証拠化していく。

　何か大きな不祥事とか、不正の兆候などを把握したときには、監査役会等で対応を協議し、調査検討を進める。

　期末には、監査報告を作成し、株主に提出する。

　これが大きな監査業務の流れである。

Ｖ　監査の基準と注意義務

1　監査基準

　監査役は監査にあたって、善管注意義務を負担する。

　しかし、監査役の監査基準は明定されていない。監査基準には、どういう監査行為をすべきかという行為基準と、何をもって違反行為と認定するかという判断基準があるが、どちらも法的定めはない。これは会社の業種も規模もみなそれぞれであるから、法が一義的に定めることはできないのである。

　ただし、会計監査については、会社法431条が、「株式会社の会計は、一般に公正妥当と認められる企業会計の慣行に従う」とし、具体的な内容は会社計算規則が定めている。企業会計審議会や企業会計基準委員会等が定める基準がその実質となっている。会計監査人の監査基準については、企業会計審議会の監査基準が会計監査人による会社法監査にも適用する旨明言しているので、それによることになる。監査役も同様の基準によることになる。

　他方、業務監査に関しては、何をもって違法または著しく不当と判断され

るのか（判断基準）、またその判断のためにいかなる監査作業をすべきなのか（行為基準）、会社法は何も定めておらず、公的な基準もない。内部統制の「相当性」の判断基準も定められていない。

　このように、監査役が行う監査に関しては、その判断基準や行為基準は法律で明定されていないので、各自が判断していくほかない。

　取締役の職務の執行が違法であるかの判断基準に関しては、第6章で述べたので、その要件を満たしているかどうかを見ていくほかない。

　すなわち、①経営判断については、意思決定の過程・内容が著しく不合理かどうかであり、②監視義務の責任については役職員の行った違法行為について、それを事前に知っていたかまたは知り得たかどうかである。③内部統制システムについては、通常想定される不正行為を防止し得る程度の管理体制を整えていたかどうか／知り得る特別な事情はあるかということになる。

2　判例の状況

　判例上はどのような場合に監査役の善管注意義務違反が認定されているだろうか。

　過去の事例で、監査役の責任が問われた事例はそれほど多くない（例えば山陽特殊製鋼事件・神戸地姫路支決昭和41年4月11日判時445号18頁、東京地判平成4年11月27日判時1466号146頁など）。AIJ事件（東京地判平成28年7月14日判時2351号69頁）は、監査役の義務違反を認定するためには、「代表取締役の違法な業務執行行為を認識していたか、又は少なくとも代表取締役の違法な業務執行を発見することができるような事情若しくは違法な業務執行を行っていることに疑いを抱かせる事情が存在し、かつ、監査役が当該事情を知り得ることが必要である」としている。ヤクルト事件・東京高判平成20年5月21日金判1293号12頁は、監査役は「リスク管理体制の構築及びこれに基づく監視の状況について監査すべき義務を負っている」が、「監査役自らが、個別取引の詳細を一から精査することまでは求められておらず、下部組織等（資金運用チーム・監査室等）が適正に職務を遂行していることを前提として、そこから挙がってくる報告等を前提に調査、確認すれば、その注意義務を尽くしたことになる」と判示している。

　ただし、大和銀行事件（大阪地判平成12年9月20日判時1721号3頁）では、ニューヨーク支店の行員の簿外取引について、ニューヨーク支店を往査した

監査役につき、「会計監査人による財務省証券の保管残高の確認方法が不適切であることを知り得たものであり、これを是正しなかった」と述べて義務違反があるかの如く判示している。

3 最も重要な点は何か

社外監査役に就任したり、グループ会社の監査役に就任したりして、非常勤の監査役になった方を想定して、何が一番重要かを考えてみよう。

まず監査役会があれば、監査役会には出席する。監査役会の職務はしっかり行う。

また取締役会にはきちんと出席する。本業が忙しくて欠席しがちになる人もあるだろうが、それは大変危険である。例えば、取締役会と監査役会のほとんどを欠席していたら、その会社で何か取締役の不祥事があれば、その監査役は、まったく仕事をしていなかったとして、それだけで義務違反を問われかねない（名古屋高判平成 23 年 8 月 25 日判時 2162 号 136 頁）。取締役会・監査役会は、大半は出ていないと真面目にやったとは言えないであろう。

具体的な監査行為としては、リスク評価とそれに基づく監査方針と監査計画は作成するべきである。何をするか、何も考えていなかったというのでは、監査にならないであろう。そして常勤の監査役があれば、常勤監査役がそれらの監査行為をしていることを、監査役会などで報告を受けておく。

会計監査人があれば、会計監査人との打ち合わせも重要である。会計監査人の監査方針や監査計画を聞き、監査が終わったら監査講評を聞く。問題があれば、監査役として対応する。

さらに内部監査部門があれば、内部監査部門の監査結果などについて、定期的に打ち合わせをする。内部通報の状況くらいは確認する。

非常勤監査役としては最低限、以上のようなことはしておくのがよいと思う。

4 監査役の善管注意義務と違法性監査・妥当性監査

監査役は、善管注意義務は負担しているが、忠実義務は負担していない。違法行為のチェックをするだけで、経営判断をせず、その意味で会社の利益のために活動する者ではないからである。そのため利益相反取引、競業取引等の忠実義務に起源を有する規制は適用されない。

　監査役は原則として、違法行為をチェックする。これを違法性監査という。

　取締役会も監督者であるが、取締役会は、妥当性もチェックする。例えば、経営の選択肢がＡからＤまで 4 つあり、そのうち、Ｄは取締役として義務違反となるが、ＡからＣはどれを取っても違法とは言えないとしよう。監査役は、もし取締役がＤの選択肢を取ろうとしたら、「それは違法です」と止めに入る。しかしＡからＣの選択肢を取ろうとした場合は、これはお任せする。取締役会は、さらにＡからＣの選択肢の中で、これが最善と思うものを取締役に選択させる。これが妥当性監査と違法性監査の違いである。

　従来は監査役が違法性監査、取締役会が妥当性監査という棲み分けがなされていた。2 つの監督機関を設けてしまったので、それぞれの位置づけを差別化しないと、法制度自体に疑問符がつくのだ。

　しかし今はそうではなくなってきた。ときどき、取締役会で、監査役が、違法性を超えた妥当性の事項について発言することがあり、それを快く思わない経営者もある。それは妥当性について口出しするのは監査役の領分を超えていると思うからである。しかし現実問題として、違法でなければ監査役は黙っていろと言われたら、監査役はほとんど発言することはあり得なくなる。そこで実務では、妥当性を含めて、監査役がいろいろ意見を言う。それは予防的な行為であり、越権ではない。内部統制の決議と運用状況の相当性も監査するのだから、当然である。CG コードもそう推奨している（原則 4 － 4）。

Ⅵ　監査報告の意味

　監査役は、株主から委嘱を受けている。だからその職務の状況と結果は、当然委任者である株主に報告すべきだ。また株主総会は、最終的な役員の人事権を有している。したがって、監査役は株主に情報を提供して、その最終判断は株主にさせることにしているのである。

　監査報告には、監査の結果と、監査の方法を書く。

　なぜ「監査の方法」を書くのか。昔は「結果」だけを書いていればよかった。しかし監査結果には「正しい」と書いてあるのに、粉飾事件が多発した。そこで「監査役はいったい何を監査して『正しい』と言ったのか」、ということが問題となり、何をしたのかきちんと監査の方法も書かせることになっ

たのである。つまり監査の方法を開示することで、監査の結果の信頼性を高めようとしたのである。それは同時に監査役にきちんと監査業務をしなければならないというプレッシャーを与えることになった。

さらに最近では、内部統制決議の相当性についての意見や、買収防衛策についての意見も書くことになった。そうすると監査役はそういうことも調査しなければならないことになる。つまり監査報告の記載事項が、監査役がすべき職務の範囲を規定している面もあるのである。

Ⅶ　監査役の資格の注意事項

監査役の資格について、1つ注意事項がある。

監査役は、その会社および子会社の、取締役もしくは支配人その他の使用人または当該子会社の会計参与もしくは執行役を兼ねることができない（会社法335条2項）。この点は注意する必要がある。

また社外監査役とは、株式会社の監査役であって、①その就任の前10年間当該株式会社またはその子会社の取締役、会計参与もしくは執行役または支配人その他の使用人となったことがないこと、②就任の前10年間のいずれかの時において当該株式会社またはその子会社の監査役であったことがある者にあっては、当該監査役への就任の前10年間当該株式会社または子会社の取締役、会計参与もしくは執行役または支配人その他の使用人となったことがないこと、③当該株式会社の親会社等または親会社等の取締役、監査役もしくは執行役もしくは支配人その他の使用人でないこと、④当該株式会社の親会社等の子会社等の業務執行取締役等でないこと、⑤当該株式会社の取締役もしくは支配人その他の重要な使用人または親会社等の配偶者または二親等内の親族でないこと、のすべてを満たす者である。

複雑になっており、グループ再編などでうっかりすることもあるので気をつけたい。社外要件が欠けたら大変である。

Ⅷ　監査役会

監査役会設置会社では、監査役は3人以上で、かつ監査役の半数以上は社外監査役でなければならない。

　監査役会設置会社は、常勤の監査役を選定しなければならない。常勤の意味には争いがあり、営業時間中、フルタイムで会社に在勤していることを言うと解するものと、必ずしも営業時間中常に在勤していなければならないものではないと解するものがある。後者の解釈の場合、例えばグループ会社2社の常勤監査役を兼務することも場合によっては可能である。

　なお、実務界では、常任監査役という名称もあるが、それは常勤とは異なり、上席の監査役というような意味合いで使用している。法的な意味はない。

　監査役会の職務・権限は、①監査報告の作成、②常勤監査役の選定および解職、③監査の方針、業務および財産の状況の調査の方法その他の監査役の職務の執行に関する事項の決定、である。

　それ以外には、監査役選任議案提出への同意、会計監査人の解任等がある。

　もともと監査役は独任制で、各自が監査行為をしないといけないのであるが、社外監査役が導入されると、社外監査役が全部の監査行為をすることは不可能であるから、仕事の分担をすることができるようにするため、監査役会の制度を設けた。

Ⅸ　責　任

　監査役は、任務を怠ったときは、会社に対し、それによって被った損害を賠償する責任を負担する（会社法423条）。過失責任である。

　監査役は業務執行をするわけではない。したがって、自らが業務上の違法行為を行うような事例は考えにくい。取締役の職務の執行を監督するのがその職務であるから、それを見逃したことによって損害が発生したような場合に責任が発生することとなるが、違法行為を事前に発見することは困難であるから、過失があるとされることはそれほど多くはない。

　監査役の責任についても、株主総会の決議（会社法425条）、取締役会の決議（同法426条）、あるいは責任限定契約（同法427条）により、その一部を免除することができる。最低責任限度額は、非業務執行取締役と同様の年収の2年分である。

　監査役については、経営判断をするものではないから、責任の軽減による経営の萎縮の回避という要素はない。しかしながら、経営を実行する立場の取締役について責任限定ができるのに、より責任は軽いはずの監査役には責

任限定がなく限りない責任を負うというのではバランスを失する。

監査役は、その職務を行うにつき悪意または重大な過失があったときは、第三者に対し、これによって被った損害を賠償する責任を負担する（会社法429条）。監査報告に虚偽の記載をしたときも同様である。ただし、注意を怠らなかったことを立証した場合はこの限りでない。

補償契約と役員賠償責任保険については、取締役について述べたところと同じである（112〜114頁）。

X　監査等委員会、監査委員会

以下では、監査等委員会と監査委員会について述べる。監査役について述べたところと重複する必要はないので、ポイントだけ説明する。

1　監査等委員・監査委員の特徴

監査等委員は、株主総会において、監査等委員である取締役として、監査等委員でない取締役とは別個に、選任される（会社法329条2項）。

他方、指名委員会等設置会社における監査委員会の委員は、株主総会において選任された取締役の中から、取締役会が選任する（会社法400条2項）。監査委員の解職も取締役会が行う（同法401条1項）。

したがって、監査委員会は、その構成員が取締役会の構成員から選任されること、選任解任権を取締役会が保有していること、各委員会が保有している権限は取締役会の権限に由来すると考えることが可能であることなどから、取締役会の下部機関であるとか、内部機関であるという位置づけがされることがあるが、監査等委員会は、その権限の由来は株主総会であり、選任解任権も株主総会が保有しているのであって、取締役会の下部機関であるとか、内部機関であると位置づけることはできない。この点が機関設計構想の中で、両者の一番大きな相違点である。

監査等委員は、その選任解任は直接株主総会が行うから、執行側の取締役から干渉される度合いは低く、独立性がより強く確保されている。他方監査委員は、取締役会傘下であるが、執行側に問題があれば指名委員会で人事権を行使することも期待できるので、その意味で独立性がある。

監査等委員の地位は、監査役のそれとかなり類似している。選任、解任、

報酬、その他の制度である。監査役と最も異なるのは、①取締役であること
と、②取締役の人事・報酬についての意見陳述権を有していることである。

　結局、監査等委員・監査等委員会の特徴は以下のとおりとなる。

①　株主総会直結であり、取締役会の下部機関ではないこと

②　その地位は監査役に準じていること

③　取締役会の一員であること

④　監査機能以外に、一定の独自の監督機能を有すること

⑤　監査の手法は組織監査であること

⑥　取締役会では、一定の要件の下、重要な業務執行の決定を取締役に委
　　任できること

である。その結果、監査等委員の任期は、監査委員の 1 年、監査役の 4 年に
比して 2 年という中間的な期間となり、また常勤者は要求されず、内部統制
機関を利用した監査ができること、社外者が過半数必要であることなどの細
部の設計が決まることになる。

2　監査等委員の取締役選任等および報酬等についての意見陳述

　監査等委員会の特徴は、会社法 342 条の 2 第 4 項および 361 条 6 項に規定
する監査等委員会の意見の決定にある。

　監査等委員会設置会社には、指名委員会および報酬委員会が存在しない。
そこで、監査等委員会の権限を拡大して、たんなる監査行為だけではなく、
人事権に関わるガバナンスの権限も持たせようとしたものである。

　監査等委員会としては、取締役の選任等や報酬等に関して意見を述べる権
限を与えられた以上、意見を述べるべきか否か、調査、検討する必要がある。
そのためには、取締役選任議案や報酬等に関して、いかなる事項を調査し、
いかなる判断基準で意見を形成するか、そのプロセスを検討する必要がある。
再任取締役の実績評価や新任者の評価の方法も検討が必要である。報酬等に
関しては、報酬体系の是非に加えて、具体的な個人別の報酬額の妥当性も検
証することになろう（江頭憲治郎『株式会社法〔第 8 版〕』（有斐閣、2021 年）
618 頁）。

第 9 章

情報開示

I　なぜ情報開示をするか？

1　情報の価値

　情報には価値がある。しかし正確に言うと、情報を得たからといって、それだけでは価値にはならない。得た情報に基づいて、何らかの行動に結びつくから、その結果、情報に価値があるという帰結になる。例えば重要な情報を知った者がその会社の株を買うと、その後株価が上がって儲けることができる。eコマースの購買情報やアクセス情報等のビッグデータを入手した者は、それによって販売戦略を立て、利益を上げることができる。

2　受託者の報告義務

　会社は、なぜ情報を開示しなければならないのか。会社には、株主がいる。株主は、経営に携わっていないことが通例である。しかし出資をした者であるから、そのリターンには関心を持って当然だ。経営者も経営を任された者だから、その受任業務の報告を委任者にすべきことは当然であろう。そのような受任の関係で情報開示が求められることがある。

3　取引のための情報

　上場会社になると、情報開示によって投資家がその会社の株式の価値を算定ないし推測することができるようになる。その価値と市場価格の状況を見て、株式の売り買いをする。今では当たり前であるが、戦前の日本では、まともな企業情報の開示はなされておらず、株式市場はほとんど博打場のようであったという。そういう市場では、偶然といかがわしい噂話で市場価格が

乱高下する。

4　公正な価格の形成のため

売買の注文が株式市場に集積すると、競争売買により公正な価格（フェアバリュー）が形成される。株式の公正な価格が判明すると、マクロ的な視点で、世の中の資金の適切な配分が可能になる。これが一番重要な市場の役割である。それを支えるのが情報開示である。また公正な価格が形成されるという信頼が生じれば、投資情報に詳しくない一般庶民もその公正な価格で取引をすることができるようになり、恩恵を受ける。

5　開示によるリスクの減少と価値の増大

情報開示がなされないと、企業・株式の価値は低くなる。企業のそれ自体としての価値は、例えばDCF法などによって算出されることがある。それは情報開示と一見、無関係である。将来のキャッシュフローを割り引くだけだからである。開示をしない非上場会社だって算定できる。しかし投資家から見ると、情報開示がなされているかどうかで、付ける価格は異なってくる。ある会社が、最終利益を年100億円あげていたとする。しかしどのような収益構造・財務構造なのかといった情報がなかったとする。その会社を買うとき、いくらの値段を付すか？　リターンを10％とって100億円割る0.1で1000億円というだろうか。もしかしたらその会社の工場はすでに機械設備がすべて陳腐化していて、もし会社を買えば膨大な投資をしなければ事業を継続できないかも知れない。もしかしたら偶発債務がたくさんあって来期には多額の特別損失を計上することになるかも知れない。そのようなリスクがあると（あるかどうか分からないと）、そのリスクの分、お値段を引き下げる必要がある。1000億円が300億円になるかも知れない。つまり、「分からない」ということはリスクであり、株式を買う者にとっては値段を下げる要因である。M&Aで必ずデュー・ディリジェンスをしているが、それによってデュー・ディリジェンスをしない場合と比較して売買金額も上がるはずだ。つまり情報開示は、投資家との関係では、価値を生む仕組みである。

6　説明義務の効果

なぜ情報開示をするのか。まだ理由はある。会社の経営を期待される方向

に促す効果である。例えば今 CG コードに基づいて、たくさんのガバナンス関係情報が開示されるようになってきた。それは一定の体制の強制ではない。しかしそれを見た投資家や世の中から、いろいろな意見が来る。会社として、それを無視して支持を得られない経営体制を継続していくことは困難だ。そこでこの情報開示は、期待される方向に企業を動かす動力になる。

7　不正の防止

　もちろん原始的な理由もある。不正行為の発見、抑止である。情報を開示させることで、不正が行われにくくする仕組みである。厳格な会計基準を設け、それを遵守する財務報告の内部統制を構築させれば、粉飾等のリスクは下がるだろう。関連当事者との取引を開示させたり、親会社等との取引にかかる開示をさせたりすることで、不正行為の抑止に繋がる。

8　非主体的開示等

　今は企業の主体的な開示だけでなく、市場で株価に影響を与える噂などが広まると、取引所から発行会社に対して、それについての情報を開示するよう求められる。例えば新聞等で「○○会社、××会社と合併」などと報じられれば、さっそくその真偽等について開示させられる[注]。不確かな情報で公正な価格形成が阻害されることは回避したいからであろう。

　さらに今はその開示される情報の信頼性にかかる情報も開示される。財務報告に関する公認会計士等による監査結果の開示や財務報告の内部統制報告書とその監査結果の開示などである。会社法の監査役による監査もある。公認会計士等の監査の基準も開示されている。KAM（Key Audit Matter　監査上の主要な検討事項）の開示も始まった。

[注]　不明確な情報等に係る注意喚起制度。有価証券上場規程 415 条 1 項・2 項。ただしこの位置づけは、投資家に対する注意喚起であり、売買停止などと同様の市場運営業務の一部とされている。

Ⅱ　情報開示の新しい動向

　情報開示の進展は、新しい方向に向かっている。それを少し説明しよう。まず 1 つは非財務情報の開示である。21 世紀に入ってから、持続可能性

の重要性についての認識が世界中に広まっている。既述のとおり、国連では、2006年にPRI（責任投資原則）を定め、ESG（環境、社会、統治）を重視した投資のあり方を提唱し、2015年にはSDGs（持続可能な開発目標）を提唱した。日本経済団体連合会も、2017年にこれを踏まえた企業行動憲章を定め、環境省による「持続可能性を巡る課題を考慮した投資に関する検討会」は、2017年に「ESG検討会報告書」をまとめた。2014年のスチュワードシップ・コードでは、機関投資家は、投資先企業の持続的成長に向けてスチュワードシップ責任を適切に果たすものとされ（原則3）、把握すべき内容として、社会・環境問題に関連するリスクへの対応を含むとされた（指針3－3）。また2015年のCGコードでも、原則2－3で、「上場会社は、社会・環境問題をはじめとするサステナビリティー(持続可能性)を巡る課題について、適切な対応を行うべきである」とされた。令和3年改訂版CGコードでは、ESG関連のルールが充実した（13〜25頁）。「日本再興戦略2016」においても、「ESG（環境、社会、ガバナンス）投資の促進といった視点にとどまらず、持続的な企業価値を生み出す企業経営・投資の在り方やそれを評価する方法について、長期的な経営戦略に基づき人的資本、知的資本、製造資本等への投資の最適化を促すガバナンスの仕組みや経営者の投資判断と投資家の評価の在り方、情報提供の在り方について検討を進め、投資の最適化等を促す政策対応について年度内に結論を出す」とした。要するに、持続可能性について、地球規模で価値観が共有化されてきた。

　これらを受けて会社法、金商法の世界では、上記のダブル・コードや経団連の企業行動憲章等のほか、金融審議会ディスクロージャーワーキング・グループが、ESGを含む非財務情報の開示を求める方向にある。2016年の同グループの報告によれば、非財務情報には、ガバナンスや社会・環境に関する情報などが含まれる。

　もう1つの方向性は、「対話」のための情報開示という視点である。MD&A情報の開示や経営方針・計画に関する開示、経営者の指名の仕組みに関する開示など、投資家と企業・経営者が対話をすることを求めている。これは対話をすること自体に意味があるのではなく、対話を通じて、会社の経営が改善され、個々の企業が成長するとともに、ひいては日本経済が順調に成長していくことを目指したものである。たんなる企業価値の測定のための情報開示の枠を超えて、企業ひいては日本経済の成長といった目標を持ち

つつある。さらにこの「対話」は、すでに述べたとおり、ESG の重要なガバナンスの手段である（21〜22頁）。

　3つ目の方向性は、開示制度の一元化である。日本では、会社法に基づく計算書類・事業報告等の開示制度と、金商法に基づく有価証券報告書等の開示制度が2本立てとなっている。両者は、所管官庁も異なり、法制度としてはまったく関係のないものとして位置づけられる。開示目的も違えば、開示内容、開示対象も異なるという説明がなされ続けてきた。しかし 2015 年 6 月 30 日「日本再興戦略改訂 2015」で、両者の統合的開示の方向性が示され、金融審議会ディスクロージャーワーキング・グループ（2015 年度）の 2016 年 4 月 18 日報告では、制度開示の開示内容の整理・共通化・合理化や、非財務情報の充実、株主総会日程の見直しと事業報告等の提供の電子化などが示された。そして内閣官房・金融庁・法務省・経済産業省は、2017 年 12 月 28 日「事業報告等と有価証券報告書の一体的開示のための取組について」を、また同日金融庁・法務省は「一体的開示をより行いやすくするための環境整備に向けた対応について」を公表して、両開示の一体的開示が可能になるよう詳細な対策を示した。この対策により、事業報告等と有価証券報告書の間では、項目の調整が可能になり、事業報告の独自の記載事項を有価証券報告書に追加記載することで、1 つの書類で両者を兼ねるものを作成することが可能になる。一体化である。残る実務の課題は、作成時期の違いだけである[注]。

　さて、これらの最近の傾向は、何を意味しているのか。1 つには持続可能性が重要な情報になってきたということである。例えば環境問題を例に挙げると、企業・投資家が短期的な自己利益の最大化を図ることにより環境を破壊してきた面がないとは言えない。それを有価証券報告書等の開示書類に記載させて投資家達にコントロールさせるというのはどういうことか。それはそこで前提とされている投資家像が、すでに無色の金銭的利益のみを追求する者ではなく、E や S や G にも配慮する、「市民」としての投資家を想定しているということである。それは持続可能性に配慮した経営が企業・投資家および社会にとっての長期的な利益になり、それが社会的な要求でもあるということを意味している。

　また「対話」が重視されているのは、よりよい経営のためである。これは資本市場が個々の企業の成長を促し、ひいては日本経済の成長を促進すると

いう視点を持っていることを意味する。

　そして開示の一体化は、本来株式会社というのは株式市場を前提とした制度であって、情報開示が1つの体系に統一されることは至極当然のことであることを示している。

　これらが新しい傾向である。すでに新自由主義とか、従業員中心の日本型経営といった対立の枠組みはなくなっている。

　(注)　例えば3月末決算期の会社の場合、5月中旬頃の取締役会で事業報告等を承認し、株主総会招集通知に添付するため直ちに印刷工程に入る。それを総会日の3週間前程度の日（6月初旬頃）に株主に発送する。他方、有価証券報告書は、事実上完成するのは6月初旬から中旬頃である会社が多いのではないかと思われる。そのため有価証券報告書作成の時期まで事業報告の作成を遅らせることはできないし、逆に5月中旬時点で有価証券報告書まで作成するのも困難なのである。そこで両者を1つの書類として同時に作成することは、実務的には困難である。しかし解決方法はいくつかあり、例えば、総会関係資料の電子提供が実現し、招集通知の印刷を5月中に開始しなくてもよくなれば、6月初旬に有価証券報告書と事業報告等を兼ねた書類を作成し、EDINET 等で開示して提供するという方法が考えられる。また総会の開催時期を7月末日まで遅らせることを可能にすれば、6月中旬頃に両者を兼ねた書類を作成することで十分対応できる。

Ⅲ　情報開示の体系

　情報開示は、1つの法律にまとめて規定してあるわけではない。

　会社法、金商法、各種業法、金融商品取引所の規程等で、ばらばらに定めている。

1　会社法と金商法

　まず会社法と金商法の開示の趣旨であるが、会社法は、基本的には、1年間経営を任されて経営をしてきた取締役が、計算書類や事業報告といった形で、その結果を株主に対して報告することがその趣旨である。

　したがって、基本的には定期開示（毎決算期）であり、開示相手は株主である（投資家や社会ではない）。

　また開示をする趣旨は、経営を任された者として、会社がいったいどうなったのか、儲かったのか、損をしたのか、財産はどれくらいあるのか、そういった結果を報告し、会社の概況を知らせることに目的がある。受任者の報告義務というものである。したがって、単体の報告がメインであって、連

結はおまけに過ぎない。また株主は、その報告を聞いて、会社の概況を知り、何か取締役が悪いことをしていないか、チェックをする。

　なお、会社法の開示は、債権者に対する開示や分配可能利益の額の算出の意味もある。

　他方、金商法の開示は、有価証券取引のための開示であり、市場の公正な価格形成のための情報開示制度である。開示された情報によって適正な価格を測定し、投資家が売買の参考とする。これによって公正価格が形成され、資金の適正な分配等の市場の目的が達成される。

　開示の相手方は、投資家であり、株主である者もあれば、株を持っていない者も含まれる。開示する情報は、投資情報であり、金商法とその政省令で定められているが、投資判断に必要な情報となる。

　投資情報であるから、定期開示もあるが、本当に必要なのは臨時開示である。金商法では臨時報告書であり、取引所の開示ルールでは、適時情報開示が定められている。有価証券報告書などは、相当分厚くなっており、またそれを開示したからといって株価が変動した試しはない。すでに決算短信など臨時開示で公表済みだからである。しかし情報の信頼性や検証のため、有価証券報告書による網羅的な開示も意味がある。特にガバナンス系の情報開示の媒体は、有価証券報告書である。

　市場での開示は、発行会社にとっては、資金調達のためという目的もある。だからこそ、費用をかけて、株式を上場し、継続開示を続けているのである。

　金商法の開示規定に違反した場合は、刑事罰があり、また投資家に対して特別な民事責任を負担する規定が定められている。課徴金が定められているものもある。情報の開示というのは、発行会社側と、投資家側で、利益が合致することもあるが（よい情報の場合）、経営不振などの場合には利害が先鋭に対立することもある（悪い情報の場合）。だから、違反した場合の制裁をしっかり定めてインセンティブの仕組みを上手に構築しないと、違反が続出することになりかねない。そこで市場の公正性を確保し、市場の価格形成機能を確保するとともに、投資家を虚偽情報から守って安心して金融市場に参加してもらうため、各種のエンフォースメントの規程が整備されている。

2　発行市場開示と流通市場開示

金商法の開示は、発行市場での開示と、流通市場での開示がある。会社が

株式等を発行して資金を調達しようとするとき、有価証券届出書を提出する。この情報開示が発行開示である。他方、上場会社など一定の会社は、日々取引をする投資家のため、継続的に有価証券報告書等を開示し続けなければならない。これが流通市場開示である。

　これは虚偽記載があった場合の責任のあり方に違いが出てくる。

　発行開示で虚偽記載があった場合、その虚偽の説明によってお金を巻き上げたのであるから、それがばれればお金を返還させることが当然である。したがって、発行会社は、原則として受領したお金を返還することになる。

　他方、流通市場で虚偽記載をした場合、それを見て取引をして、得をした者もあれば、損をした者もある。いずれにしても会社にお金が入っているわけではない。この場合、会社に損害賠償責任を認めると、会社が損害の支払いをした分、会社の財産が減って、株主全員が損をすることになる。そうすると、株主全体と賠償を請求した投資家の間で、富の移転が起きているだけとも言える。そこで長らく、流通市場での責任については、役員など関係者の責任は定めていたが、発行会社自身の責任は定めずにきた。しかしそれでは実効性がないということで、平成 16 年に発行会社の責任の規定が定められた（金商法 21 条の 2）。今では、流通市場での虚偽開示についても、発行会社の責任が定められているのである。

3　適時情報開示は取引所の開示

　実務上は、適時情報開示が何をするについても重要である。適時情報開示があるのは、金商法の臨時報告書と、取引所の適時情報開示である。臨時報告書は、提出事由が限られているから、取引所の適時情報開示の方が重要になっている。

　取引所の適時情報開示は、決定事実を決定した場合や発生事実が発生した場合に開示する（有価証券上場規程 402 条）。M&A などの場合は、どこまでいくと決定したことになるのか、などといったことが問題となる。

Ⅳ　情報開示にかかる責任

1　情報開示のリスク

役員が陥りやすいリスクとして、情報開示上の責任がある。最近、特に投

資家訴訟と言われる訴訟が多発しており、株主代表訴訟と並んで、役員の大きなリスクになっている。

　情報開示については、開示すべきなのかどうか、何を開示すべきなのか、どのタイミングで開示すべきなのか、といった事項がいずれも専門的な知識であって、役員ではなかなか判断がつかない。

　また粉飾決算は、役員が関与する事例もあるが、営業マンによる架空取引の事例も多く、役員がこれを抑止するのは大変である。どんなに財務報告の内部統制を充実させても、リスクはゼロにはならない。

2　情報開示の違反とその責任

　会社法に基づく開示の違反には、会社法の罰則（会社法976条7号）と民事責任の規定（対第三者責任は同法429条2項1号ロ、対会社責任は423条）がある。民事責任においては、無過失の立証責任が役員側に課せられている。

　金商法に基づく開示の違反には、罰則（金商法197条以下）、課徴金（同法172条の2等）と民事責任の特則（同法17条以下）がある。役員の責任は、多くの場合、無過失の立証責任が役員側に課せられている（同法21条2項・22条2項・24条の4など）。

　無過失の立証というのは、なかなか難しい。いったい何を立証すればよいのだろうか。

　有価証券報告書の粉飾・虚偽記載と社長の任務違反に関して、日本システム技術事件（最判平成21年7月9日判時2055号147頁）は、

　「前記事実関係によれば、本件不正行為当時、上告人は、①職務分掌規定等を定めて事業部門と財務部門を分離し、②C事業部について、営業部とは別に注文書や検収書の形式面の確認を担当するBM課及びソフトの稼働確認を担当するCR部を設置し、それらのチェックを経て財務部に売上報告がされる体制を整え、③監査法人との間で監査契約を締結し、当該監査法人及び上告人の財務部が、それぞれ定期的に、販売会社あてに売掛金残高確認書の用紙を郵送し、その返送を受ける方法で売掛金残高を確認することとしていたというのであるから、上告人は、通常想定される架空売上げの計上等の不正行為を防止し得る程度の管理体制は整えていたものということができる。そして、本件不正行為は、C事業部の部長がその部下である営業担当者数名と共謀して、販売会社の偽造印を用いて注文書等

を偽造し、BM課の担当者を欺いて財務部に架空の売上報告をさせたというもので、営業社員らが言葉巧みに販売会社の担当者を欺いて、監査法人及び財務部が販売会社あてに郵送した売掛金残高確認書の用紙を未開封のまま回収し、金額を記入して偽造印を押捺した同用紙を監査法人又は財務部に送付し、見掛け上は上告人の売掛金額と販売会社の買掛金額が一致するように巧妙に偽装するという、<u>通常容易に想定し難い方法によるものであった</u>ということができる。

　また、本件以前に同様の手法による不正行為が行われたことがあったなど、上告人の代表取締役であるAにおいて<u>本件不正行為の発生を予見すべきであったという特別な事情も見当たらない</u>。

　さらに、前記事実関係によれば、売掛金債権の回収遅延につきBらが挙げていた理由は合理的なもので、販売会社との間で過去に紛争が生じたことがなく、監査法人も上告人の財務諸表につき適正であるとの意見を表明していたというのであるから、財務部が、Bらによる巧妙な偽装工作の結果、販売会社から適正な売掛金残高確認書を受領しているものと認識し、直接販売会社に売掛金債権の存在等を確認しなかったとしても、財務部におけるリスク管理体制が機能していなかったということはできない。

　以上によれば、上告人の代表取締役であるAに、Bらによる本件不正行為を防止するためのリスク管理体制を構築すべき義務に違反した過失があるということはできない」

とした。

　ここでは、「通常想定される不正行為を防止し得る程度の管理体制を整えること」が必要であり、さらに「発生した不正行為を予見すべき特別な事情」があったかどうかということで判断している。

　他方、アーバンコーポレイション事件（東京地判平成24年6月22日金法1968号87頁）は、スワップ付きCBの発行に伴う臨時報告書の虚偽記載（資金使途）の事案について、臨時報告書が議題とされていたわけでもなく、弁護士の意見も分かれていたのに、CBの発行決議をした取締役会に出席した取締役（社外も含む）が相当な注意を用いたとは言えないとしている。一方、同取締役会を欠席した取締役は責任を免れた。

　他方で、ビックカメラ事件（東京高判平成26年4月24日金判1451号8頁）は、不動産の流動化の会計処理に関する虚偽記載が問題とされ、すでに課徴

金の支払いもしていた事案であるが、弁護士等の専門家の意見を聞いていたこと等で、相応の正当性が認められるとして、責任を否定している。

　これらの判決等から役員として留意すべきなのは、

①　粉飾等に繋がる情報を察知したら、決して放置しないこと

②　財務報告の内部統制をしっかり構築すること

③　会計監査人との協議、打ち合わせを密に行い、問題の予兆の指摘などは放置しないこと

④　開示義務の要否や内容が不明の場合は、専門家の意見を必ず聞くこと

などである。

　以下に、各種責任の体系の整理を表にまとめて示しておく。

　図表9-1は、情報開示の体系を示したもの、**図表9-2**は、情報開示にかかる責任をその行為の態様ごとにまとめたもの、**図表9-3**は、金商法の責任の規定を整理したものである。

[図表9-1]　情報開示の体系

		定期開示	臨時開示
会社法		計算書類等（招集通知添付・備置・公示） 　大公開会社は連結計算書類も 　附属明細書（備置）	なし （少数株主権による開示）
金商法	発行市場における開示		有価証券届出書・目論見書
	流通市場における開示	有価証券報告書・半期・四半期報告書 　自己株券買付状況報告書、親会社等状況報告書	臨時報告書
	その他の開示		
	自社株公開買付の開示 　　金商法27条の22の3		公開買付届出書 未公表重要事実の開示
	議決権代理行使の勧誘に関する開示		施行令36条の2、議決権勧誘府令
	株主等による開示		大量保有報告書（5％ルール） 公開買付届出書
金融商品取引所		決算短信、四半期決算短信 　有価証券上場規程404条	適時情報開示、コーポレート・ガバナンス報告書等 有価証券上場規程402条、403条、415条、419条
その他		銀行法等、各種業法等	アナリスト説明会、ホームページでの開示等

［図表 9 - 2］　情報開示にかかる責任分類表

*条数のみ表示は金商法の条文

大分類	小分類	内　容	刑事責任	民事責任	備　考
虚偽の情報開示	虚偽の情報開示禁止規定がある場合	不公正取引（157 条） 風説の流布等（158 条） 相場操縦（159 条）	197 条（10 年以下の懲役／1000 万円以下の罰金）	規定なし 規定なし 160 条	デー・エスアー事件、日本レアメタル事件、インターネットによる風説の流布事件、協同飼料事件、三菱地所事件
	積極的な開示義務がある場合	有価証券届出書、報告書 公開買付届出書	197 条	16〜22 条、24 条の 4、27 条の 16〜27 条の 21	西武鉄道事件、ライブドア事件、FOI 事件、オリンパス事件、アーバンコーポレイション事件
		臨時・半期報告書 内部統制報告書 四半期報告書	197 条の 2（5 年以下の懲役／500 万円以下の罰金）	24 条の 5 24 条の 4 の 6 24 条の 4 の 7	
		自己株券買付状況報告書 親会社状況等報告書		24 条の 6 21 条の 2	
		会社法計算書類	会 976 条（100 万円以下の過料）	会 429 条	
	個別規定には該当しない場合		規定なし	会 350 条、429 条 民 709 条	
情報開示の不履行	個別の法律上の開示義務規定がある場合	発行市場での開示義務 流通市場での開示義務	197 条の 2	上記	
		株主に対する開示義務	会 976 条	上記	
情報の不正利用	会社による不正利用	インサイダー取引規制違反 自己株公開買付規制違反	166 条、197 条の 2 167 条、197 条の 2	規定なし 27 条の 22 の 2	
	役員個人による不正利用	インサイダー取引規制違反	166 条、197 条の 2	民 709 条	情報伝達行為も禁止 167 条の 2
情報の管理ミス	重要情報の漏洩 従業員によるインサイダー取引			会 423 条、429 条	日経新聞事件

[図表9-3]　金融商品取引法上の民事責任一覧

	条文	規定の内容
発行市場	16条	届出効力発生前または目論見書なしで株式を取得させた者（募集者、売出者、証券会社）の責任 　無過失責任 　募集、売出の場合（15条違反） 　ただし、損害、因果関係は必要
	17条	不実の目論見書その他の資料の使用者の責任 　過失の立証責任の転換 　募集、売出に限らない 　投資家の善意は投資家が立証
	18条	不実の有価証券届出書による発行市場での役員、監査法人、売出人、証券会社の責任 　無過失責任 　投資家の悪意は発行者が立証 　　19条　損害賠償額の定め（差額） 　　20条　短期消滅時効の特則（3年、7年）
	21条	不実の有価証券届出書による発行市場での役員、監査法人、売出人、証券会社の責任 　過失の立証責任の転換 　募集、売出により取得した者に対する責任
流通市場	21条の2	不実の有価証券届出書、有価証券報告書、内部統制報告書、四半期報告書、半期報告書、臨時報告書、自己株券買付状況報告書、親会社等状況報告書による流通市場での発行者の責任 　過失の立証責任の転換 　損害額の特則（1項、3項） 　21条の3　時効（2年、5年）
	22条	不実の有価証券届出書による流通市場での役員、監査法人の責任 　募集、売出以外の取得者に対する責任 　過失の立証責任の転換
	24条の4 22条	不実の有価証券報告書による流通市場での役員、監査法人の責任 　取得者に対する責任 　過失の立証責任の転換
	24条の4の6 22条	不実の内部統制報告書による流通市場での役員、監査法人の責任 　取得者に対する責任 　過失の立証責任の転換
	24条の4の7 22条	不実の四半期報告書による流通市場での役員、監査法人の責任 　取得者に対する責任 　過失の立証責任の転換
	24条の5 22条	不実の臨時・半期報告書による流通市場での役員、監査法人の責任 　取得者に対する責任 　過失の立証責任の転換

第 10 章

情報管理とインサイダー取引等

I 情報管理の必要性

情報管理は非常に重要である。情報の漏洩がたんなる過誤で済んだ時代はもう終わっている。

まず経営上の重要な情報（技術情報、ノウハウ等）が他社に流出する事件は多数発生している。例えば新日鐵住金とポスコ社の紛争では、新日鐵住金が約 1000 億円の請求をし、結局ポスコ社が 300 億円の和解金を支払うことで決着した。近時、その請求金額が巨大になっている。

またファーウェイ関係の事件がアメリカで摘発されるなどということも起きている。情報は、今後の国家の経済的あるいは軍事的支配力を左右するものになってきた。企業にとっても極めて重要な戦略になってきており、GAFA などという言葉も生まれて、有力なビッグデータを有する者が圧倒的な支配力、独占力を獲得する。

また顧客データの漏洩事件は次々と発生しているが、ベネッセ事件のように、ビジネス・モデルを大きく揺るがすケースもある。情報流出が起きれば、被害者であるはずの企業が非難の対象になる。EU では、2018 年に一般データ保護規則（GDPR）が施行され、日本企業にとっても要注意となっている。2021 年には、Amazon が GDPR 違反で 970 億円の制裁金を課されている。

おそらく情報管理は、今最も重要な経営要素になっている。

II 情報管理にかかる取締役の義務

情報管理についての取締役の義務については、あまり判決例がない。

　唯一、日経新聞インサイダー事件（東京地判平成 21 年 10 月 22 日判時 2064 号 139 頁）は、

「株式会社の取締役は、会社の事業の規模や特性に応じて、従業員による不正行為などを含めて、リスクの状況を正確に把握し、適切にリスクを管理する体制を構築し、また、その職責や必要の限度において、個別リスクの発生を防止するために指導監督すべき善管注意義務を負うものと解される（旧商法 254 条 3 項、民法 644 条）。……補助参加人は、経済情報を中心として日経新聞など 5 紙を発行する我が国有数の報道機関であり、その報道機関としての性質上、多種多様な情報を大量に取り扱っており、その従業員は、報道部門や広告部門なども含めて、業務遂行上、秘密性のある情報や未公表情報などのインサイダー情報に接する機会が多いといえる。したがって、補助参加人の取締役としては、それらの事情を踏まえ、<u>一般的に予見できる従業員によるインサイダー取引を防止し得る程度の管理体制を構築し、また、その職責や必要の限度において、従業員によるインサイダー取引を防止するために指導監督すべき善管注意義務を負う</u>ものと解される」

と判示した。

　今のところ、日本システム技術事件最判と同様、一般に予見できる不正を防止できる体制であればよいとしている。一見、緩やかな基準であるようにも見える。しかし、この世界では、情報技術はまさに日々進化しているのであって、不正アクセスなども日々新しいタイプのものが発生している。一度起きた事件・手口は、予見が可能な事象に入ってしまう。したがって、その進化に追いつく体制を整備しておかないと、取締役の義務違反と言われるおそれがある。

　情報の管理には、

①　秘密情報の秘密性の保持（漏洩の防止）、

②　重要な情報の適切な伝達（内部統制上の仕組み）、

③　情報の私的不正利用の禁止（インサイダー規制等）、

④　不正・虚偽の情報の発信の防止（粉飾、架空取引等）、

⑤　個人情報の保護ルールの遵守、

⑥　開示すべき情報の適切・適時な開示、

⑦　情報の適正な利用（GAFA 問題、ファーウェイ問題等）

など様々なケースがある。いずれも非常に重要な視点である。

　このように情報の管理は、今や喫緊の課題である。以下では、インサイダー取引規制について説明する。

Ⅲ　インサイダー取引規制の概要

1　禁止する趣旨

　インサイダー取引規制は、昭和63年の証取法改正で導入された制度である。それまでは、特段の規定はなかった。

　インサイダー取引規制は、もともとは、形式犯的な軽微な犯罪として規制が始まった。罰則も6か月以下の懲役および／または50万円以下の罰金であった。

　しかしその後の最高裁判例などで、実質犯的な取扱いとなり、刑罰は重罰化され、現在の罰則は、5年以下の懲役および／または500万円以下の罰金にまでなっている。法人の罰金は5億円以下となっている。

　なぜインサイダー取引は規制されるのか。単純に、ある者が、重要な情報を知り、他の投資家は知らない状況で、株式等の売買をするのは不公平だ、というわけではない。情報の入手に努力して、他の者より早く情報を入手して、それで利益を稼ぐ行為は、競争原理の範囲内である。悪くはないのである。

　インサイダー取引が規制されるのは、「特別の地位」に基づいて重要な情報を入手した者が、他の普通の者がその情報を知らない間に取引をして儲けてしまうというのはずるい、という理由である。つまり「特別の地位に基づく情報の入手」であることが必要である。スタート地点が同じ者が、情報収集に走って、その結果、早く入手した者と、遅く入手した者とに分かれるのは、それはしようがない。競争の結果であって、不公平ではない。しかし「特別の地位」に基づいて情報を入手したのであれば、それはスタートラインが違っていたのであって、それはずるい、ということである。

　その結果、その者が特別の地位にいたか（会社関係者であるか）、情報の入手ルートがその地位に基づくか、ということがインサイダー取引規制の要件になっているのである。

2　インサイダー取引規制と役員の視点

インサイダー取引規制は、2 種類ある。

①発行会社の関係者によるインサイダー取引の規制と、②公開買付等関係者によるインサイダー取引規制である。

前者は通常皆さんがインサイダー取引規制として思い浮かべるものである。自社の重要情報で自社株の取引をする場合などである。

後者は、ある投資家が、上場会社等の株を大量に買い付けようとする場合に、その情報を知ったその買付者の関係者が、その上場株券等の買付けをすることを規制するものである。こちらは会社の関係者ではなく、買付者の関係者の規制である。大量の買付けというのは、株式公開買付けか、総株主等の議決権の 5％以上を買い集める行為である。したがって、市場で買い進めようとする場合など、これに該当する可能性はある。M&A の場合や、上場グループ会社の再編の場合、ファンドが買い付ける場合など、留意する必要がある。

役員から見ると、インサイダー取引規制というのは、①自分がインサイダー取引規制をしてはいけない、という視点と、②自分の部下にインサイダー取引をさせてはいけないという視点がある。

インサイダー取引の防止というのは、なかなか完璧を期するのが難しい。今どき、株の取引など、スマホで簡単にできてしまう。夜間市場もある。物理的にインサイダー取引をさせないということは困難である。したがって、種々の仕組みを作って、インサイダー取引が起きにくいように仕向けていくほかない。

Ⅳ　インサイダー取引の要件

1　要　件

インサイダー取引の要件は、

①　上場会社等の会社関係者または第 1 次情報受領者が、

②　その業務等に関する重要事実を、

③　所定のルートで知り、

④　それが公表される前に、

⑤　その上場会社等の特定有価証券等の取引をすること、

である（金商法 166 条）。

　インサイダー取引の罪は、あくまで個人の故意犯である。実行するのは自然人である。法人は自然人の行為の結果、両罰規定にかかることはあるが、法人自らがインサイダー取引をするのではない。法人の中で、重要事実を知っている者がいたとしても、それだけでその法人が行った取引がインサイダー取引に抵触するものではない。あくまでもその法人のために取引を行った担当者が重要事実を知っていたかどうかということになる。

2　取引主体と情報入手方法

　インサイダー取引の主体は、会社関係者（役員等、株主、法令による権限者、契約締結者等、株主または契約締結者等が法人の場合その法人の役員等）と、会社関係者から情報を受領した者（第 1 次情報受領者）である。

(1)　役員等

　まず「役員等」とは、当該上場会社等ならびにその親会社および子会社の役員、代理人、使用人その他の従業者をいう。親会社と子会社も含まれる。

　「上場会社等」とは、株券、新株予約権証券、社債券または優先出資証券等で、上場されているもの、店頭売買有価証券または取扱有価証券に該当するものその他の政令で定める有価証券の発行者をいう。

　「役員」は、取締役、会計参与、監査役および執行役をいう。

　「親会社」とは、他の会社を支配するものとして政令で定めるものである。「子会社」は、他の会社が提出した有価証券報告書等で、他の会社の属する企業集団に属する会社として明記されたものをいう。

　「その他の従業者」とは、その会社の業務に従事する者であって、契約関係の有無などは問わない。アルバイトや派遣社員も含まれる。

　役員等の場合には、重要事実を、「その者の職務に関して知ったとき」であることが要件である。

　「その者の職務に関し」とは、職務行為そのもの、またはそれと密接に関連する行為により知った場合をいう。およそ会社の役職員が会社で情報を入手すれば、ほとんどの場合この要件は満たしていると思われる。

(2)　株主等

　当該上場会社に対して、会社法 433 条 1 項に定める会計帳簿等閲覧謄写請求権を有する株主（同条 3 項による親会社株主を含む）も、会社関係者にあた

る。その者が、当該権利の行使に関して重要事実を知ったときは、インサイダー取引規制の対象となる。

これらの権利を有する株主等が法人である場合には、その役員等を含み、法人等でない場合には代理人または使用人を含む。

⑶　法令に基づく権限を有する者等

当該上場会社に対して法令に基づく権限を有する者も、会社関係者にあたる。この者が、当該権限の行使に関して重要事実を知ったときは、インサイダー取引規制の対象となる。例えば、監督官庁の公務員などである。

⑷　契約締結者・交渉者

当該上場会社と契約を締結している者または締結の交渉をしている者も、会社関係者にあたる。その者が法人であるときはその役員等を含み、法人以外であるときはその代理人または使用人を含む。

これらの者が、当該契約の締結もしくはその交渉または履行に関して知ったときは、インサイダー取引規制の対象となる。

ここにいう「契約」は、特に重要事実を知るべき内容の契約である必要はなく、何でもよい。「交渉をしている者」は、M&A など現実には交渉段階で重要事実を了知することが多く、それをカバーするためである。

「契約の締結若しくはその交渉又は履行に関して」知るというのは、それと密接に関連する行為により知った場合も含む。かなり広範になるものと解される。

⑸　法人の他の役員等

金商法 166 条 1 項 2 号の株主等または同項 4 号の契約締結者等であって法人である者の役員等も、会社関係者となる。例えば、上場会社等と契約をしている X 社があり、その X 社のある取締役 A がその契約の締結に関して重要事実を知ったとき、その X 社の他の取締役 B がその重要事実をその者の職務に関して知ったときは、B もインサイダー取引規制の対象となり得る。2 号、4 号は、権利の行使または契約の締結等に関して知った場合であり、5 号は、その者が会社に戻ってきて会社内部で他の役員等に情報を伝達した場合を指している。重要事実の知り方が違っている。5 号の者は、情報受領者ではなく、会社関係者となる。

⑹　元会社関係者

以上のほか、金商法 166 条 1 項各号の会社関係者であった者が、同項各号

に定めるところにより重要事実を知った後、会社関係者でなくなったとしても、会社関係者でなくなった後1年間は、同様にインサイダー取引規制を適用される。

　実務的にはこの規定があるため、役員等が退職した後も、1年間はインサイダー取引に留意しなければならないとされている。

(7)　第1次情報受領者

　会社関係者から、当該会社関係者が金商法166条1項各号に定めるところに従って知った重要事実の伝達を受けた者（第1次情報受領者）は、インサイダー取引規制の対象となる。

　その者が職務上伝達を受けた場合には、その者が属する法人の他の役員等であって、その者の職務に関し当該重要事実を知った者も、インサイダー取引規制の対象となる。

　「伝達」というのは、伝える側に伝達する意図が必要である。盗み聞きとか、たまたま飲食店等で隣の人の会話を聞いてしまったなどというのは、伝達にあたらない。

　情報受領者からさらに情報の伝達を受けた者は、処罰の対象とならない。その理由は、第2次以降の情報受領者の場合、処罰の範囲が不明確になるからとされている。

　ただし、例えばAがBに情報を伝達しようとして、Bの秘書であるCを介して伝達した場合には、Bは第1次情報受領者である。ちなみにCも第1次情報受領者である。情報の伝達者が誰に対して伝達しようとしたものかということが重要である。

　第1次情報受領者として処罰がなされるためには、受領者が、①伝達した者が会社関係者であり、②その者がその職務に関して知った情報であること、③当該事実の認識（法律上「重要事実」に該当するという認識は不要）、④当該事実が未公表であること、の認識が必要である。

V　重要事実

1　総　論

　重要事実には、決定事実、発生事実、決算情報およびバスケット条項がある。また親会社に係る重要事実と子会社に係る重要事実がある。

処罰範囲の明確化のため、多数の項目を列挙し、詳細な軽微基準を定めているが、立件された事案を見るとバスケット条項を適用したものも多い。そのため実務的には、少しでも株価変動要因と思われる場合、広汎に取引を断念することになる。

決定事実は、当該会社が何らかの意思決定を行うことによって重要事実となる。発生事実は当該会社の意思とは関係なく生じる。決定事実は、いわば会社の内部で発生するものであるから、その開示に関してある程度のコントロールを及ぼすことも可能であるが、発生事実は会社外で発生するので、その伝搬をコントロールするのは困難である。インサイダー取引防止の最善策は情報の早期開示であり、特に発生事実の場合にはそれが不可欠である。

2　決定事実

決定事実とは、①当該上場会社等の業務執行を決定する機関が、②法の定める列挙事項を行うことについての決定をしたこと、または当該決定に係る事項（公表したもの）を行わないことを決定したことである。

「決定機関」とは、会社法に定める正式の決定機関のことではなく、実質的な決定権を有する者をいう。その者が提案すれば、誰も反対しないような状況であれば決定機関と認められる。最高裁も、会社法「所定の決定権限のある機関には限られず、実質的に会社の意思決定と同視されるような意思決定を行うことのできる機関であれば足りる」としている（日本織物加工事件・最判平成11年6月10日刑集53巻5号415頁）。ただし、通常は、「機関」という以上、使用人ではなく、取締役レベルであると考えられている。

「決定事実」とは、例えば合併について、「合併を実行する」という決定も含まれるが、それに限られるわけではない。「合併を行うことについての」決定であればよく、例えば具体的な合併に向けた調査や準備、交渉等の諸活動を会社の業務として行うことの決定でよい（前掲日本織物加工事件）。合併に関する一般的な調査では、まだ決定事実には至らないが、具体的な合併、例えば相手方が特定された合併の調査等であれば該当する（横畠裕介『逐条解説インサイダー取引規制と罰則』（商事法務研究会、1989年）53頁、土持敏裕＝榊原一夫「証券取引法」平野龍一ほか編『注解特別刑法　補巻(2)』（青林書院、1996年）221頁）。この点、多くの実務関係者が誤解をしているので、要注意である。調査を始めたら、その時点であたるのである。

「決定」をこのように調査等にまで広く解する場合、当該事実が実現する
かどうかの確実性が必要であるかということが問題となるが、多数説と判
例^(注)は、実現可能性まで要件としていない。

3　発生事実

発生事実は、それが現実に発生したときに重要事実になる（金商法166条
2項2号・6号）。例えば、「主要株主の異動」については、10％以上の議決権
に相当する株式について売主と買主の間で売買の協議が行われているとして
も、実際に株式が移転して初めて「主要株主の異動」という発生事実が発生
したことになる。

発生事実の場合、その事実が会社関係者以外の者の意思決定により発生す
ることがあるし、会社関係者以外の者が先に知ることもある。しかし発生事
実の場合も、あくまでも会社関係者によるインサイダー取引規制と位置づけ
られ（金商法166条）、会社関係者および第1次情報受領者による売買等だけ
を禁止しており、それら会社関係者や第1次情報受領者ではない者の取引は
禁止していない。それは公表の権限が会社にのみにあることとのバランスで
ある。公表は、禁止の解除であるから、会社関係者等については「公表か取
引の断念」を要求するのは合理的であるが、それ以外の者は公表の権限を有
していないのであるから、そこまで規制を及ぼすことは適切でないというこ
とである。

したがって、特に発生事実の場合、その事実を誰から、どのようにして
知ったか、知った者は会社関係者か、ということが重要になる。

発生事実の場合、会社関係者が「その者の職務に関して知った」に該当す
る場合はどういう場合かということが問題となり得る。例えば、大震災で工
場が倒壊し、会社に損害が発生したとする（金商法166条2項2号イ）。その
事実を当該会社の役員が工場長からの報告で知れば、報告を受ける行為はま
さにその者の職務であるから、「その者の職務に関して知った」と言える。
しかしその役員がテレビのニュースで工場が倒壊したことを知った場合は該
当するのか明確でない（あたらなそうである）。

4　決算情報

　決算情報にかかる重要事実は、当該上場会社等の売上高、経常利益もしくは純利益（以上を「売上高等」という）もしくは剰余金の配当または当該上場会社等が属する企業集団の売上高等について、公表された直近の予想値に比較して、当該上場会社が新たに算出した予想値または当事業年度の決算において、次のとおりの差異が生じたことである。

① 売上高については、新予想値または当事業年度決算を、直近予想値または実績値で除した数値が 1.1 以上または 0.9 以下、

② 経常利益については、新予想値または当事業年度決算を、直近予想値または実績値で除した数値が 1.3 以上または 0.7 以下、かつ、
新予想値または当事業年度決算と、直近予想値または実績値のいずれか少なくない数値から他方を減じたものを（要するに差額）、前事業年度の末日における純資産額と資本金の額とのいずれか少なくない金額で除した数値が 100 分の 5 以上であること、

③ 純利益については、新予想値または当事業年度決算を、直近予想値または実績値で除した数値が 1.3 以上または 0.7 以下、かつ、
新予想値または当事業年度決算と直近予想値または実績値のいずれか少なくない数値から他方を減じたものを、前事業年度の末日における純資産額と資本金の額とのいずれか少なくない金額で除した数値が 100 分の 5 以上であること、

④ 剰余金の配当については、新予想値または当事業年度決算を、直近予想値または実績値で除した数値が 1.2 以上または 0.8 以下、

である。

　要するに、売上高は 1 割以上、経常利益と純利益は 3 割以上、配当は 2 割以上の変動である。

　単体と連結のいずれも重要事実となる。利益の場合には、資本金か純資産額の多い額の 5% 以下の変動の場合には、除外される。

　決算値は、通期のもののことである。

　予想値については、当該上場会社等が「算出したこと」が必要であるが、現に修正される予想値が取締役会で確定される必要まではなく、予想値の修正・公表が避けられない事態の報告がなされ、承認されれば足りるとされている。

　また予想値を算出する機関はいずれであるかについて説が分かれており、業務執行機関において報告・承認された場合とする説、実質的な責任者に報告・承認された場合とする説、経理担当者の算出したものも含むとする説、などがある。実務的には、決算期末後、決算発表までの期間は、重要事実があると見られる可能性があるものとして対応している。

5　バスケット条項

　以上のほか、バスケット条項が定められている。

　バスケット条項は、「前3号に掲げる事実を除き、当該上場会社等の運営、業務又は財務に関する重要な事実であって投資者の投資判断に著しい影響を及ぼすもの」とされている（金商法166条2項4号）。

　バスケット条項に関しては、金商法166条2項1号から3号に掲げる項目については、当該項目の軽微基準等に該当して重要事実とならなかった場合、さらにバスケット条項の適用可能性があるのかどうかということが問題となるが、最高裁は、前3号に包摂・評価されない面がある場合には、別途バスケット条項に該当し得るとしている（日本商事事件・最判平成11年2月16日刑集53巻2号1頁。マクロス事件・東京地判平成4年9月25日判時1438号151頁もバスケット条項に該当するものとしている）。

6　子会社情報

　子会社に係る重要事実は、同様に、決定事実、発生事実、決算情報およびバスケット条項である。

　子会社に係る会社関係者が、親会社株式について行う売買等について会社関係者として規制されるのは、子会社に係る重要事実についてのみである（金商法166条1項）。

　子会社が株券等を上場している場合は、子会社株式についてもインサイダー取引が行われ得る。したがって、親会社、子会社、両方の特定有価証券等について、インサイダー取引とならないよう留意する必要がある。

Ⅵ　禁止される行為

　規制される行為は、「売買等」であり、それは「売買その他の有償の譲渡若しくは譲受け、合併若しくは分割による承継……又はデリバティブ取引」とされる。譲渡または譲受けとは、有償で所有権を移転する行為をいう。売買のほか、交換、代物弁済、現物出資等が含まれる。市場取引、相対取引、公開買付け等を問わない。質権または譲渡担保権の設定は含まれないが、その実行は処分、帰属清算とも該当し得る。無償の移転行為は含まれない。相続も含まれない。「売買等」には、自己が契約の当事者となる場合だけでなく、他人のために売買等を行う場合や、他人に売買等の委託、指図を行う場合も含む。

　新株発行に際してその引受けをする場合など、原始取得の場合はあたらない。

　「主要株主の異動」は、重要事実であるが、主要株主の異動を生じる当該売買契約そのものは、規制の対象にはならない。インサイダー取引規制は、重要事実に該当する取引そのものを規制するものではないからである。

　X社の営業部門のAが重要事実を知ったが、そのことを知らずにX社の自己売買部門の担当者Bが取引を行った場合、あくまでも取引を行った者はBである。Bについて、重要事実を知っていたかどうかなどの要件を判断する。Bに対して取引を指図した上司がいれば、その者も売買を行った者となり得る。社内の部門間でチャイニーズ・ウォールをひいていたとしても、レポーティング・ラインを遡ればいずれも社長にたどり着くのであって、社長が重要事実を知っていればインサイダー取引となるおそれがある。

Ⅶ　公　表

　インサイダー取引規制において「公表」とは、特別な概念である。世の中が周知の事実であっても「公表」の手続が取られていなければ、未公表の重要事実となる。

　「公表」とは、重要事実を、当該上場会社等または当該上場会社等の子会社により、

① 多数の者が知り得る状態に置く措置として政令で定める措置が取られたこと、
② 当該重要事実が記載された有価証券届出書等が公衆縦覧に供されたこと

である。

①の措置とは、

i 重要事実を2以上の報道機関に対して公開し12時間が経過した場合
ii 重要事実を金融商品取引所に通知し、かつ金融商品取引所において公衆の縦覧に供されたこと（TDnetなど。7日間以上継続して縦覧に供する）（なお、特定投資家向けの場合は、英語での開示となっている）

である。iiの場合には、12時間を経過する必要がなく、開示の時に公表となる。現在は、ほとんどiiの方法によっている。

②については、EDINETの画面に表示されたときに公衆の縦覧に供されたことになる。

Ⅷ　適用除外

インサイダー取引規制は、次の各場合には適用されない。

まず、株式の割当てを受ける権利を有する場合は適用除外である。例えば、株主割当増資に応じて株券を取得する場合である。なお、新株の発行であれば原始取得であるから、そもそもその引受けは売買等には該当しない。当然ながら、取得した株券の売買は、適用除外ではない。

新株予約権の行使により株券を取得する場合も、適用除外である。

特定有価証券についてのオプションを取得している者が、当該オプションを行使して特定有価証券等に係る売買等をする場合も、適用除外である。

会社法の買取請求権の行使があった場合も、適用除外である。

法令上の義務に基づく売買等も、適用除外である。例えば、単元未満株式の買取り・売渡請求の場合、独占禁止法違反となった所有株式の売却（独占禁止法10条・11条）、子会社による親会社株式の売却などが考えられる。

次に、いわゆる防戦買い、すなわち当該上場会社等の株券等に係る公開買付けまたはこれに準ずる行為に対抗するため、当該上場会社等の取締役会が決定した要請に基づいて、当該上場会社等の特定有価証券等または特定有価

証券等の売買に係るオプションの買付けその他の有償の譲受けをする場合は、適用除外である。これは、会社に未公表の重要事実がある場合、防戦買いを行う者は多くの場合会社関係者等として取引ができないことになり、著しく不利になることから、適用除外とされたものである。

　自己株式の取得に関しては、会社法156条1項・163条・165条3項の規定による株主総会または取締役会の決議があり、それが公表された後、当該決議に基づいて株券等を買付けする場合には、適用除外となる。

　次に、金商法159条3項の政令に基づいて取引を行う場合は、適用除外とされる。

　また、普通社債券等の売買等に関しては、内閣府令で定める場合だけがインサイダー取引規制の対象となる。普通社債券等の売買等においてインサイダー取引規制が適用となるのは、重要事実が、①解散、②破産、再生手続開始、会社更生手続開始の申立て、③債権者による破産、再生手続開始、会社更生手続開始、企業担保権の実行の申立て、④手形・小切手の不渡りまたは手形交換所の取引停止処分の場合である（有価証券の取引等の規制に関する内閣府令58条）。

　会社関係者または情報受領者の間において、取引所取引によらないでする取引は、適用除外である。インサイダーの重要事実を知っている者同士が、市場外で取引をする場合には、市場に対する信頼を損ねることはないからである。

　いわゆる「知る前契約」、すなわち重要事実を知る前に締結された特定有価証券等に係る売買等に関する契約の履行または重要事実を知る前に決定された特定有価証券等に係る売買等の計画の実行として売買等をする場合は、適用除外である。

　例えば、役員・従業員持株会等による買付け、重要事実を知る前に公開買付開始公告を行った場合の公開買付けによって買付け等を行う場合などである。

　その他これに準じる特別の事情に基づく売買等であることが明らかな売買等をする場合は、適用除外である。

Ⅸ 罰則等

インサイダー取引規制違反には、課徴金と刑事罰が科せられる。

課徴金は、計算方法が定められているが、趣旨として言えば、自己の計算での取引については、その利得の額、他人の計算による取引についてはその手数料等の額を参考にしている（金商法175条）。

インサイダー取引規制違反の刑事罰は、5年以下の懲役または／および500万円以下の罰金である。法人の罰金は5億円以下である。

また没収・追徴の規定も定められている（金商法198条の2）。犯罪によって得た財産や、その対価として得た財産を没収することとしている。

インサイダー取引規制違反は、しばしばマスコミ報道される。また個人の利得犯であるから、「会社のため」などという言い訳もまったく通用せず、社会からの批判は厳しい。

当然、会社からは懲戒処分を受ける。

会社員がインサイダー取引をするといっても、巨額の資金を有しているわけではないから、大半がお小遣い程度の金額である。そのわずかな金銭のために、課徴金あるいは刑事罰を受け、財産は没収され、会社は首になり、世の中から批判を受けて家族は買い物にすら出かけられない、といった事態になるのである。

この世で最も割に合わない犯罪である。

Ⅹ 公開買付者等関係者によるインサイダー取引規制

1 公開買付者等関係者によるインサイダー取引がなぜ悪いのか？

もともとアメリカで企業買収に関わる内部情報を利用した取引が問題となったが、発行会社の役員等でない者がなぜ取引を規制されなければならないのかその根拠が議論され、最終的に不正流用理論（情報の持ち主の意思に反してそれを利用する行為がいけないという考え方。これであれば公開買付けの関係者による取引も情報の不正な流用ということができる）が採用されるようになり、会社関係者による取引の禁止と、公開買付け関係者による取引の禁止という2本立てのルールとなっていった。

　日本では、その当時のアメリカ法等を参照して立法されたので、会社関係者と公開買付け関係者という2本立てのまま受け入れたものと考えられる。

　日本では、当時はM&Aが少なかったので、金商法167条はあまり注目されていなかった。しかし最近日本においてもM&Aが増加し、同条に違反する事例の摘発も増加している。村上ファンド事件でも見られるように、同条は、まとまった株式の転売目的の買い集めなどの場合にも適用されており、重要な条文となっている。

　公開買付者等関係者によるインサイダー取引規制は、公開買付者等の関係者による取引を規制するものである。公開買付者の行う公開買付け等を制限するものではない。

　構造は会社関係者によるインサイダー取引規制と類似しており、公開買付者等の関係者が、その職務等に関してその事実を知り、それが公表される前に当該株券等について買付けを行うことを禁止するものである。

2　要　件

　まず規制される主体であるが、①公開買付者等関係者と、②公開買付者等から情報を受領した者、および③元公開買付者等関係者である。

　公開買付者等というのは、公開買付け等をする者である。「公開買付け等」というのは、①上場等株券等につき、金商法27条の2第1項に定める公開買付け、②「公開買付けに準ずる行為」として、共同して買い集める者との合計で議決権総数の5%以上にあたる株券等を買い集める行為、③同法27条の22の2に規定する公開買付け（自社株公開買付け）を言う。

　②については、5%というのは、買い集めようとする株券等の数であって、買付け後の議決権保有比率ではない。ただし、公開買付者の保有する議決権比率が5%未満であるときは、5%を超えたところから該当する。「買い集め」には、新規に発行される株式の取得は含まれない。共同して買い集める者は、公開買付者等にあたる。

　公開買付者等関係者とは、①公開買付者等（親会社を含む）の役員等、②公開買付者等の会計帳簿閲覧請求権を有する株主・社員、③当該公開買付者等に対する法令に基づく権限を有する者、④当該公開買付者等と契約を締結している者または契約締結交渉をしている者等である。

　情報受領者とは、公開買付者等関係者から公開買付けに係る事実の伝達を

受けた者である。その者が職務上伝達を受けた場合、その者が属する法人の他の役員等も職務に関し知れば、規制の対象となる。

元公開買付者等関係者とは、公開買付者等関係者であった者で公開買付者等関係者でなくなって1年以内の者である。

重要事実となるのは、公開買付け等の実施に関する事実または公開買付け等の中止に関する事実である。公開買付者等が法人であるときは、その機関が決定することが必要である。「実施に関する事実」または「中止に関する事実」とは、「公開買付け等を行うことについての決定をしたこと」または「公開買付者等が当該決定（公表がされたものに限る。）に係る公開買付け等を行わないことを決定したこと」をいう。「行うことについての決定」は、まさに公開買付け等を行うことそのものの決定に限られず、その調査、検討を会社の業務として行う旨の決定も含まれる。その実現可能性の高低は問わない。

なお、軽微基準があり、各年において買い集める株券等の数が、議決権総数の2.5％未満である場合は、重要事実に該当しない。

金商法167条により禁止される行為であるが、重要事実が公開買付け等の決定に係る事実である場合には「買付け」が禁止され、重要事実が公開買付け等の中止である場合には「売付け」が禁止される。

「公表」は、①2以上の報道機関に公開して12時間が経過した場合と、②公開買付開始公告・撤回公告、公開買付届出書・撤回届出書の公衆縦覧がある。また自社株公開買付けの場合には、電磁的方法（TDnet）による開示も公表になる。

XI 伝達の禁止制度の始まり

さらに、平成25年金商法改正により、情報の伝達自体が禁止されるようになった。

すなわち上場会社等の会社関係者が上記所定の方法で重要事実を入手した場合は、他人に対し、当該重要事実が公表される前に、特定有価証券等にかかる売買等をさせることにより当該他人に利益を得させ、または当該他人の損失の発生を回避させる目的をもって、当該重要事実を伝達し、または当該売買等をすることを勧めてはいけないこととなった（金商法167条の2）。こ

れは禁止規定である。

　そして罰則や課徴金については、その情報受領者が売買等をした場合に限って処罰の対象とすることとされている（同法175条の2・197条の2）。

　重要事実の伝達と、売買勧奨の双方が禁止されている。仮に、重要事実の伝達だけ禁止すれば、「悪いことは言わないから、この株を買っておけ」などという形で、重要事実は伝達せずに、実質的にインサイダー取引をする輩が出るに決まっているのである。

　したがって、今後は、社内での重要事実の管理体制を見直し、情報の不要な伝達を禁止したり、情報を伝達した場合にその記録を残させるなどの対応が必要になる。

　例えば重要事実に関しては、管理体制を構築し、最初に知った者がそれを登録し、それを社内外の人間に伝達する度に、その相手方氏名、伝達目的などを記入し、それを第三者がチェックするような仕組みである。

Ⅻ　インサイダー取引防止対策

1　インサイダー取引違反は簡単に発覚する

　インサイダー取引というのは、今や簡単に摘発ができる。証券取引は電子化されているし、役員などの会社関係者は分かっている。重要事実の公表の直前に出来高がふくれあがれば、簡単に検索できる。

　配偶者などの親族名義や、友人名義ならバレないと思っている人もあるが、そのような名義の摘発事例は多い。今や約半数がそのようなケースである。おかしな取引は、すぐ分かってしまう。だいたい人間というのは、一度おいしい思いをすると、図に乗って何度も続けてやってしまうものである。そうすると、取引の手口を見ていれば、すぐ不審者は判明する。いつも重要事実の公表の直前に取引をしている者が見つかるのである。証券会社が本人確認をしているから偽名も使えない。そうなると会社関係者との関係を洗い出すのは結構簡単なのである。

　そしてそのペナルティは、人生のすべてを棒に振るほど大きい。

　インサイダー取引防止体制は、まずそのように容易に発覚すること、大変厳しいペナルティがあること等の情報を正しく伝え、割に合わない犯罪であることを知らしめることから始まる。

2　自社株のインサイダー取引と他社株のインサイダー取引

インサイダー取引は、①自社株のインサイダー取引と、②他社株のインサイダー取引の２つがある。

まず、①の自社株のインサイダー取引規制は、自社の重要事実の開示、管理体制の問題であり、自社である程度リスクをコントロールすることができる。

他方、②の他社株のインサイダー取引は、例えば営業担当者が取引先の重要事実を聞いてしまった場合や、M&Aを担当している部署が他社のM&Aにかかる重要事実を知ってしまった場合などであり、自社でその情報を開示することもできない。その他社が公表するかどうかである。その他社が公表するまで、自社で情報の管理をし続けることになる。この場合は、当該他社の株式の取引を禁止することや、自社での情報の管理、情報伝達の禁止等を定めることになる。

3　インサイダー取引防止の基本はすぐに開示すること

インサイダー取引防止の最善の措置は、重要事実は直ちに開示することである。それが最もインサイダー取引の余地を少なくする。

広報の情報開示規程を定め、原則として重要事実は直ちに開示することを明確にする。

ただし、重要事実の中には、直ちに開示できないものもある。例えば、合併等の交渉をしているとかM&Aなどである。そのようなものはしっかり情報の管理体制を構築する。

4　重要事実の管理体制とインサイダー取引防止体制

情報の管理体制については、まず情報の保管方法の限定、例えばコンピュータの電子媒体だけにするとか、紙での印刷・保管はさせないなどの方法がある。

次に情報へのアクセス権限の限定がある。コンピュータへのアクセス権限や、特定のプロジェクトルームへの入室制限などがある。

またアクセス権限の限定をした場合、当然、アクセス記録も残さなければ意味がない。コンピュータへのアクセス・ログや、プロジェクトルームへの入室記録などである。

さら重要情報の廃棄期限、廃棄方法、廃棄記録のルールも定める。

またM&Aや自社株取得などの手続を取る部署は、ウォールを建てて、情報が外部に漏洩しない措置を取ることもある。

次に、インサイダー取引防止のためには、重要事実への接触の頻度や違反のリスクに応じて、きめ細かなルールを定める例が多い。例えば、一般の社員は自社株の売買については事前報告制とし、しかし特定の部署（例えば経理とか企画部等）については、自社株の売買を一定期間禁止するなどと区別する。また役員については、決算情報開示後の一定期間しか自社株の売買を認めないとしている例も多い。

役職員に対する研修を頻繁に行い、マニュアル等も作成して交付する。

違反した場合の懲戒処分の手続も明確化する。

特にインサイダー取引の危険がある業務は、自社株・取引先株式の売買禁止や、株式取引をする場合の証券会社の口座の指定と届出、定期的な取引報告の義務づけ等を行うこともある。M&A案件などの重要案件の場合は、案件ごとにキックオフミーティングで重要事実であることの明示や誓約書の徴求を行う。

インサイダー取引の防止体制に関しては、前掲日経新聞インサイダー事件を参照のこと。

XIII　売買報告制度と短期売買差益の返還制度

上場会社等の役員は、自己の計算で当該上場会社等の特定有価証券等の買付け等または売付け等をした場合は、売買報告書を、翌月15日までに財務局長に提出しなければならない（金商法163条、有価証券の取引等の規制に関する内閣府令29条2項）。

証券会社を通じて取引をした場合は、証券会社を経由して報告する。

これはインサイダー取引を防止するための制度である。

要するに、上場会社の役員は、自社株の売買をしたら、財務局に報告をしなければならないのである。証券会社にも自分は上場会社の役員であることを告げる。

また、上場会社等の役員が、6か月以内の短期売買取引をして利益を得た場合には、会社にその利益を提供しなければならない（金商法164条）。その

手続は、詳細に定めてある（同条各項）。要するに、上場会社の役員は、短期の売買で利益を得ることはできないのである。

　以上の規制があることも忘れないで頂きたい。

第 11 章

利益相反取引と競業取引

本章では、役員になられた方に、注意して頂きたい事項について説明する。

I　利益相反取引の規制

1　利益相反取引

取締役は、自己または第三者のために、会社と取引をしようとするときは、取締役会の承認を得なければならない（会社法356条1項2号・365条）。

例えば、皆さんがA社の取締役であったとする。その皆さんが、B社の代表取締役となって、A社との間で取引をする場合、A社の取締役会の承認が必要である。

したがって、このような関係になる場合は、予め取締役会の承認を得ておく必要があるので、忘れないようにして頂きたい。

2　利益相反取引規制の趣旨

なぜこういう規制があるのだろうか。

取締役というのは、その会社に対して忠実義務を負担している。

A社の取締役は、A社に対して忠実義務を負っているから、A社の最大限の利益を図る必要がある。

その取締役が、B社の代表取締役として、A社との間で取引をする場合、その取締役は、AB両社との関係で取締役であるから両社に対して忠実義務を負っている。そうすると、例えば製品の売買契約であれば、その取締役は、その製品を安く売った方がよいのか、高く売った方がよいのか、義務の衝突が生じてしまう。これは困った。

そこでそのような取引については、当該取締役には判断させず、取締役会

で判断させよう、というのが利益相反取引規制である。忠実義務が衝突している場合である。

3　どういう場合が該当するか？

Ａ社の取締役が、他社を代表してＡ社と取引をする場合である。

またＡ社の取締役が、自分個人としてＡ社と取引をする場合もあたる。

これは会社別に判断する。Ａ社の代表取締役ＸがＢ社の代表取締役でもあって、両社間の取引を両社を代表して締結する、ということになれば、Ａ社、Ｂ社それぞれで利益相反取引の承認が必要である。

Ａ社の取締役がＢ社の代表取締役をしているが、Ｂ社には他にも代表取締役がおり、取引のサインはその別の取締役がする場合はどうか。これは両説ある。あくまでも取引をしていないのだから、あたらないという説もある。しかし、例えばその別の代表取締役が、専務取締役で、兼務している取締役が社長である場合、社長の指揮命令下で取引をしていれば、それは脱法的であって、やはり利益相反取引にあたるのではないか、とも言われる。実務的には、指揮命令下にある者にサインをさせて、それで利益相反取引には該当しないとするのは、やや危険なようである。

Ａ社の取締役Ｘが、Ｂ社の代表取締役社長を務めているが、Ｂ社の100％子会社とＡ社が取引をする場合はどうか。このようなグループ単位で利益相反する場合については、未だ学説や判例も乏しく、ルールは不明確である。本ケースは、一応、原則として要件は満たしていないとは思われるが、個別に考えるしかない。事実上、Ｘがその子会社の取引を指図している場合は、あたるかも知れない。

Ａ社の取締役が、Ｂ社の営業部長などの使用人として、Ａ社と取引をする場合も、第三者のためにする取引であるから、該当する。

Ａ社の取締役Ｘが個人で有する会社Ｂと、Ａ社が取引をするような場合、ＸがＢ社を代表して取引をしていなくても、利益相反取引にあたり得る。

Ａ社の取締役Ｘの配偶者や、未成年の生計を共にする子どもなどと取引をする場合も、あたり得る。実質的に取締役と同視できる場合は、利益相反取引にあたり得ると考えた方がよいであろう。

間接取引も該当する（会社法356条1項3号）。

例えば、Ａ社の取締役Ｘが、個人でＢ銀行から借入れをしようとして、

その保証人としてA社を代表してB銀行と保証契約を締結するような場合である。

利益相反取引に該当するのは、忠実義務の履行に不安がある場合である。そうではない場合は、除外される。例えば、A社の取締役Xが、A社に贈与をする場合等の無償行為はあたらない。普通取引約款に基づく取引もあたらない。例えば電鉄会社の取締役が、その会社の電車に乗る場合もあたらない。

100%親子会社間の取引もあたらない。利害が完全に一致するからである。

取締役が、使用人に就任する場合、会社と雇用契約を締結するのであるが、それは個人で会社と契約するのであるから、原則として利益相反取引である。ただし、予め定められた給与体系に従って給与を受ける場合は定型契約であるからあたらないとされる。

取締役が、社宅を借りる契約も、利益相反取引にあたり得る。この場合、社宅はそれぞれ個性が強いから、使用人との雇用契約のように予め定めた裁量の余地のない定型契約にすることはなかなか難しい。取締役に就任する前から借りている社宅であれば、新規の取引ではないから、該当しない。

ストック・オプション付与契約については、報酬として付与される場合には、利益相反取引にはあたらないと解されている。

なお、監査役は取締役と異なって忠実義務を負担していないから、この規制は及ばない。

4　承認の仕方

利益相反取引が生じる場合は、事前に取締役会の承認を得る。

承認は事前にすべきである。事前に承認を得ずに取引をしてしまうと、それは必要な取締役会決議を欠いた行為であり、取締役の任務懈怠となる。その責任は事後に承認してもなくならない。

グループ間取引などの場合、継続的に取引が発生するケースが多い。その場合は、取引の種類や、上限金額などを定めて、包括的な承認をすることができる。

取締役会の承認に際しては、当該取引にかかる重要な事実を開示する必要がある。通常は、取引の相手方とその概要、取引の種類、取引条件などを開示する。

当該議案について、利益相反の当事者である取締役は、特別利害関係人と

なり、議案の審議からはずれることになる。

　取引をした場合、取引についての重要な事実を取締役会に報告する。包括承認をした場合などは、取引の種類と取引総額などを報告している。実務的には、1年ごとにしている例が多いようである。

5　責　任

　利益相反取引の承認なしに取引をしてしまった取締役は、任務懈怠の責任を負う。

　取締役会の承認を得た上で行った取引で、会社に損害が発生してしまった場合、責任が発生するかどうかは、善管注意義務の懈怠があったかどうかで判断される。利益相反取引によって会社に損害が発生した場合は、取引の相手方となった取締役や取引をすることを決定した取締役などは、任務懈怠を推定される（会社法423条3項）。

　なお、取締役個人が会社と取引をした場合には、無過失責任を負担する（会社法428条1項）。

6　ポイント

　2つ以上の会社の役職員になったら、自分は誰のために働いているのか考えること。そして取引において誰の利益を優先するか微妙な立場になったら、法務部に確認をすることである。

Ⅱ　競業取引の規制

1　競業取引

　取締役が、自己または第三者のために、会社の事業の部類に属する取引をしようとするときは、取締役会の承認が必要である（会社法356条1項1号・365条）。

　これは同業他社の役員の兼務自体を制限するものではなく、具体的に競業取引をする場合の規制である。ただし、実務では就任時点で、包括承認決議をしている。

2　競業取引規制の趣旨

競業取引規制は、会社の取締役は会社に対して忠実義務を負担しているところ、自己または第三者のために会社と競業になる取引をする場合、どちらの製品を販売すればよいのか、忠実義務が衝突することになる。そこで、取締役会の承認を得させようということである。

3　競業取引規制の範囲

「会社の事業の部類に属する取引」というのは、現に会社がやっている事業だけでなく、準備中のものや、休止中のものも入る。

「部類に属する」というのは、必ずしもまったく同じ商品・サービスでなくても、顧客を取り合う関係であればあたり得る。

取締役が、自己が支配している会社で競業取引を行う場合も、該当する。

実務的には、他社の代表取締役に就任する際に、これにあたり得るものとして承認手続をしている。

グループ会社の代表取締役に就任する場合、100％子会社であれば、あたらない。しかし100％子会社ではない場合に、同じ事業を営んでいる場合は、あたる。

退任した後、競業してよいか問題となるケースが多いが、それは会社法356条の問題ではない。個別に取締役と競業禁止の合意などをしている場合に、その範囲で禁止されることがある。

監査役にはこの規制は及ばない。

4　承認の仕方

競業取引が生じる場合は、事前に取締役会の承認を得る。通常は、他社の代表取締役に就任する際に承認している。

承認は事前にすべきである。事前に承認を得ずに取引をしてしまうと、それは必要な取締役会決議を欠いた行為であり、取締役の任務懈怠となる。その責任は事後に承認してもなくならない。

継続的に該当取引が発生するケースは、包括的な承認をすることができる。

取締役会の承認に際しては、当該取引にかかる重要な事実を開示する必要がある。通常は、競業者である相手方とその概要、取引の種類などを開示する。包括承認の場合は、競業先の会社概要や該当する取引の種類、規模など

を開示している。

　当該議案について、競業取引の当事者である取締役は、特別利害関係人となり、議案の審議からはずれることになる。

　取引をした場合、取引についての重要な事実を取締役会に報告する。包括承認をした場合などは、競業先の取引の種類と取引規模などを報告している。実務的には、1 年ごとにしている例が多いようである。

5　責　任

　競業取引の承認なしに競業取引をしてしまった取締役は、任務懈怠の責任を負う。この場合、損害額の推定がなされる（会社法 423 条 2 項。得た利益の額を損害と推定）。

　取締役会の承認を得た上で行った取引で、会社に損害が発生してしまった場合、責任が発生するかどうかは、善管注意義務の懈怠があったかどうかで判断される。

第 12 章

他社の社外役員に就任するときの留意事項

本章では、他社の社外役員に就任するときの留意事項について述べる。

Ⅰ 利害相反、独立性、選任可能性

ある会社（A社）から社外役員への就任を要請された場合、まず利害関係のチェックをする。

1 取引関係のチェック

まず、自分が代表取締役等を務める会社（X社）とA社との間で取引関係がないか。当社の子会社との間ではどうか。特に100%子会社との間で取引はあるか。またA社の子会社との間ではどうか。

これは、就任した場合に、自己取引として、取締役会の承認が必要になるか、という意味だけではない。取引関係がある会社の社外役員になってしまい、先方の秘密情報を入手してしまったとき、対応に困ることがある。例えば取引先の社外役員として、取引先の経営状態が不振であることを知ってしまったときどうすればよいのか、兼務先が取引先で製品の原価や他社への販売価格を知ってしまった場合どうすればよいのか、など、秘密の利用に関して板挟みになるおそれがある。どちらかの会社に対して義務違反になってしまうおそれがある。

銀行から派遣される役員などは、しばしばこの問題に直面する。あるいは敵対的買収が行われた場合、自行がその両方に融資をしていたらどうするのかなど、複雑なことになる。かといって、問題が発生してから辞任することもできない場合もあり得る（社外監査役の員数が欠ける場合など）。

2　競業関係のチェック

自社（X社）とA社は、競合する製品・サービスを扱っていないかもチェックする。これもX社の子会社、A社の子会社を含めて、確認しておく。

これは競業取引の承認が必要かどうかというチェックとともに、同様に、先方の秘密情報を知ってしまったら、対応が困難になることがあるからである。

3　複数の社外役員先のチェック

最近は、社外役員を複数社で務める方も増えている。その場合は、社外役員を務める先同士での、取引関係、競業関係もチェックする。

4　独立性のチェック

さらに最近では、その会社あるいは経営者との関係で独立性がない者は、株主総会に役員選任議案を付議しても、否決されたり、あるいは当該候補者への賛成票が大幅に低下することがしばしば起きている。

そこで自分に独立性があるかないか、チェックしておくことも必要である。例えば主要な取引先となっていないか、取引銀行ではないか、アドバイザー契約などを締結していないか、親会社・子会社の関係でないか、などといったことがチェック項目である。これは各機関投資家・議決権行使助言会社ごとの基準であるから、一律の基準があるわけではない。

5　母体会社での手続

他社の役員に就任することについて、取締役会等の承認を要することとしている会社は多い。したがって、就任する際の手続については、母体会社の法務にもきちんと確認しておく。

6　覚悟が必要

さらに、もしその会社で問題が発覚したら、社外役員はそれを放置したりすると間違いなく義務違反となるから、社内関係者がいくら嫌な顔をしても、しっかり調査をし、処罰をし、公表をしなければならない立場になる。もし、そのようなことができない関係にあるのであれば、社外役員には就任しない

のが無難である。覚悟が大事ということである。

Ⅱ　勤務可能性

次に、社外役員に就任した場合に、職務を果たすことが可能かチェックする。

社外役員というのは、社外取締役の場合は、取締役会および株主総会への出席が必要である。社外監査役の場合には、これに加えて、監査役会や、会計監査人との打ち合わせ等へも出席が求められる。それ以外にも、取締役会議案等についての事前打ち合わせや、指名・報酬委員会、コンプライアンス委員会その他の会議に出席を要請されることもある。

1回、2回欠席しても直ちに問題はないが、大半に出席できなければ、それだけで役員としての義務違反を問われかねないし、最近は機関投資家も、おおむね75％以上出席していない者に対しては、選任議案に賛成票を投じないので、会社としてもそのような事態は避けたい。本人も、あまり出席率が低いと、釈明に窮する。監査役の場合、期末の決算手続の中で、監査報告を作成しなければならず、日程が非常にタイトになるので、その点も留意する。

なお、会社によっては、電話会議での出席を可能としているところもある。

また株主総会も他社総会と競合することが多いので、要注意である。欠席が許されないわけではないが、株主からの批判的な意見はあり得るし、担当者は気にするところである。

Ⅲ　社外役員に関する開示

社外役員に就任した場合、自分に関する様々な情報開示がなされることも知っておかなければならない。

まず就任時は、株主総会の参考書類に、その情報が記載される。主だったものだけ挙げると、以下のとおりである（要旨のみ）。

① 候補者の氏名、生年月日および略歴
　＊戸籍上の姓名と通称が異なる場合の取扱いは会社と相談。

② 保有する株式数

＊保有する株式数がゼロまたは少ないことは、しばしば株主総会で批判される

③　重要な兼職

④　会社との特別の利害関係

＊自己取引や競業関係にあたることを指す。

⑤　親会社の業務執行者であるときは、当該親会社における地位および担当（過去5年分）

⑥　他社の役員である場合に他社で法令または定款に違反する事実その他不当な業務の執行が行われた事実があるときは、その事実と行った予防策・善後策

＊これは、その者が義務違反をしたかということより、不祥事発覚の時にしっかり対策を取ったかということが主眼である（見て見ぬふりをしていないか）。

⑦　親会社や主要な取引先（特定関係事業者という）の業務執行者であること

＊「主要な取引先」の定義は難しく、取引高の10％前後を占めていれば要注意。

⑧　特定関係事業者から多額の金銭等を受け、または過去2年間に受けていたこと

⑨　当該会社またはその特定関係事業者の業務執行者の配偶者、3親等以内の親族その他これに準ずるものであること

⑩　過去5年間に特定関係事業者の業務執行者となったことがあること

また就任後は、1年に1度、事業報告にその状況が記載される。主要な項目は以下のとおりである。

①　取締役、監査役ごとの報酬の総額。社外役員の報酬の総額

②　他の法人等の役員である場合、会社と当該他の法人等との関係

③　社外役員が当該会社または特定関係事業者の業務執行取締役等の配偶者、3親等以内の親族等であるとき、その事実

④　取締役会、監査役会等への出席状況

⑤　取締役会等における発言状況

＊一度も発言しないと記載に困る。

⑥　当該事業年度中に当該会社において法令または定款に違反する事実そ

の他不当な業務の執行（社外監査役である場合にあっては、不正な業務の執行）が行われた事実があるときは、各社外役員が当該事実の発生の予防のために行った行為および当該事実の発生後の対応として行った行為の概要

⑦　社外役員が当該会社の親会社または兄弟会社等役員としての報酬等を受けているときは、当該報酬等の総額

つまり、親族の中に、その会社や特定関係事業者の業務執行者がいないかどうか調べないといけない。

その他、責任限定契約や補償契約、役員賠償責任保険契約等についても開示される。

Ⅳ　独立役員とは何か

社外役員就任を要請される場合、同時に「独立役員」にもなって欲しいと言われることが多い。

独立役員というのは、法律上の制度ではない。

金融商品取引所が定めた名称である。

取引所は、独立役員を選任することを要請し（有価証券上場規程436条の2）、その状況を届出させるとともにコーポレート・ガバナンス報告書等で開示することを求めている（同規程419条・445条の6）。これに違反すると、ペナルティがある。

独立役員というのは、法的には特段の地位ではなく、それに伴う法的効果はない。独立役員であっても、法的な責任は他の役員と同じである。ただし、取引所のルールで一般株主と利益相反しない者として要請される趣旨を考えると、裁判等では、その点も何らかの加味をされることはあるかも知れない。

基本的には、独立役員となっても大きな責任が追加されるものではないから、特に就任を断るほどのものではない。しかし独立役員として投資家に開示されていることは認識しておくべきである。

Ⅴ　責　任

社外役員に就任するに際して、責任限定契約を締結する予定があるかどう

かは確認しておく。令和元年会社法改正に基づく補償契約やD&O保険の締結の可否も確認しておく。

社外役員が、株主代表訴訟に巻き込まれた事例は多い。

株主総会決議による免責や取締役会決議による免責は、実務的には使いようがないから、結局、訴訟上の和解で免責するか、責任限定契約によるしかないのである。

責任ばかり心配しているのも意気地がない話であるが、現実問題として、社外役員となる方は、主たる職業を有していることが多い。社外役員となった先で不祥事に巻き込まれて本業まで支障が出たのでは、本業の会社に申し訳が立たない。したがって、回避できるリスクは回避した方がよい。

もともと社外役員に、会社の保証人のような役割を負わせようということは適切でない。そのようなことは社外役員に責任転嫁しないで、株主が自分で責任を果たせばよいのである。

責任限定契約は、その者に故意・重過失がない場合、一定の金額（通常、その会社における年収の２年分）まで、損害賠償金額を減じる契約である。

故意・重過失がない場合であるから、社外役員自らが、故意で違法行為をしてしまったような場合はダメである。

しかし社外役員は、基本的には取締役会等に出席しているだけであるから、社外役員が、故意で違法行為をする機会など、ほとんど考えられない。著しく不合理な経営判断をした場合に、重過失がある、ということはあり得るかも知れないが、それは自分の判断である。

社外役員の善管注意義務違反が問題となり得るのは、①取締役会決議事項について、実は十分な情報が足りなかった場合、②監視義務違反（不正の見落とし）、③内部統制システム構築義務違反などであろう。これらはいずれも義務違反があったとしても、軽過失であることが多いであろう。したがって、責任限定契約を締結しておけば、思いもよらない責任を負わされることはなくなるのではないかと思われる。

責任がないにもかかわらず株主代表訴訟等を提起された場合の費用は、補償契約や役員賠償責任保険、または民法の規定によって補填を受けられる。

Ⅵ　社外役員の待遇

　社外役員の待遇は、様々である。

　報酬ゼロ円に近いものから、1500 万円前後のものまである。多くは固定報酬である。ストック・オプションや業績連動報酬、退職慰労金はないことが多い。社外役員であるから、業績責任を負うわけではないという発想である。

　任期は、社外取締役は 1 年または 2 年（定款による）、社外監査役は 4 年である。監査等委員は 2 年である。最近は、社外監査役も 2 期 8 年やったところで退任するケースが多くなってきた。

第 13 章

退任後の留意事項

　取締役を退任すると、当然取締役ではなくなるから、取締役としての規制（義務）は原則としてなくなる。

　しかし例えば在任中に知り得た会社の秘密情報に関しては、退任後も守秘義務を負担する（東京地判平成 11 年 2 月 15 日判時 1675 号 107 頁）。営業秘密に関しては、不正競争防止法の規制がかかることもある。

　在任中に知った営業秘密を利用して自ら事業を始めることも問題である。秘密の別目的利用だからである。

　退任後に、前職と同じ事業を自らしたり、行っている会社の役職員となることが競業取引として制限される場合もある。この義務は契約で定めるのが通例であるが、憲法上の職業選択の自由との関係もあり、有効な範囲についてはいろいろ争いがある。

　会社によっては、退任後も 1 年間、当該会社の株式等の売買を禁止していることもある（インサイダー取引規程を確認のこと）。

　以上のように、いくつか退任後にも義務として残っているものがあるので、その点は注意されたい。

285

● 著者紹介

中村　直人（なかむら　なおと）

昭和35年1月　神奈川県生まれ
昭和57年10月　司法試験合格
昭和58年3月　一橋大学法学部卒業
昭和60年4月　司法研修所修了
同　第二東京弁護士会登録、森綜合法律事務所所属
平成10年4月　日比谷パーク法律事務所開設、パートナー
平成15年2月　中村直人法律事務所開設（現中村・角田・松本法律事務所）

〈主な著書〉
『役員のための株主総会運営法〔第3版〕』（商事法務、2018年）
『コンプライアンス・内部統制ハンドブックⅡ』（編著、商事法務、2019年）
『論点体系　会社法1〜6〔第2版〕』（共編著、第一法規、2021年）
『取締役・執行役ハンドブック〔第3版〕』（編著、商事法務、2021年）
『監査役・監査等委員・監査委員ハンドブック』（共編著、商事法務、2021年）
『コーポレートガバナンス・コードの読み方・考え方〔第3版〕』（共著、商事法務、2021年）

役員のための法律知識〔第3版〕

2013年10月10日　初　版第1刷発行
2019年6月15日　第2版第1刷発行
2021年10月25日　第3版第1刷発行

著　　者　　中　村　直　人

発 行 者　　石　川　雅　規

発 行 所　　株式会社 商 事 法 務
　　　　　〒103-0025 東京都中央区日本橋茅場町 3-9-10
　　　　　TEL 03-5614-5643・FAX 03-3664-8844〔営業〕
　　　　　TEL 03-5614-5649〔編集〕
　　　　　https://www.shojihomu.co.jp/

落丁・乱丁本はお取り替えいたします。　　　　印刷／広研印刷㈱
© 2021 Naoto Nakamura　　　　　　　　　　Printed in Japan
　　　　　　　　　Shojihomu Co., Ltd.
　　　　　ISBN978-4-7857-2906-6
　　　　＊定価はカバーに表示してあります。